汽车电工
快速入门 一本通

周晓飞 主编

化学工业出版社

·北京·

内容简介

　　《汽车电工快速入门一本通》主要针对汽车电工入门人员，以"用图说话"的方式，采用大量精美图片，同时配以浅显易懂、形象生动的语言文字进行讲解。从熟悉汽修职业讲起，然后走进车间接触汽车电工维修作业，再到留在车间学习汽车电工维修，最后扎根车间成就"汽修工匠"，循序渐进地进行介绍，引导读者快速入门。

　　对于较复杂的实操内容，书中还专门配备了"微视频讲解"，扫描书中相应章节的二维码，即可同步、实时观看视频。视频资源与图文内容相互衔接、互为补充，有利于读者快速理解和高效掌握所学知识点。

　　本书适合汽车电工技术入门人员自学使用，可作为职业技术院校汽车相关专业以及各类汽车维修企业培训机构的教学参考用书。

图书在版编目（CIP）数据

汽车电工快速入门一本通 / 周晓飞主编． -- 北京：
化学工业出版社，2025．9． -- ISBN 978-7-122-48615-8

Ⅰ．U463.6

中国国家版本馆CIP数据核字第2025VP8509号

责任编辑：黄　滢　　　　　　　　　装帧设计：王晓宇
责任校对：宋　玮

出版发行：化学工业出版社（北京市东城区青年湖南街13号　邮政编码100011）
印　　装：盛大（天津）印刷有限公司
710mm×1000mm　1/16　印张15　字数303千字　2025年10月北京第1版第1次印刷

购书咨询：010-64518888　　　　　　售后服务：010-64518899
网　　址：http://www.cip.com.cn
凡购买本书，如有缺损质量问题，本社销售中心负责调换。

定　　价：79.80元　　　　　　　　　　　　　　版权所有　违者必究

前言

PREFACE

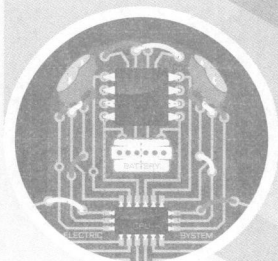

　　《汽车电工快速入门一本通》专为零基础入门读者精心打造，旨在系统介绍汽车电工维修领域的相关知识与技能。

　　本书遵循"熟悉汽修职业→走进车间→留在车间→扎根车间→持续提升"的科学进阶路径，循序渐进地进行内容介绍。从汽车维修基础认知起步，逐步深入专业知识学习，手把手地助力读者一步步成长为"汽修工匠"。

　　全书采用"以图释文"的独特呈现方式，辅以大量精美的彩色图片，搭配通俗易懂、生动形象的文字讲解，力求达到以"图"代"解"、以"解"明"图"的效果，确保即便没有学过机械制图的人员也能轻松读懂。

　　此外，对于较复杂的维修操作内容，本书还专门配备了"微视频讲解"，以二维码形式呈现。读者学习过程中仅需使用手机扫描书中对应章节的二维码，即可同步观看和实时浏览视频。视频资源与图文内容相辅相成，可为读者理解和掌握对应知识点提供有力支持。

　　本书由汽车维修行业经验丰富的专家团队编写而成。周晓飞任主编，参编人员有赵朋、李新亮、李飞霞、董小龙、王立飞、温云、彭飞。编写过程中参考了部分技术文献、图书、多媒体资料及原车维修手册，同时也汇集了众多业内维修高手的经验，在此一并表示衷心的感谢！

　　由于编者水平所限，书中难免存在疏漏和不妥之处，敬请广大读者批评指正。

编者

目 录

CONTENTS

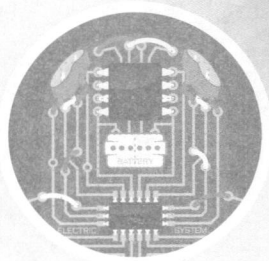

第一章
熟悉汽修职业——造就"汽修工匠"

第二章
走进车间——了解电工维修

第三章
留在车间——学习电工维修

第四章
扎根车间——成就"汽修工匠"

第五章
持续提升——巩固电工技能

参考文献

第一章

熟悉汽修职业
——造就"汽修工匠"

一、汽车维修工程师

这里所说的工程师领域的"汽修工"是指国家职业资格关于机动车检测维修专业技术人员中的机动车检测维修士、机动车检测维修工程师和机动车检测维修高级工程师（目前未开考）三个级别，是原交通部和原人事部 2006 年开始实施的一项职业资格，这也真正地实现了一线汽车维修工也能当上工程师。到目前，"机动车检测维修专业技术人员职业资格"是《国家职业目录（2021 版）》中仅保留的 26 项专业技术人员水平评价类职业资格之一。

1. 专业设置

机动车检测维修专业技术人员职业水平考试分为机动车机电维修技术、机动车整形技术和机动车检测评估与运用技术 3 个专业。

从事机动车检测维修及相关业务工作的专业技术人员，报名参加考试时，应根据本人所从事的专业技术岗位选择其中一个专业。例如，在汽车维修中从事技术总监岗位，就可以报考机动车机电维修技术工程师。

2. 对应职务

取得机动车检测维修士职业水平证书，可聘任技术员、助理工程师职务，也就是俗称的初级职称；取得机动车检测维修工程师职业水平证书，可聘任工程师职务，也就是俗称的中级职称。以后，机动车检测维修高级工程师开考后，取得该级别证书，还可聘任高级工程师职务。

3.职业资格标识

职业资格标识形式是参照美国国家优秀汽车维修学会"优秀汽车维修"（ASE）制度中的"优秀蓝印"标识设置的从业人员佩戴的臂章，以及用于维修企业展示公示牌（图1.1-1）。

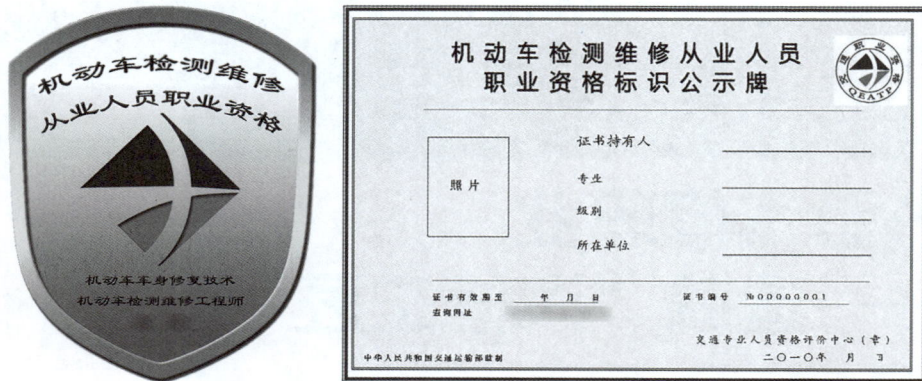

图1.1-1 机动车检测维修从业人员职业资格标识肩章和公示牌样式

二、汽车维修工

"汽车维修工"是现行的《国家职业技能标准》的标准职业名称，已经不再称"汽车修理工"。职业划分也是从以前的"生产制造及有关人员"调整到"社会生产服务和生活服务人员"行列。2019年12月30日，国务院常务会议决定分步取消水平评价类技能人员职业资格，推行社会化职业技能等级认定。就此，汽车维修工工种，由国家职业资格证书转变为职业技能等级证书。

2022年3月人力资源和社会保障部印发《关于健全完善新时代技能人才职业技能等级制度的意见（试行）》，新加入了学徒工、特级技师、首席技师。将原有的五级技能等级延伸为八级，形成由学徒工、初级工、中级工、高级工、技师、高级技师、特级技师、首席技师构成的"新八级工"职业技能等级序列。

目前为止，汽车维修工由原来的七个工种增加到九个：汽车机械维修工、汽车电维修工、汽车玻璃维修工、汽车美容装潢工、汽车车身整形修复工、汽车车身涂装修复工、汽车维修检验工（汽车检测工）、新能源汽车维修工、智能汽车运维工，后两个是新的设置工种。另外，与"汽车维修工"职业并列的汽修从业中又增加了"电池及电池系统维修保养师"这个新职业。维修新能源汽车需要持国家应急管理行政部门颁发的低压电工作业证（图1.1-2）。

图 1.1-2 低压电工作业证

第二节 了解汽车维修的工作内容

一、基础知识

（1）汽车常用材料

❶ 汽车常用金属和非金属材料的种类、性能及应用。

❷ 燃料的标号、性能及应用。

❸ 润滑油、润滑脂的规格、性能及应用。

❹ 汽车常用工作液的规格、性能及应用。

❺ 汽车轮胎的分类、规格及应用。

❻ 紧固件的种类与代号。

（2）电工与电子基本知识

❶ 电路基础知识（直流电路、交流电路）。

❷ 电路基本元件的名称与代号。

❸ 电子电路基础知识。

❹ 常见电子元件的名称与代号。

（3）液压传动

❶ 液压传动基本知识。

❷ 液压传动在汽车上的应用。

（4）汽车维修常用工量具、仪器仪表和维修设备

❶ 汽车维修常用工量具、仪器仪表和维修设备的种类和功能。

❷ 汽车维修常用工量具、仪器仪表和维修设备的选择和使用。

（5）汽车构造原理

❶ 发动机构造、工作原理。

❷ 底盘构造、工作原理。

❸ 汽车电气设备构造、工作原理。

④ 汽车车身结构和用材。

（6）其他汽车专业知识

汽车维修工所涉及的其他相关基础知识。

二、专业技能

现在汽车维修专业技能工作内容是借助诊断设备和维修工具，通过专业知识和技能，结合经验技巧对汽车（包括新能源汽车）进行诊断、检测、拆卸、维修、安装及竣工检验等一系列操作。例如，发动机维修；底盘维护；发动机和底盘技术等参数检测，以及故障诊断和排除；汽车电器检修；车身零部件拆卸和安装；汽车整形修复和喷涂；汽车贴膜、汽车玻璃修复和拆装等。

第三节　合格汽车维修工应具备的素养

一、健康要求

具有一般智力水平、表达能力、动作协调性和空间感；手指和手臂灵活性好；有一定的计算能力。从事车身涂装修复的人员应具有正常色觉。

二、受教育水平

汽车维修工最低受教育水平为初中毕业，或相当文化程度。

三、职业道德

道德就不用多说了。对于这个职业，首先要热爱汽车维修这个行业，钻研技术自然是分内之事。要严格执行工艺文件和厂家维修手册的要求，要有很强的质量意识。维修作业中的安全意识要强，必定是整天在车间和机器打交道，修电动汽车时还要和高压电打交道，所以不能含糊。同时要有环保意识，不要乱丢废机油等废弃物。

第二章

走进车间
——了解电工维修

第一节　了解汽车电工维修装备

一、数字式万用表

数字式万用表主要用于电流、电压、电阻的测量，导线的通断性测量，电容、二极管、三极管等电子元件的测量等。数字式万用表工作可靠，通常都具有测量过压、过流报警提示，电路配备完善的防高压误测装置，它最大的优点就是可以直接显示测量数据，是汽车维修中最常用的工具之一。

通常汽车维修中主要使用自动量程数字式万用表（图2.1-1）、手动量程数字式万用表（图2.1-2）、全自动数字式万用表（图2.1-3）。在选择功能时，屏幕会显示A、COM、V三个符号，选择后会显示COM+A或COM+V提示。

1. 测量电压

如图2.1-4～图2.1-6所示，使用自动量程数字式万用表测量交流电和直流电电压。

❶ 将旋转开关转至🔽、🔽或🔽，可选择测量交流电或直流电。

❷ 按▭可以在mVac和mVdc电压测量之间进行切换。

❸ 将红色测试导线连接至🔌端子，并将黑色测试导线连接至🔌端子。

❹ 用探头（表笔）接触电路上的正确测试点以测量其电压。

5

⑤ 读取显示屏上测出的电压数值。

扫一扫

视频讲解

表笔
(探头)

测试导线

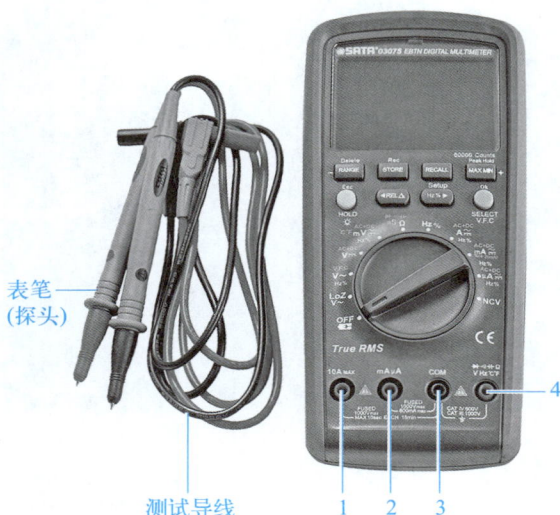

1 2 3 4

图 2.1-1　自动量程数字式万用表

1—用于交流电和直流电电流测量（最高可测量 10A）的输入端子；2—用于交流电和直流电
的微安和毫安测量（最高可测量 600mA）的输入端子；3—用于所有测量的公共端子；
4—用于电压、电阻、通断性、二极管、电容等测量的输入端子

液晶显示器

功能切换键
锁空数据

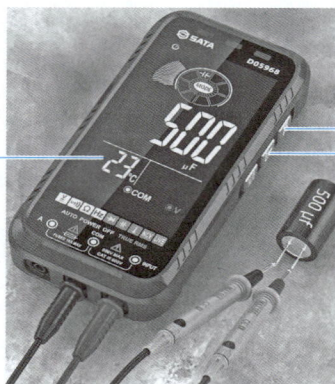

图 2.1-2　手动量程数字式万用表　　　　**图 2.1-3　全自动数字式万用表**

2. 测量电流

如图 2.1-7 所示，使用自动量程数字式万用表测量交流或直流电流。

❶ 将旋转开关转至🔽、🔽或🔽。

❷ 按 ⬜ 可以在交流电流和直流电流测量之间进行切换。

❸ 根据要测量的电流将红色测试导线连接至 A 或 mA、μA 端子，并将黑色测试导线连接至 🔵 端子。

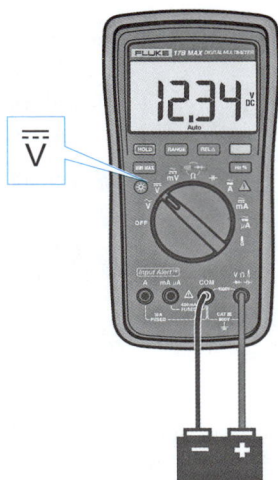

图 2.1-4　测量直流电电压　图 2.1-5　测量交流电电压　图 2.1-6　测量 mVac 和 mVdc

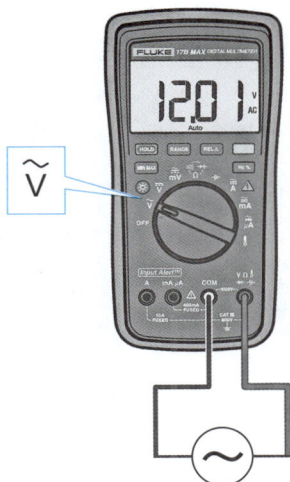

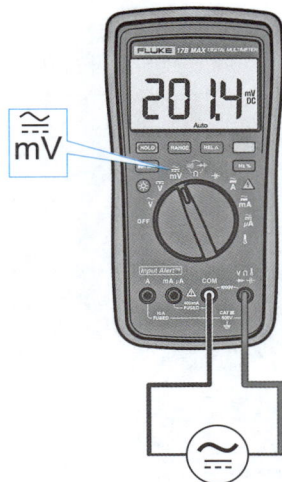

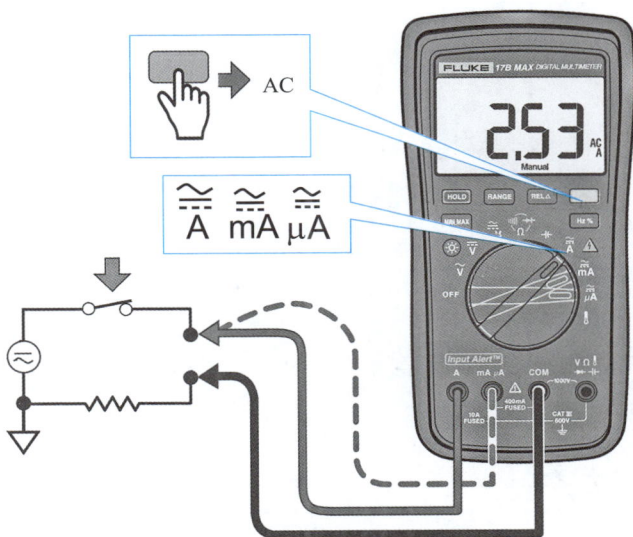

图 2.1-7　测量电流

❹ 断开待测的电路路径。用测试导线衔接断开点，然后接通电源。

❺ 拆开同一电路导线上的元件或插接件。将万用表的红色和黑色探头（表笔）分别连接到同一电路导线上已拆开的元件或插接件的两端。也就是说，把电流表串联在测量的线路中来测量。

❻ 读取显示屏上测出的电流数值。

3. 测量电阻

如图 2.1-8 所示，使用自动量程数字式万用表测量电阻。

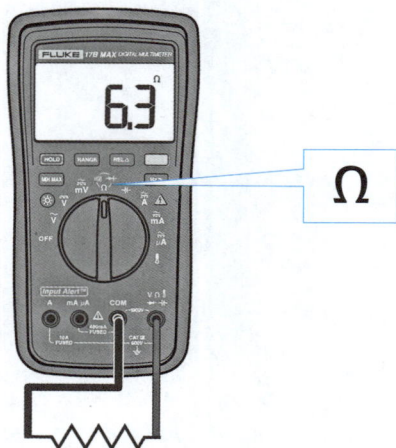

图 2.1-8　测量电阻

❶ 将旋转开关转至 [图标]，并断开被测电路的电源。

❷ 将红色测试导线连接至 [图标] 端子，并将黑色测试导线连接至 [图标] 端子。

❸ 将探头（表笔）接触所需的电路测试点，以测量电阻。

❹ 读取显示屏上测出的电阻数值。

4. 测试二极管

为避免对产品或被测试设备造成可能的损坏，请在测试二极管之前断开电路的电源并将所有的高压电容器放电。

如图 2.1-8 所示，使用自动量程数字式万用表测试二极管。

❶ 将旋转开关转至 [图标]。

❷ 按 [图标] 两次可激活二极管测试功能。

❸ 将红色测试导线连接至 [图标] 端子，并将黑色测试导线连接至 [图标] 端子。

❹ 将红、黑色探头（表笔）接到被测二极管的两端。

❺ 观察显示屏上的数值。

维修提示

如果测试导线极性与二极管极性相反，显示读数为 OL。使用此读数可区分二极管的正极和负极。

二、钳形电流表

钳形电流表通常主要用于检测电流，其原理其实就是电磁感应原理。钳形电流表见图 2.1-9，其电磁感应示意见图 2.1-10。

钳形电流表（简称钳形表）在检测电流时不需要断开电路，便可通过钳形表对导线的电磁感应进行电流的测量。

测量电流时根据维修测试需求来调整设置测量数据的挡位量程，然后按压钳口扳机使钳口张开，使待测导线置于钳口中，松开钳口扳机使钳口紧闭，显示屏会显示测量数据（图 2.1-11）。按下"HOLD"数据保持按钮，可将测量结果保存到钳形表内部，以方便测量操作完毕后读取测量值。

三、试灯

试灯也是汽车维修中最常用的电工测试工具之一，其结构很简单，自己完全可以制作。如图2.1-12所示，试灯的内部装有发光的二极管或灯泡，还包括测试导线、一个用于固定和探测的夹子。

测试时，一端连接在正极，一端连接在负极，形成一个完整的闭合回路。维修测试中，观察小灯泡或者二极管的工作状态，也就是其亮度或者闪烁，由此判断检测电路中的电压。

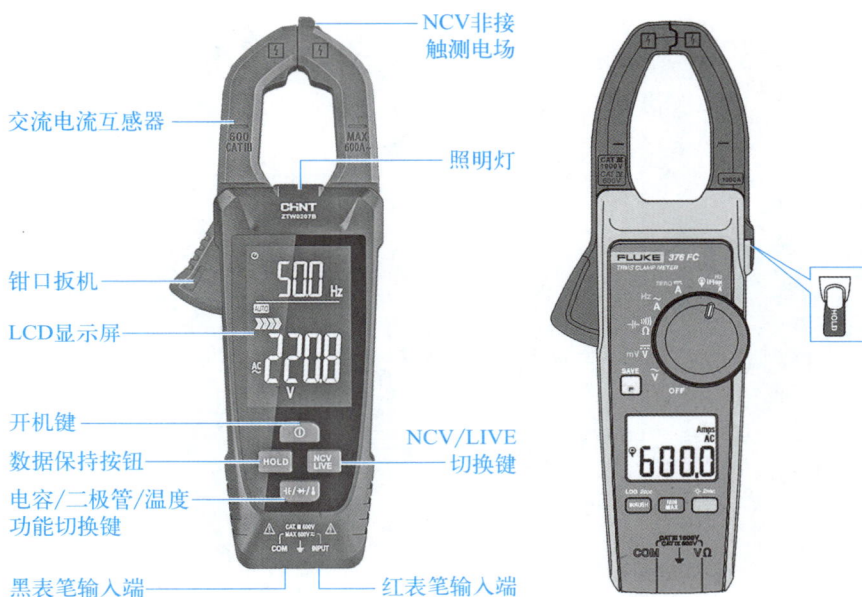

图 2.1-9　钳形电流表

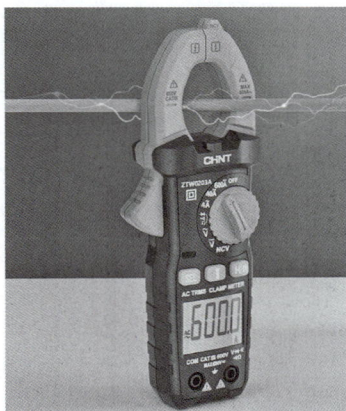

图 2.1-10　钳形电流表电磁感应示意

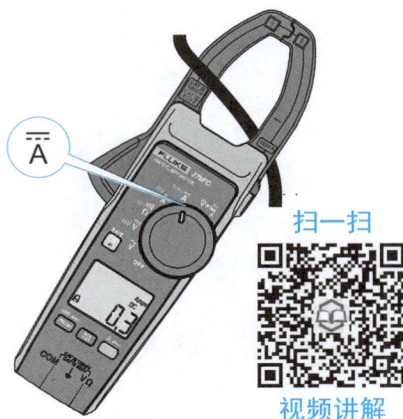

扫一扫

视频讲解

图 2.1-11　钳形电流表测试电流

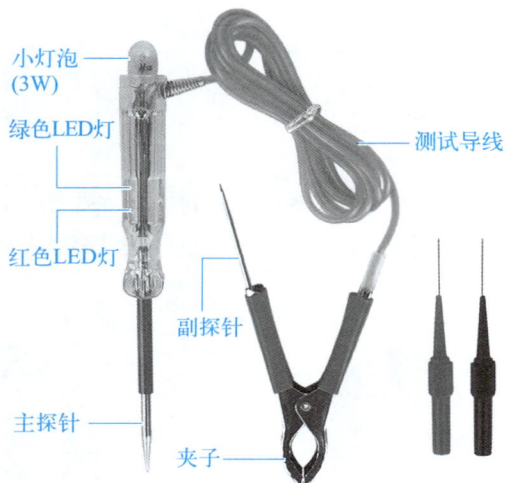

小灯泡
(3W)

绿色LED灯

红色LED灯

主探针

测试导线

副探针

夹子

图 2.1-12　试灯

维修提示

　　小灯泡试灯最常用于：一是电源电路的检测；二是在检测电路中替代用电器（图 2.1-13）。

　　在不能带动负载的信号电路中使用 LED 试灯，脉冲信号会使 LED 闪烁（图 2.1-14）。

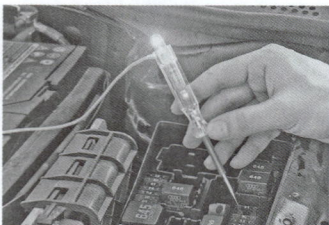

图 2.1-13　小灯泡试灯

图 2.1-14　LED 试灯

四、端子拆卸退针

　　端子拆卸退针（简称退针）用于拆卸线束插接器中的线端子。例如，例故障线路中的插头氧化锈蚀、接触不良等，需要拆下来进行线束修理，这时使用退针就特别方便。线束的插接器有很多类型，所以退针也有多种，见图 2.1-15 和图 2.1-16。

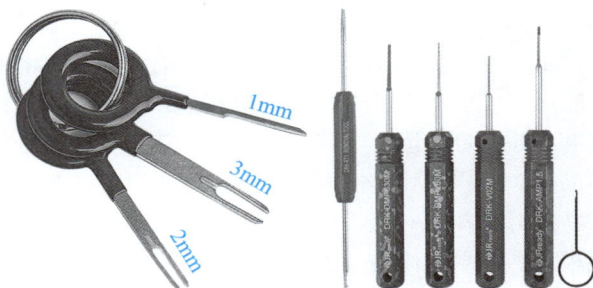

扫一扫

视频讲解

图 2.1-15　端子拆卸退针

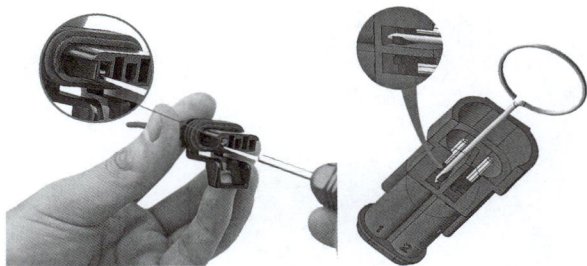

图 2.1-16　使用退针拆卸线束插接器端子

五、剥线钳

剥线钳是用于剥除小线径电线、电缆端头橡胶或塑料绝缘层的专用工具，由钳头和手柄两部分组成，手柄是绝缘的。钳口部分由压线口和切口组成，一般可分直径 0.5 ～ 5.5mm 的多个切口，以适应不同规格的芯线。

剥线时，导线必须放在稍大于线芯直径的切口中，然后用手握钳柄，导线的绝缘层被切破自动弹出，当需要剥除稍长一段的绝缘层时，应分段进行。剥线钳见图 2.1-17。

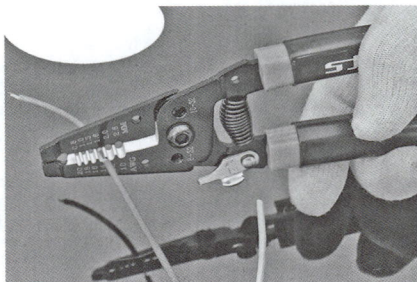

图 2.1-17　剥线钳

六、汽车故障诊断仪

现在的很多汽车越来越智能化，如果车辆出现问题会有更多提示或警告信息显示在仪表上或显示器上，但车辆有比较庞大的网络系统，众多细化车载的运行数据或故障码等信息不能用车载显示器表现出来，这样就需要通过故障诊断仪来实现。

汽车故障诊断仪（通常也称诊断电脑、解码仪）是修车必备的专业设备。汽车故障诊断仪有很多品牌，应根据具体情况去选择。这些诊断仪都能满足车辆故障码分析、数据流检测、ECU匹配等一般功能需求，既可实现远程编程等特殊功能，也可选装示波器功能模块。如果专修某一款车型，可以使用笔记本电脑加装一套专用维修诊断软件（专检）；如果修"万国车"，可以选择通用型汽车故障诊断仪。

如图2.1-18和图2.1-19所示是维修店常用的一款元征X431汽车故障诊断仪及其诊断界面，如图2.1-20所示是道通某款故障诊断仪。操作比较简单，相对智能，可根据中文信息进入所需界面。汽车故障诊断仪配套有适配器（采集汽车数据的设备），来实现与车辆数据传输，见图2.1-21。

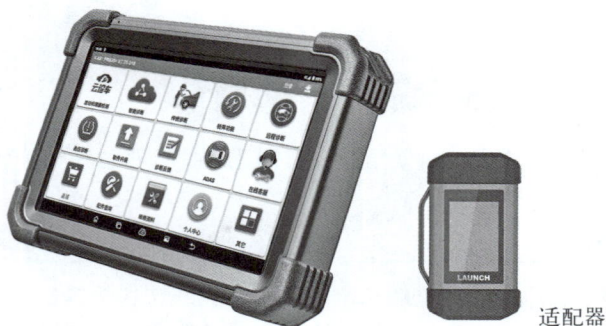

适配器

图 2.1-18　元征 X431 汽车故障诊断仪

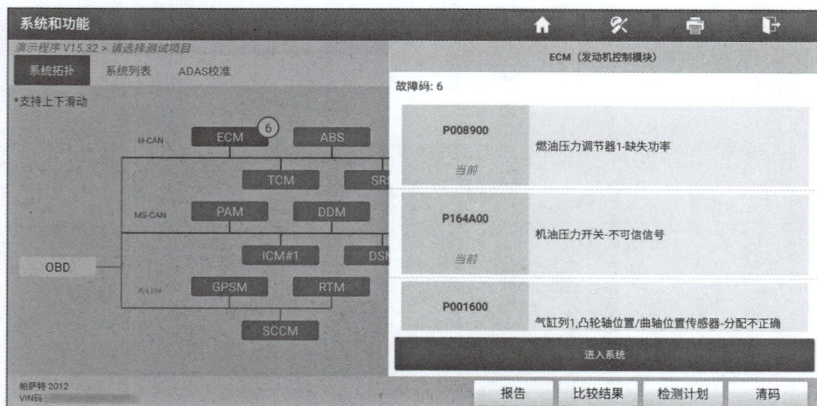

图 2.1-19　诊断界面

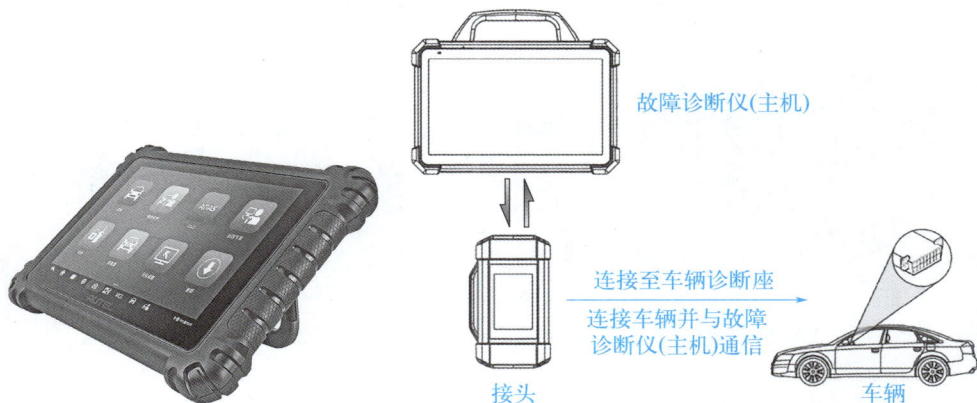

图 2.1-20　道通某款汽车故障诊断仪　　图 2.1-21　汽车故障诊断仪连接及通信示意

七、示波器

示波器也是汽修工解决故障的一大利器，有模拟示波器和数字示波器两种。示波器可以精确地捕捉并在显示器上以波形的形式显示被测电路中的信号变化。

现在市面上使用的多为数字示波器，其形式有台式示波器（图 2.1-22 和图 2.1-23）、平板示波器（图 2.1-24）、手持示波器（图 2.1-25）以及虚拟示波器，虚拟示波器需要连接计算机，靠计算机显示器来显示（图 2.1-26）。通常市面汽修店选用的示波器以价格在千元内的手持数字示波器和虚拟示波器较多。

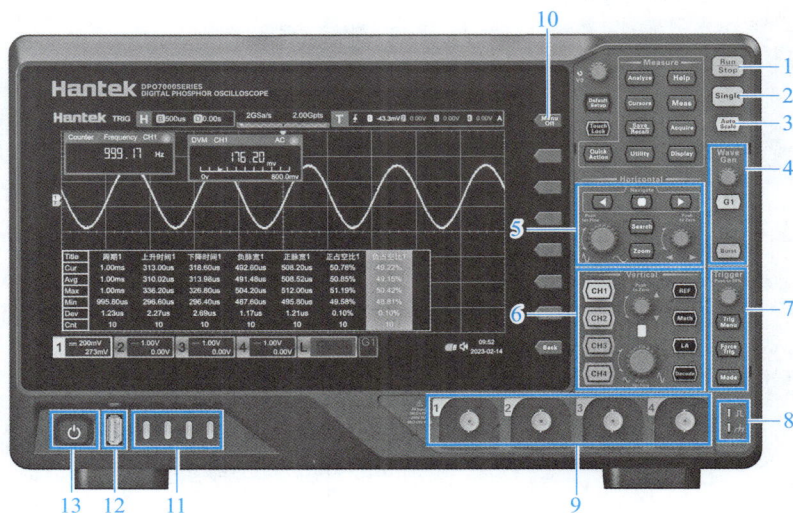

图 2.1-22　台式示波器（一）

1—运行 / 停止控制键；2—单次触发控制键；3—波形自动显示键；4—信号发生器菜单键；5—水平控制系统；6—垂直控制系统 / 波形控制系统；7—触发控制系统；8—探头补偿信号输出端 / 接地端；9—模拟通道输入；10—功能菜单操作键；11—数字通道输入；12—USB HOST 接口；13—电源键

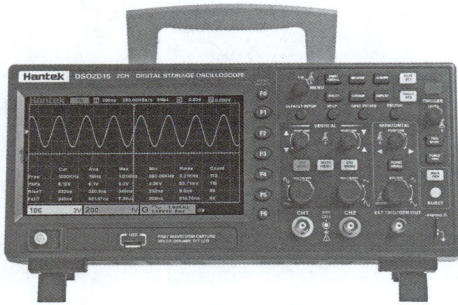

图 2.1-23 台式示波器（二）

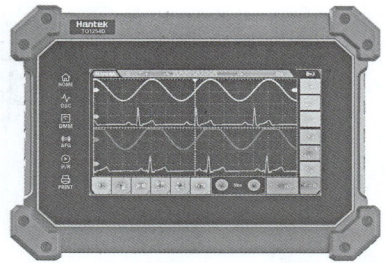

图 2.1-24 平板示波器

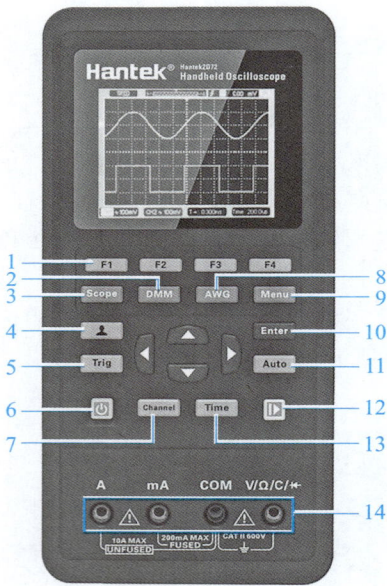

(a)

1—F1～F4 菜单选择键；2—万用表；3—示波器；4—快捷键；5—触发菜单；6—电源键；7—通道菜单；8—信号源；9—示波器功能菜单；10—确认键；11—自动设置键；12—暂停和运行键；13—时基菜单；14—万用表测试导线插口

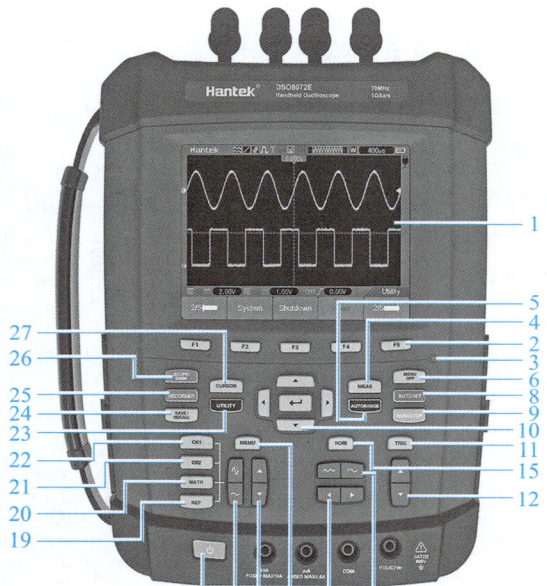

(b)

1—波形显示区；2—F1～F5 菜单按键；3—电源指示灯；4—MEAS(测量菜单)；5—AUTO RANGE(自动AUTO)；6—MENU OFF(关闭菜单选项)；7—MENU(菜单打开/关闭按钮)；8—AUTO(自动设置按键)；9—RUN/STOP(开始/停止)；10—方向键；11—TRIG(触发菜单)；12—LEVEL(调节触发电平)；13—TIME/DIV(时基)；14—POSITION(调节水平触发位置)；15—HORI(水平菜单)；16—VERTICAL(调节垂直位置)；17—VOLTS(电压挡位)；18—电源开关；19—REF(REF菜单)；20—MATH(MATH功能键)；21—CH2(显示CH2菜单)；22—CH1(显示CH1菜单)；23—UTILITY(辅助功能)；24—SAVE RECALL(保存/调用)；25—RECORDER(万用表趋势图、示波器趋势图、波形记录仪)；26—SCOPE/DMM(功能界面切换按键，切换到万用表或信号源界面)；27—CURSOR(光标测量)

图 2.1-25 手持示波器

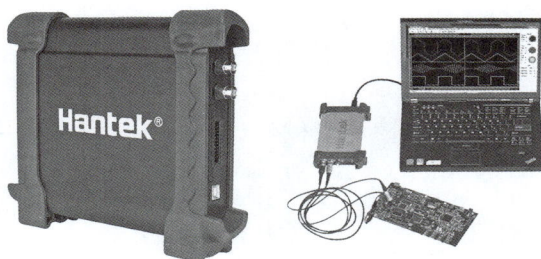

图 2.1-26　虚拟示波器

维修提示

　　虚拟示波器采用的是模拟电路，直接测量信号电压，并且通过显示屏直接显示电压；而数字示波器通过模拟转换器把被测电压转换为数字信息，经过一系列采样处理而重构波形显示在显示器上。

1. 示波器探头（表笔）衰减设置

　　示波器探头（表笔）不是简单的一根导线，而是探头上装有电子元件，把信号源连接到示波器的输入设备上。通常汽车维修用 100MHz 的示波器探头即可。

　　探头端是带沟槽的探针，用于探测信号线；探身上有连接导线的夹子，用于接参考地线。探头（表笔）的另一端连接示波器的通道，也就是说该导线为通道导线，其芯线用参考地线与探身上的夹子连通。示波器探头（表笔）见图 2.1-27。

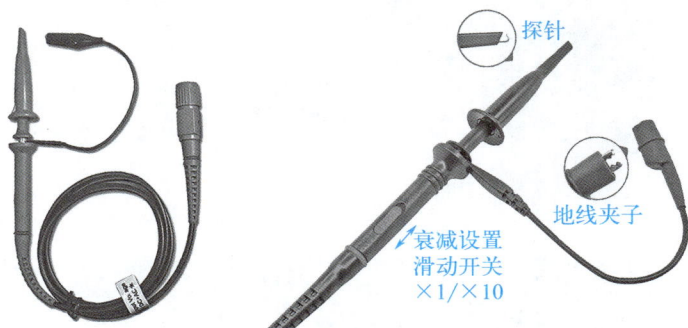

探针

地线夹子

衰减设置
滑动开关
×1/×10

图 2.1-27　示波器探头（表笔）

　　为配合实际使用探头的衰减比例，需要在通道菜单下相应地调整通道衰减比例。这里说到"通道"，那什么是通道呢？购买的这个示波器显示屏上同时最多能显示几个波形就是几通道（图 2.1-24 为四通道）。同样机型，通道越多，价格肯定越高。

　　每当探头的衰减比例变更后，都需要对通道菜单设置相应的衰减比例，保证示波器显示的波形幅度和测量结果的正确性。是否需要衰减，取决于被测最高电压。

例如，被测信号电压最高为100V，选择"×10"后，示波器显示的电压要从"×10"挡来看。

维修提示

什么是衰减（比）？

衰减（比）是指被测信号的显示幅度／被测信号的实际幅度，其实就是将信号等比例地进行缩小并在示波器的显示器上进行显示。如图2.1-27所示，探笔身上红色滑动开关两侧写着×10和×1，就是衰减的设置。×10就是测量的信号缩小10倍，×1就是不衰减。

2. 示波器调校

初次将探头与任意输入通道连接时，需要进行探头检查，使探头与输入通道相配。

（1）连接探头元件

如图2.1-28所示，以Hantek示波器为例进行连接。在探头上将开关设定

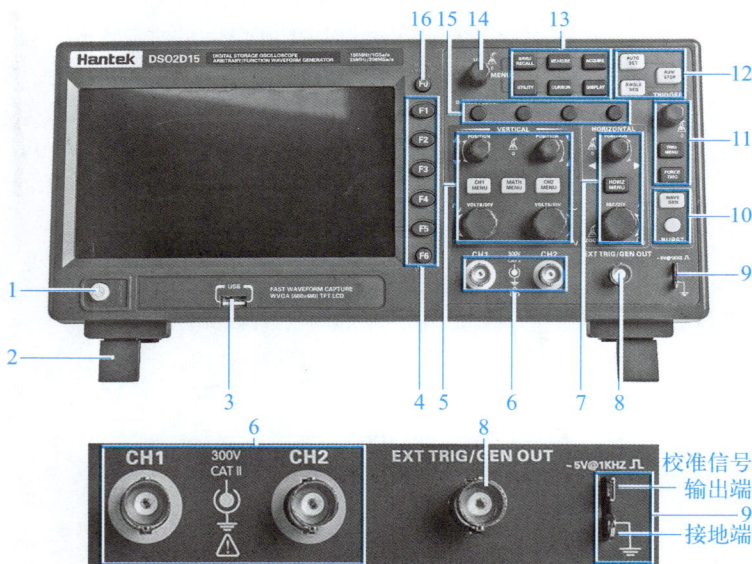

图2.1-28 示波器及连接口端

1—电源开关键；2—支架；3—USB接口；4—菜单选择键；5—垂直控制系统；6—CH1、CH2信号输入通道；7—水平控制系统；8—信号源输出（仅限于带信号源型号）／外触发输入通道；9—探头补偿功能区（探头元件）；10—信号源（仅限于带信号源型号）；11—触发控制系统；12—运行模式快捷按键（Run/Stop、Single SEQ、Auto Set）；13—菜单功能按键；14—多功能旋钮；15—功能快捷键；16—菜单显示／隐藏键

到 ×10 并将探头连接到示波器的通道 1 上。将探头上的槽针对准 CH1 BNC 上的凸起，按下去即可连接；然后向右转动将探头锁定到位，将探头端部和基准导线连接到"探头元件"连接器上，其面板上的标注有～ 5V@1kHz。

各种示波器的校准探头元件位置和形式都不一样。如图 2.1-29 所示为以 Hantek 虚拟示波器为例进行连接时探头的连接方法。

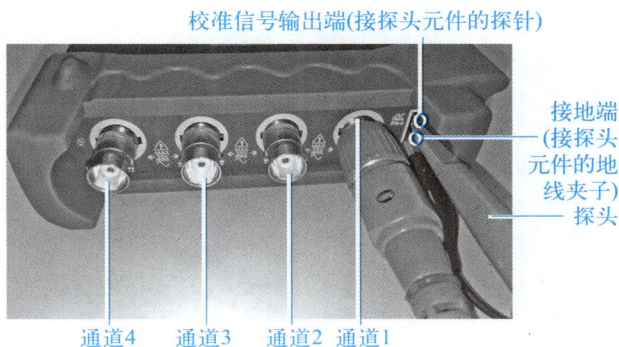

图 2.1-29　连接口端

（2）观察示波器波形

以如图 2.1-28 示波器为例，按下示波器上的运行模式快捷按键"Auto Set"，屏幕上显示频率为 1kHz、电压为 5V 峰值的规则方波（图 2.1-30）。

（3）检查波形

检查显示波形的形状，确定探头补偿是否正确（图 2.1-31）。

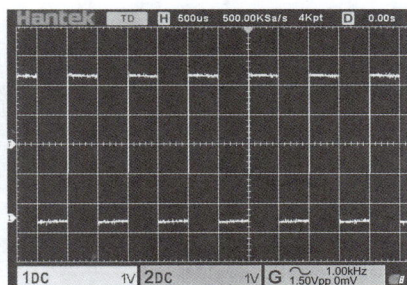

图 2.1-30　正常波形

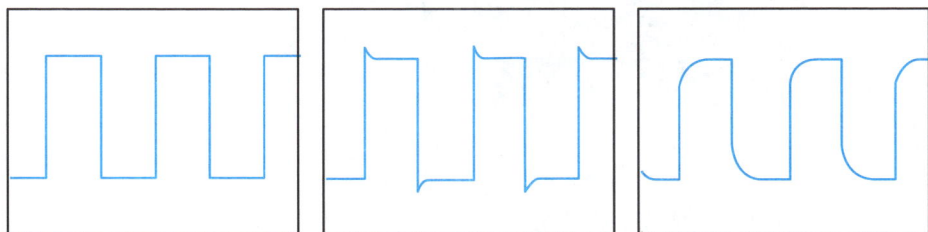

(a) 补偿正确(正常形状的波形)　　　　(b) 补偿过度　　　　(c) 补偿不足

图 2.1-31　波形补偿

如果波形为图 2.1-31 中（b）、（c）时，可以通过改锥旋钮来调整探头身上的可变电容（图 2.1-32），这种调整方式会直接显示在示波器显示屏上，直到屏幕上显示正确的波形形状为止。

探针　地线夹子　　　　　　　　　　　调整

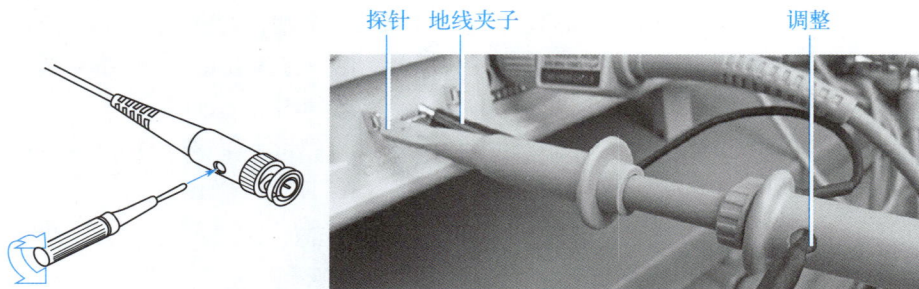

图 2.1-32　调整可变电容

3. 示波器显示界面

这里以如图 2.1-26 所示的虚拟示波器的显示界面为例进行解析（图 2.1-33）。前面讲过，虚拟示波器只有主机，需要借助计算机的显示屏作为主界面来进行相关的操作和波形显示。除了显示波形外，显示区域还集成了示波器很多关于波形的设置和控制设置。例如，在主界面的垂直系统控制面板中可以关闭 / 打开通道 CH1/CH2/CH3/CH4，也可以设置四个通道的电压和探头衰减系数。

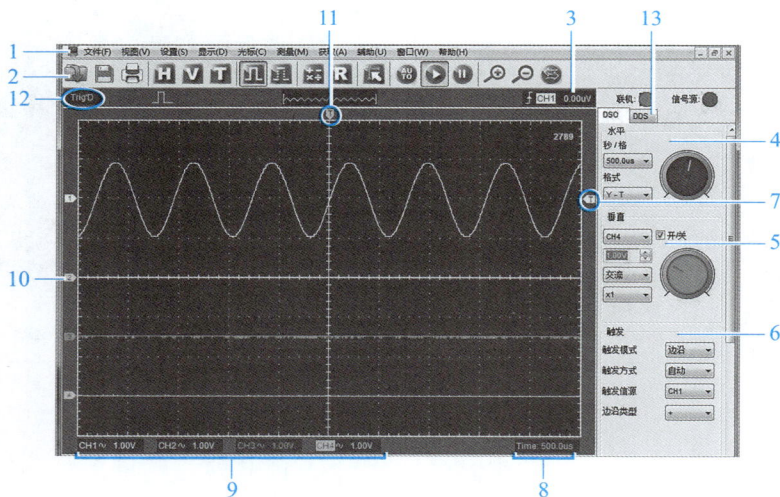

图 2.1-33　示波器显示界面

1—系统主菜单（包含软件大多数设置）；2—工具栏；3—触发信息（显示触发模式、信源和触发电平）；4—水平系统控制面板（可以设置时基和波形显示模式）；5—垂直系统控制面板（可以关闭 / 打开通道 CH1/CH2/CH3/CH4，也可以设置四个通道电压和探头衰减系数）；6—触发系统控制面板（可以设置触发模式、触发方式、触发信源和边沿类型）；7—触发电平；8—时基设置信息；9—通道 CH1/CH2/CH3/CH4 信息（通道耦合方式；通道垂直电压刻度）；10—CH1/CH2/CH3/CH4 垂直电压零电平标志；11—水平触发位置；12—触发状态（AUTO 表示示波器在自动触发模式下工作；Trig'D 表示示波器在触发模式下工作；STOP 表示停止采集波形数据；RUN 表示采集数据）；13—DDS 控制面板

维修提示

　　如图 2.1-33 所示，在黑色的波形显示区域中，纵坐标（竖线）表示的是电压；横坐标（横线）表示的是时间。左边的黄、蓝、紫、绿的 1、2、3、4 小箭头表示的是通道，探头选择哪个通道，就在哪个箭头所指位置显示波形。

　　（1）电压伏 / 格设置

　　此设置的操作很简单，会使用计算机的人基本都能操作。如图 2.1-34 所示，点击"设置"，在"垂直系统"窗口显示了垂直（系统参数）设置，根据所需的电压设置电压伏 / 格刻度，如 1V、2V 等。纵坐标轴的每个格表示选择的刻度，就好像一把直尺，用每个刻度去测量合适的高度。所以电压伏 / 格不能调整过小，否则刻度密密麻麻占满屏幕都显示不了 1V，就看不清波形了。

　　（2）交流和直流通道设置

　　交流和直流通道设置，就是如图 2.1-34 所示中的耦合设置，可选择直流、交流和接地。

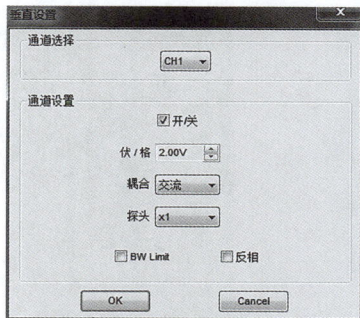

图 2.1-34　电压伏 / 格设置

　　（3）探头设置

　　如前所述，探头设置需要在显示中与探头进行衰减匹配设置，示波器显示和探头相一致，×10 或 ×1（图 2.1-34）。

　　（4）时间秒 / 格设置

　　在如图 2.1-35 所示的界面下：先点击"设置"然后点击"水平系统"，选择秒 / 格。与电压伏 / 格相似，横坐标轴的每个格表示选择的刻度，就好像一把直尺，用每个刻度去测量合适的长度。为什么用直尺举例？因为示波器的显示区域的时间和电压用坐标轴表示，其显示的直线格非常直观。时间秒 / 格和电压伏 / 格刻度认识见图 2.1-36 和图 2.1-37。

维修提示

　　时间秒 / 格是指多长时间在显示区域内能显示完全走出 n 个合适大小完整的波形。假如在一个频率（周期）内都显示不出一个波形，也就是说波形大的连显示屏都装不下，那这个设置还能对吗？肯定是不对的，就是这么简单的道理。

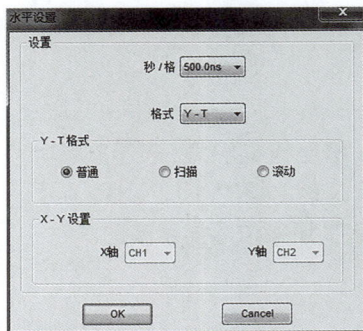

图 2.1-35　时间秒／格设置

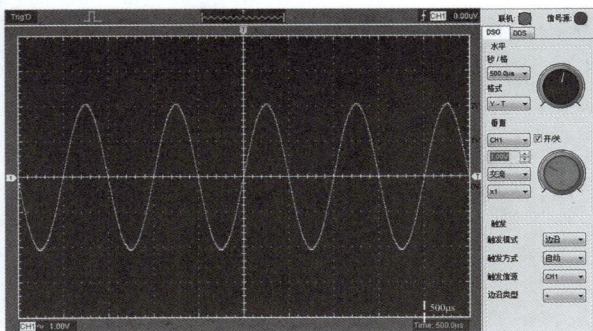

图 2.1-36　时间秒／格和电压伏／格刻度认识（一）

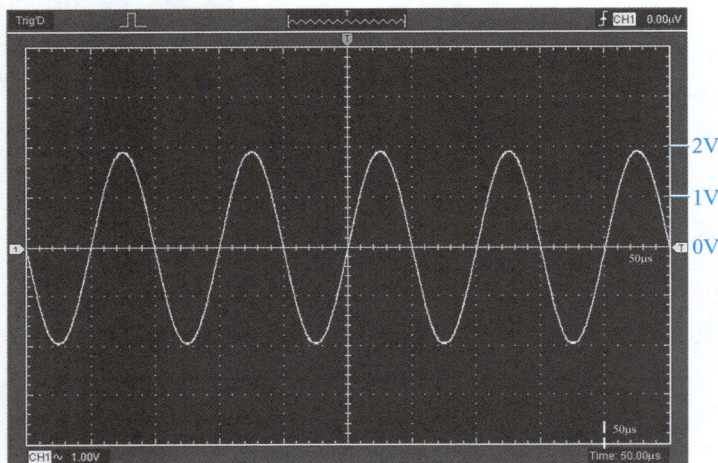

图 2.1-37　时间秒／格和电压伏／格刻度认识（二）

维修提示

　　示波器常用的时间（Time）的秒／格单位有秒、毫秒、微秒、纳秒，依此为千进率。

　　1秒：1s=1000ms。1毫秒：1ms=1000μm。1微秒：1μm=1000ns。

第二节　认识汽车的电气布局

　　汽车电气系统由基础的电气设备和先进的电子控制系统两大部分构成。大的系统包括发动机中的电气系统、变速器中的电气系统、底盘（悬架）电子控制系统等。

具体的包括点火、启动、发电、冷却和供暖、照明、仪表和信号、电动车窗、其他车身电气等系统，以及这些电气设备的控制单元、继电器、熔断器及线路。

一、电气设备布局

这里所说的电气设备是指能保证汽车运行的起动机、发电机、空调压缩机、大灯、喇叭等。整车电气布局（电气设备）见图 2.2-1。

二、电子控制系统布局

图 2.2-1　整车电气设备布局

汽车电子控制系统包括所有通过电子控制单元来实现汽车控制的各种相关运行设备。主要是通过数据总线实现各种传感器（或开关）信号的采集与传输，来判断车辆状态以及驾驶员的意图，并通过执行器来操控汽车。整车电气布局见图 2.2-2和图 2.2-3。

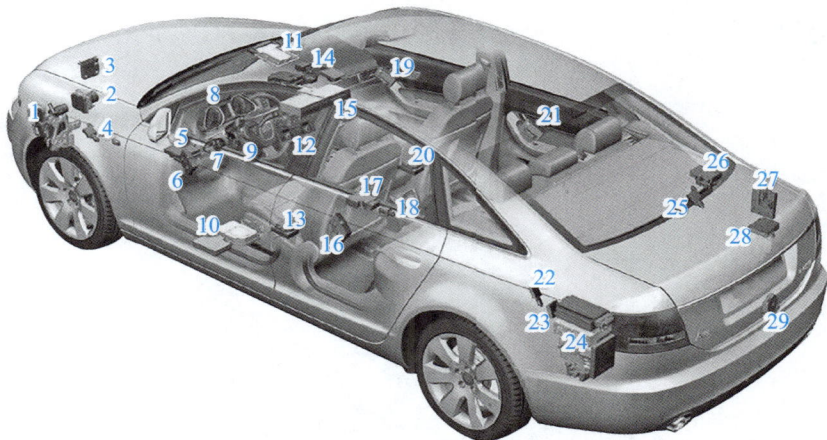

图 2.2-2　整车电气布局（电子控制系统）

1—辅助加热控制单元；2—ABS 控制单元；3—车距调节控制单元；4—左前轮轮胎压力监控发射元件；5—供电控制单元；6—驾驶员侧车门控制单元；7—使用和启动授权控制单元；8—组合仪表内控制单元；9—转向柱电气控制单元；10—车载电话控制单元；11—发动机控制单元；12—全自动空调控制单元；13—有记忆功能的座椅调节/转向柱调节控制单元；14—大灯调节控制单元、轮胎压力监控控制单元；15—娱乐系统；16—左后车门控制单元；17—安全气囊控制单元；18—车身转速传感器；19—副驾驶员侧车门控制单元；20—副驾驶员侧带记忆功能的座椅调节控制单元；21—右后车门控制单元；22—轮胎压力监控发射元件；23—驻车加热无线电接收器；24—导航系统控制单元；25—右后轮胎压力监控发射元件；26—停车辅助系统控制单元；27—舒适系统中央控制单元；28—电动驻车控制单元；29—电能管理控制单元

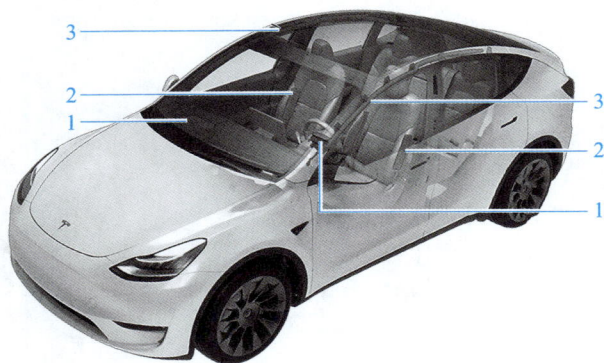

图 2.2-3　整车电气布局（安全气囊）

1—前气囊；2—座椅侧气囊；3—帘式气囊

维修提示

　　帘式气囊可以帮助保护头部。帘式气囊只有在发生严重侧面碰撞或车辆倾翻时才会膨胀。

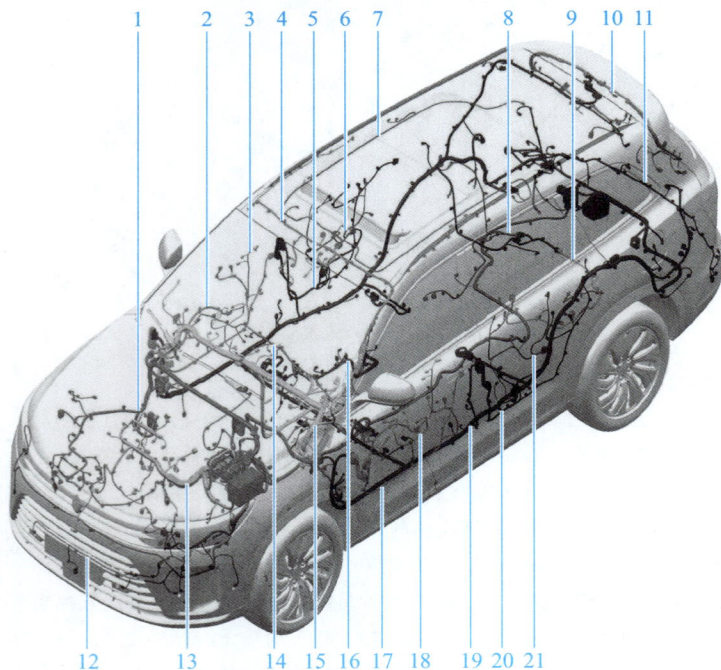

1—前舱线束总成；2—前门线束总成（右）；3—前门转接线束总成（右）；4—顶棚线束；5—后门线束总成（右）；6—后门转接线束总成（右）；7—RCB顶篷饰板线束；8—油泵连接线线束；9—后副车架线束；10—后背门线束；11—后保险杠线束；12—前保险杠线束；13—发动机线束；14—仪表台板线束；15—PC驾驶室线束；16—副仪表台线束；17—前门线束总成（左）；18—HJC前门转接线束总成（左）；19—底盘线束；20—后门线束总成（左）；21—后门转接线束总成（左）

图 2.2-4　整车电气布局（线束）

三、线束布局

汽车线束是汽车的整车"神经脉络"。图 2.2-4 展示了汽车整车线束和电气部件的位置信息。每个线束的终端都是接入传感器、电子控制单元、电机、开关、继电器、熔丝等电气部件，如图 2.2-5 和图 2.2-6 所示的是前后车门和后备厢门线束。

汽车线束的末端为车身搭铁，如果线束两端均与车身连接，那么就是负极线束，如图 2.2-7 所示为负极搭铁，如图 2.2-8 所示为变速器与车身搭铁。

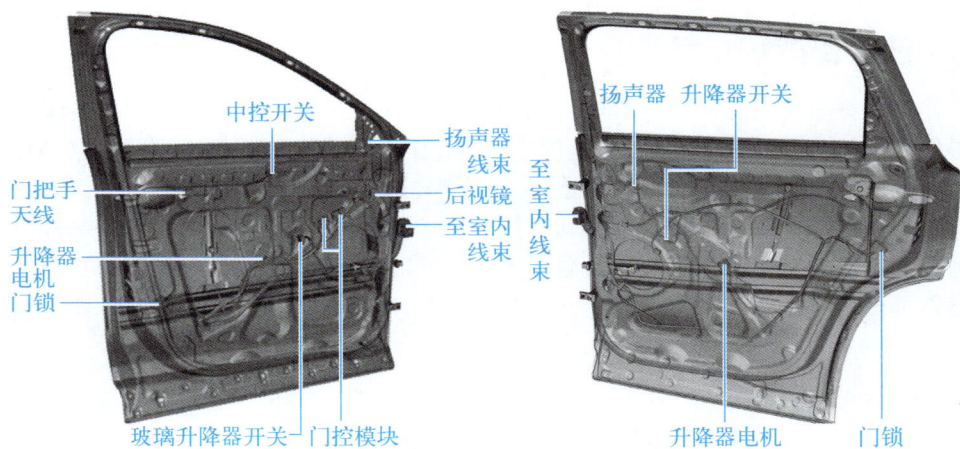

图 2.2-5　整车电气布局（前后车门线束）

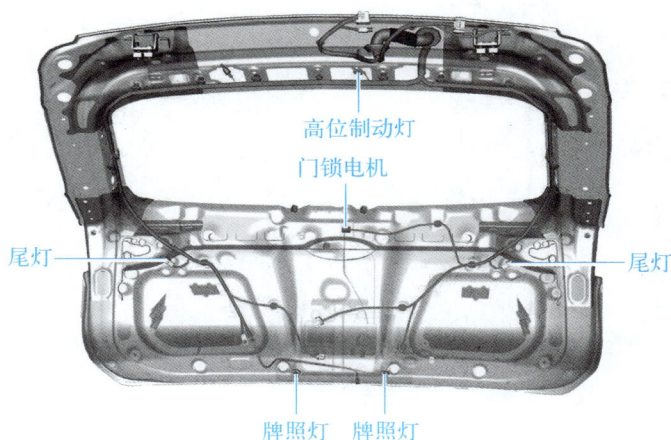

图 2.2-6　整车电气布局（后背门线束）

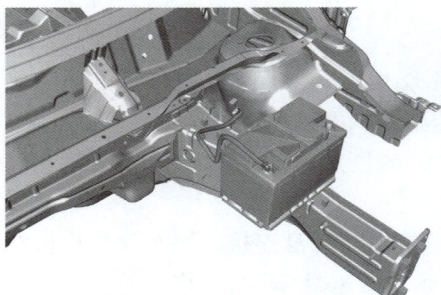

图 2.2-7 整车电气布局（负极搭铁） 图 2.2-8 整车电气布局（变速器与车身搭铁）

四、传感器布局

根据汽车智能化程度的不同，装配的相关传感器有压力传感器、位置传感器、温度传感器、加速度传感器、角速度传感器、流量传感器、气体浓度传感器、液位传感器、超声波传感器、毫米波传感器、视觉传感器（摄像头）等。

汽车的各个系统控制过程都利用传感器进行信息的反馈，实现各种相关的自动控制。发动机温度传感器根据温度来实现风扇的打开和关闭。汽车发动机的传感器（发动机电气）布局见图 2.2-9～图 2.2-12。超声波雷达传感器布局见图 2.2-13 和图 2.2-14。

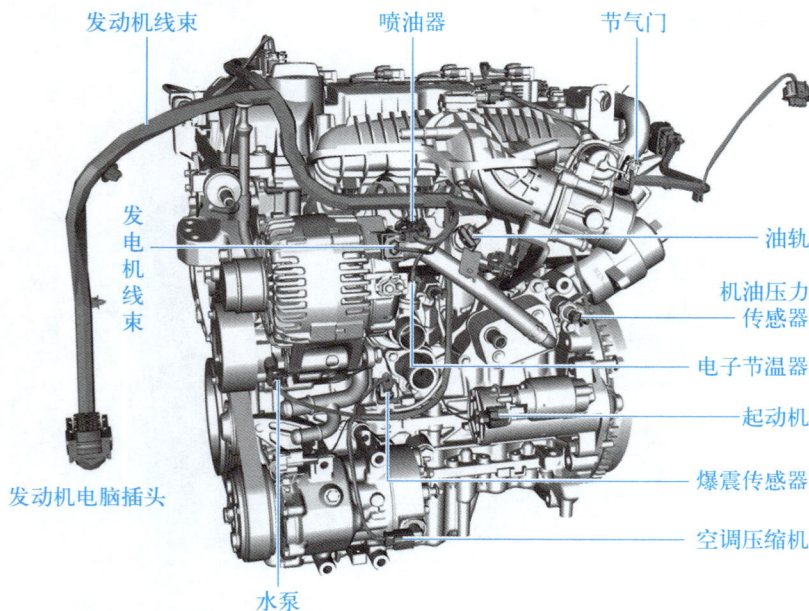

图 2.2-9 整车电气布局 / 发动机（一）

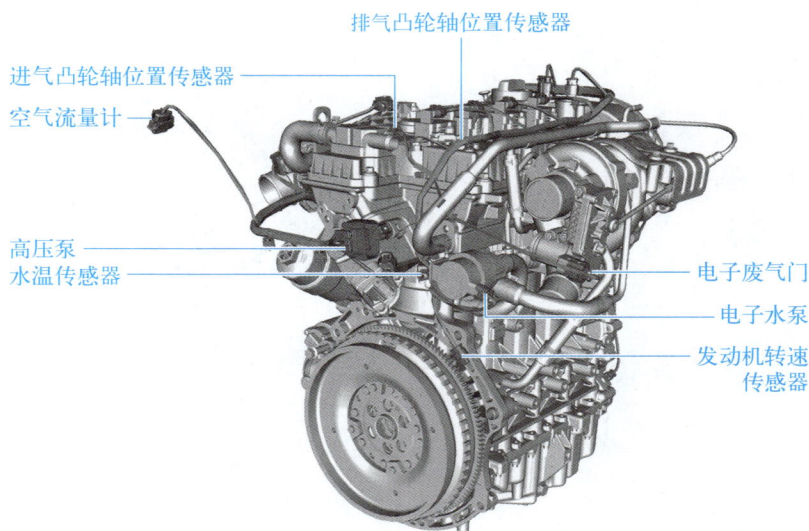

图 2.2-10 整车电气布局 / 发动机（二）

进气凸轮轴位置传感器
排气凸轮轴位置传感器
空气流量计
高压泵
水温传感器
电子废气门
电子水泵
发动机转速传感器

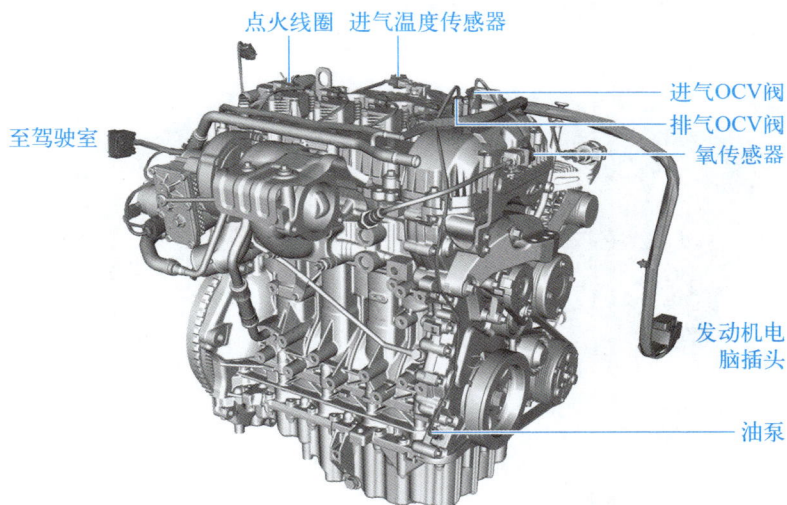

图 2.2-11 整车电气布局 / 发动机（三）

点火线圈　进气温度传感器
至驾驶室
进气OCV阀
排气OCV阀
氧传感器
发动机电脑插头
油泵

　　车载摄像头是主流感知系统必备的传感器，根据其在汽车上的智能化程度来确定在车身上的安装位置（图 2.2-15），车载摄像头可以分为前视、后视和侧视等多种类型。前视摄像头覆盖的 ADAS（高级驾驶辅助系统）功能最多，可以实现车道保持辅助、变道辅助、电子刹车辅助、交通标志识别、车道偏离预警等多项功能；后视摄像头用于探测车身后方的情况，可以实现的功能包括泊车辅助、全景泊车等。

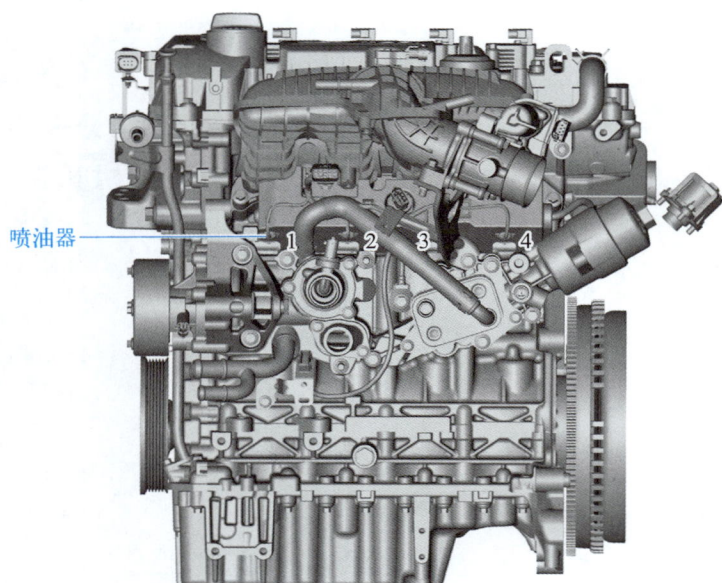

喷油器

图 2.2-12　整车电气布局（喷油器）

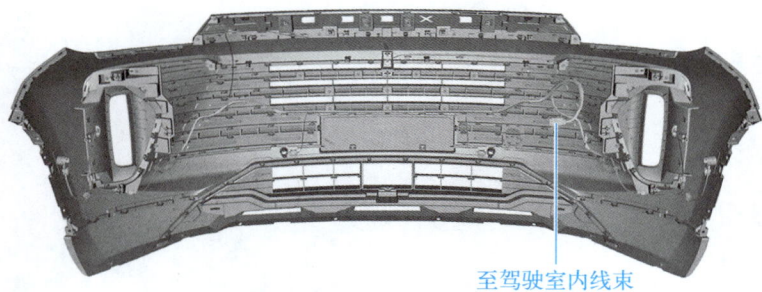

至驾驶室内线束

图 2.2-13　整车电气布局（前保险杠超声波雷达传感器）

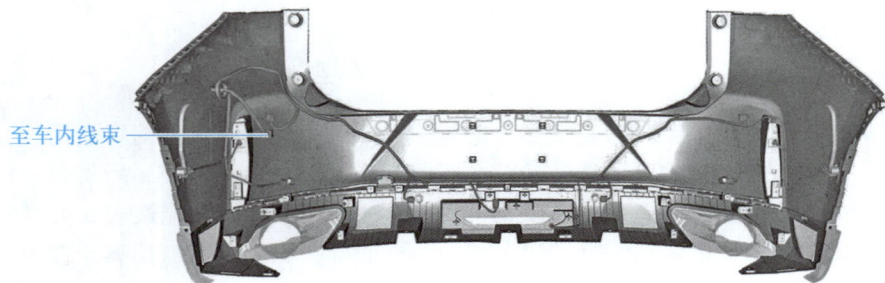

至车内线束

图 2.2-14　整车电气布局（后保险杠超声波雷达传感器）

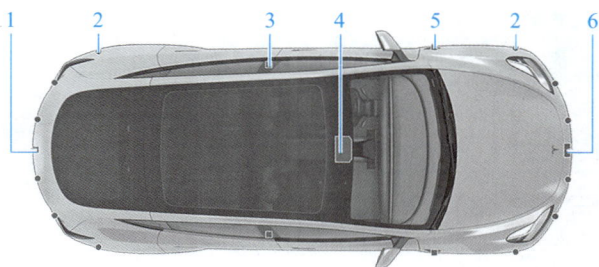

图 2.2-15　整车电气布局（车身传感器）

1—后车牌的上方装有一个摄像头；2—超声波传感器位于前后保险杠中；3—各门柱均装有一个摄像头；4—后视镜上方的挡风玻璃上装有三个摄像头；5—每块前翼子板上装有一个摄像头；6—雷达安装在前保险杠后面

五、电动汽车高压电布局

如图 2.2-16 和图 2.2-17 所示，电动汽车的高压电布局非常直观，整车橙色线束为高压电线束，连接的各部件为高压电部件。

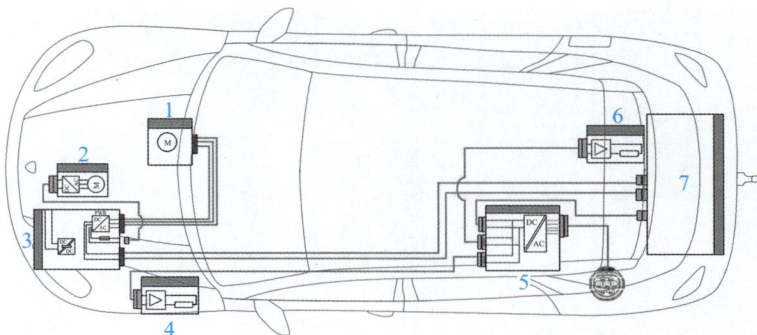

图 2.2-16　电动汽车高压布局（一）

1—动力模块（电机）；2—电动空调压缩机；3—电力电子装置（电机控制器）；4—乘客舱高压加热器；5—高压充电器；6—高压蓄电池高压加热器；7—高压蓄电池

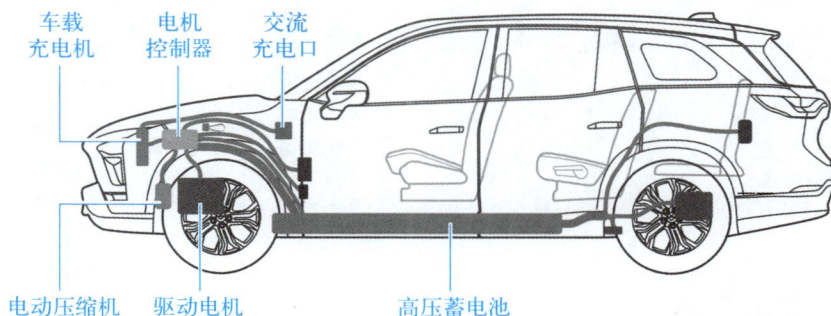

图 2.2-17　电动汽车高压电布局（二）

27

| 第三节 | 了解电气设备操控 |

一、车灯组合开关

车灯组合开关根据车型配置而定，但转向、大灯、小灯等基本功能开关都一样。操控简单，根据车型不同，操控方式或略有不同。车灯组合开关见图 2.3-1。

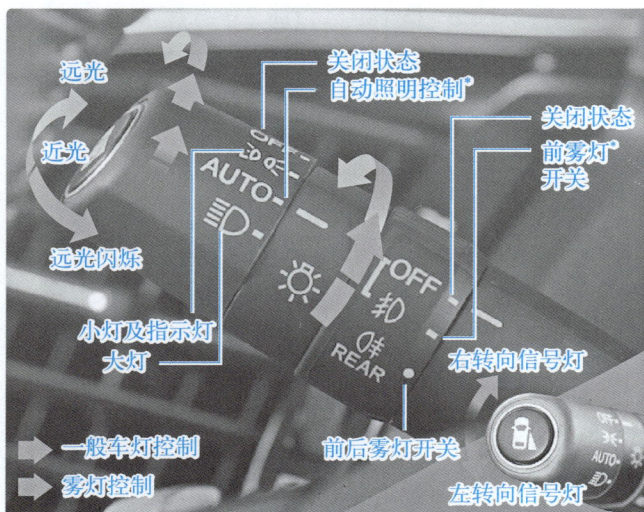

图 2.3-1　车灯组合开关

1. 自动操控

当车灯组合开关转至 AUTO 位置时，控制单元采集光照强度传感器的亮度值，前大灯和其他车外灯将根据环境亮度自动打开和关闭，自动照明控制，见图 2.3-2。

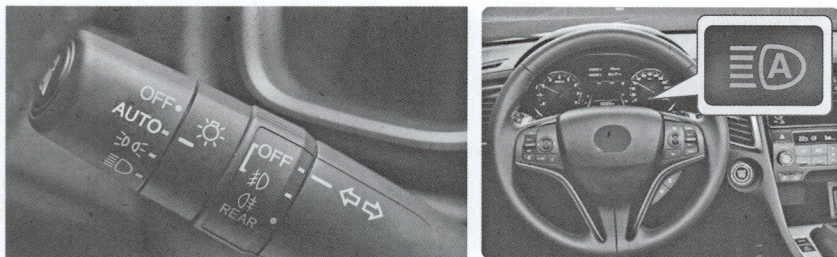

图 2.3-2　远近光智能切换系统指示灯（自动灯）

2. 远近光智能切换

（1）远近光智能切换系统激活

满足以下条件时，远近光智能切换系统激活。

❶ 近光灯点亮。

❷ 电源模式处于 ON 位置。

❸ 车灯组合开关处于 AUTO 位置。

❹ 控制杆在近光位置。

❺ 前大灯已自动激活。

❻ 车外光线黑暗。

（2）远近光智能切换条件

智能灯光系统示意见图 2.3-3。当远近光智能切换系统激活时，前大灯根据以下条件在远光和近光之间切换。

❶ 切换到远光。远光灯打开前，必须满足以下所有条件。

a. 最低车速。例如，某车最低车速为 30km/h 或更低。

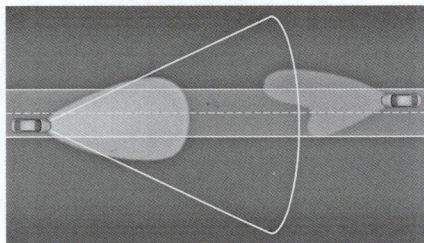

图 2.3-3　智能灯光系统示意

b. 前车或迎面车辆的前大灯或尾灯未打开。

c. 前方道路上很少有路灯。

❷ 切换到近光。对面来车已经靠近本车了，这时远光灯辅助系统将大灯切换为近光，以避免使对面驾驶员眩目。近光灯打开前，必须满足以下条件之一。

a. 最低车速。例如，某车最低车速为 24km/h 或更低。

b. 前车或迎面车辆的前大灯或尾灯打开。

c. 前方道路上有很多路灯。

二、刮水器与清洗器组合开关

挡风玻璃刮水器可清洁挡风玻璃，可通过方向盘右侧刮水器与清洗器组合开关的拨杆执行挡风玻璃刮水器的不同设置。刮水器与清洗器组合开关见图 2.3-4。

1. 雨量感应式刮水器

在 AUTO 位置时，刮水器会随着雨量的大小，自动调节速度。通过操控灵敏度高低挡位调节环来调节感应器的敏感度，从而实现雨量大小的感应程度。

2. 清洗器

将控制杆朝身体侧拉时，可喷出清洗液；松开控制杆超过 1s 时，停止喷出，刮水器会再刮水两次或三次，清洁挡风玻璃，然后停止。

三、HUD 抬头显示系统

HUD 抬头显示系统可显示交通标志智能识别系统、重力加速度表、转速表、带 LSF 的 ACC 系统和 LKAS 的当前模式，或挡位指示及车速，见图 2.3-5。

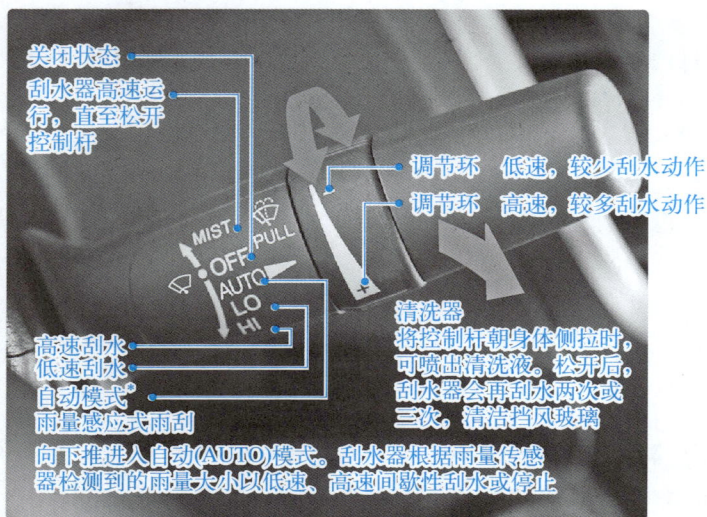

关闭状态

刮水器高速运行，直至松开控制杆

调节环　低速，较少刮水动作

调节环　高速，较多刮水动作

清洗器
将控制杆朝身体侧拉时，可喷出清洗液。松开后，刮水器会再刮水两次或三次，清洁挡风玻璃

高速刮水
低速刮水
自动模式*
雨量感应式雨刮

向下推进入自动(AUTO)模式。刮水器根据雨量传感器检测到的雨量大小以低速、高速间歇性刮水或停止

图 2.3-4　刮水器与清洗器组合开关

*对于某些未配备雨量感应式刮水器的车型，此处为 INT（间歇低速模式）

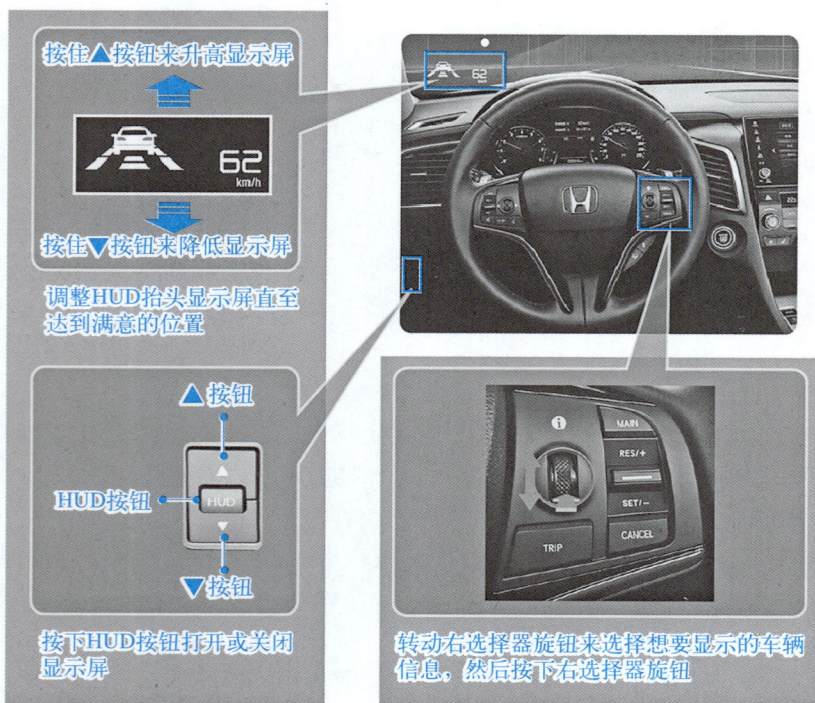

按住▲按钮来升高显示屏

62
km/h

按住▼按钮来降低显示屏

调整HUD抬头显示屏直至达到满意的位置

▲按钮

HUD按钮

▼按钮

按下HUD按钮打开或关闭显示屏

转动右选择器旋钮来选择想要显示的车辆信息，然后按下右选择器旋钮

图 2.3-5　HUD 抬头显示系统

30

四、自动空调系统

自动空调系统能保持所选的车内温度，还会尽可能快地适当混合热气或冷气，使车内温度升高或降低到适宜的温度。

1. 快速降温

自动空调系统快速降温操控见图 2.3-6。

① 将部分车窗打开，将系统设置为 AUTO（自动），将温度设置为 LO（最低），风量调至最大挡位。

② 待车内热空气基本排出约 3min 后，关闭车窗。将外循环切换至内循环，直至温度降下来。

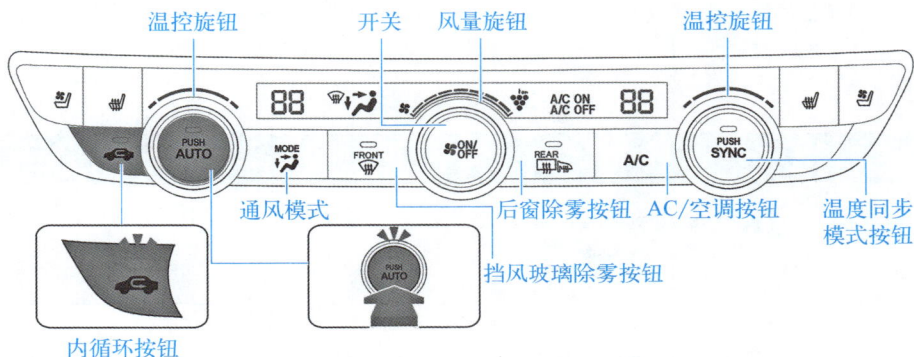

图 2.3-6 自动空调系统快速降温操控

2. 快速除雾 / 霜

自动空调系统快速除雾 / 霜操控见图 2.3-7。

① 按下挡风玻璃除雾 / 霜按钮，指示灯点亮。

② 按下循环按钮，指示灯亮，切换至内循环模式。

③ 车窗除雾 / 霜后，再次按下循环按钮，指示灯熄灭，切换至外循环模式。

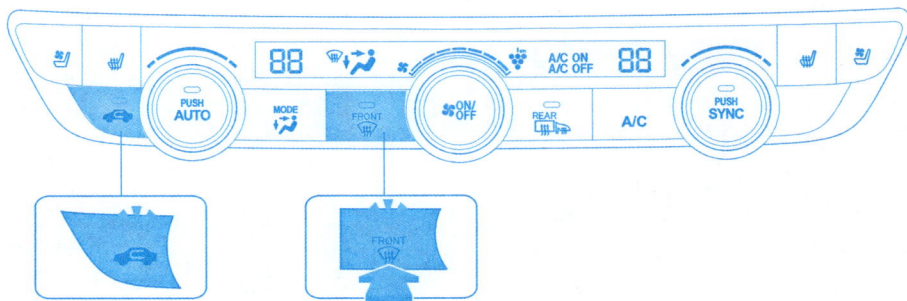

图 2.3-7 自动空调系统快速除雾 / 霜操控

31

五、仪表信息

打开点火开关后，指示灯点亮，表示正在进行系统检查，数秒后或发动机启动后，这些指示灯将熄灭。如果某一指示灯不点亮或不熄灭，相应的系统可能有故障。

第四节　了解整车线路

一、导线类型

汽车用导线一般有单根导线、双绞线、屏蔽线等，导线类型见表 2.4-1。在整车线路中，单根导线包扎在一起即组成线束，见图 2.4-1 和图 2.4-2。

表 2.4-1　导线类型

类型	图示	说明 / 用途
单根导线		①结构特征：多根细铜线制成普通的单根导线 ②主要作用：用于低压电源信号传输
双绞线		①结构特征：两根线绞合在一起 ②主要作用：消除电磁干扰。汽车各系统用得很多，如 CAN 网络
屏蔽线		①结构特征：导体外部有导体包裹的导线，包裹的导体就是屏蔽层，一般为编织铜网或铜箔（铝）。屏蔽层需要接地，外来的干扰信号可被该层导入大地 ②主要作用：避免干扰信号进入内层，导体干扰的同时会降低传输信号的损耗
同轴线		①结构特征：同轴线缆是由两根同轴心、相互绝缘的圆柱形金属导体构成基本单元 ②主要作用：常用于汽车内部传输音视频信号
高压线		通常工作电压很高（一般都在 10kV 以上） ①普通高压线：电动汽车高压系统 ②带阻尼高压线：燃油发动机点火的高压线
编织线		软连接、耐高温。如继电器内部触点的连接线、车身搭铁线（图 2.4-3）

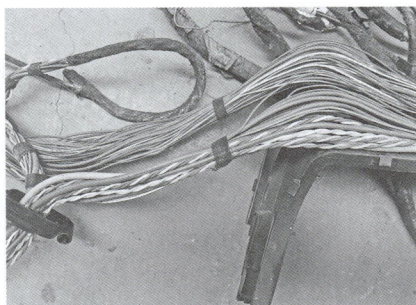

图 2.4-1　拨开包扎的汽车线束

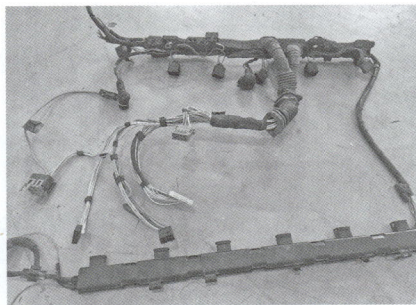

图 2.4-2　汽车发动机线束

车身

搭铁线　变速器壳

图 2.4-3　搭铁线

二、整车线路

汽车的线束通过熔断器（熔丝、继电器）、插接器、控制单元、网关等各种电气连接，成为一个整体线路的网络架构，如图 2.4-4 所示。

图 2.4-4　汽车整车线路

扫一扫

视频讲解

对于汽车线束，一般可单独成套更换的有发动机线束、仪表线束、车门线束、照明线束、空调线束等。线路在车内地板下敷设，相关线路如图 2.4-5 ～图 2.4-11 所示。

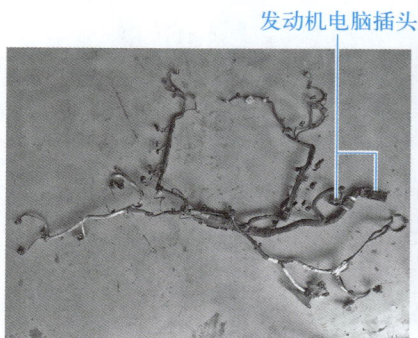

发动机电脑插头

发动机电脑

图 2.4-5　汽车发动机线束（一）　　　图 2.4-6　汽车发动机线束（二）

大粗红色电缆从前机舱正极接线柱到后备厢蓄电池

图 2.4-7　车内线路（一）

图 2.4-8　车内线路（二）

图 2.4-9　车内线路（三）

图 2.4-10　车内线路（四）

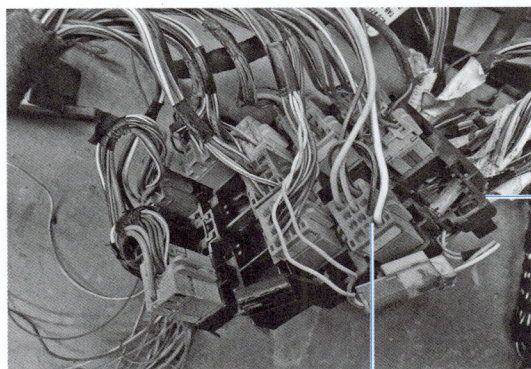

图 2.4-11　整车线束的插件

第五节 认识电路元器件

一、继电器

1. 继电器类型

汽车上使用的继电器以插入式继电器常见，插在熔断器的相应位置上或者相关线路中，见图 2.5-1。

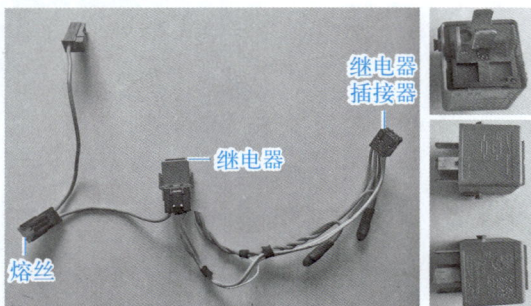

图 2.5-1 继电器

除了插入式继电器外，还有 PCB 式汽车继电器，也就是焊接在 PCB 上使用的继电器，以及采用 PCB 式继电器与其他逻辑电子线路一起组合完成某种特定功能的组合式继电器。

2. 继电器作用

继电器开关简称继电器，是一种受电流控制的开关。继电器是实现小电流控制大电流，并且在汽车控制电路中广泛使用的一种电子控制器件。它可以减小控制开关或者模块的电流负荷，从而保护相关电路。

汽车上用的继电器有大灯继电器、转向灯继电器、喇叭继电器、油泵继电器、鼓风机继电器、后视镜加热继电器、后除霜继电器、雨刷间歇继电器、ACC 继电器、IGN1 继电器等。

维修提示

什么是 AAC 继电器？ACC 继电器是指在汽车还没有启动之前，点火开关处于 ACC 挡时作用的继电器，如收音机、点烟器这些用电量不太大的设备通电；当汽车点火启动时，需要一个强电流，这时 ACC 位停止供电，待点火结束，又开始供电。

3. 继电器基本原理

继电器是利用电磁感应原理来实现电磁线圈控制某一回路的接通或者断开的。继电器的结构见图 2.5-2。

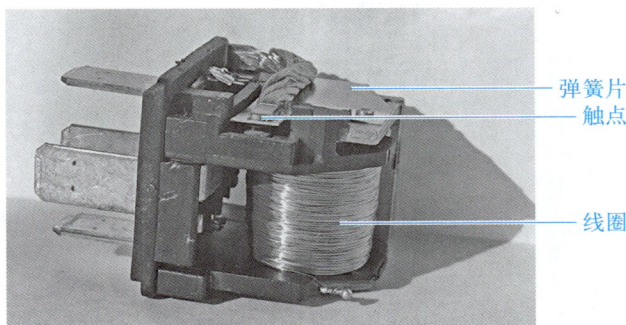

图 2.5-2　继电器的结构

如图 2.5-3 所示，继电器通电后，铁芯被磁化，产生足够大的电磁力，吸动衔铁并带动弹簧片，使动触点与静触点闭合。当线圈断电后，电磁吸力消失，弹簧片带动衔铁返回原来的位置，使动触点和静触点分开。

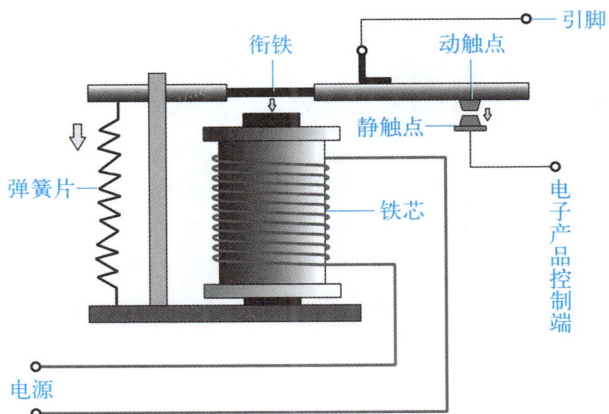

图 2.5-3　继电器基本原理

4. 继电器工作原理

如图 2.5-4 所示，当开关闭合时，线圈两端上电产生电压，线圈中就会流过电流，从而产生电磁效应，衔铁就会在电磁力的作用下克服回位弹簧的拉力吸向铁芯，使衔铁动触点与常开静触点闭合，此时红色灯泡亮起；当线圈断电后，电磁消失，衔铁就会受到弹簧的反作用力返回原来的位置，吸合动触点与常闭静触点闭合，此时黄色灯泡亮起，这样就实现了电路的导通与切断。继电器实物见图 2.5-5。

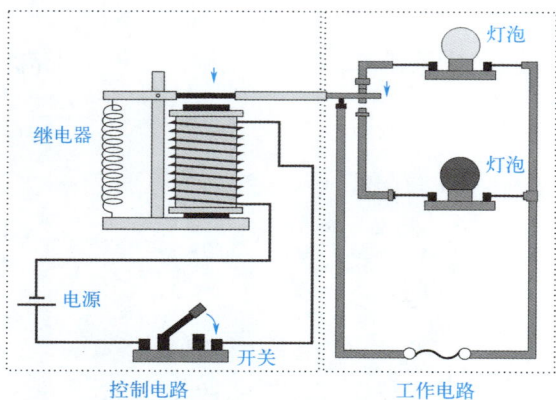

图 2.5-4　继电器工作原理

图 2.5-5　继电器实物

5. 继电器电路

　　如图 2.5-6 所示，继电器端子号都在继电器的插头端有标注。如图 2.5-7 所示，继电器的 85 和 86 端子控制继电器线圈通电；30 端子为继电器的输入端；87a 端子、87 号端子分别为继电器的常闭触点和常开触点。

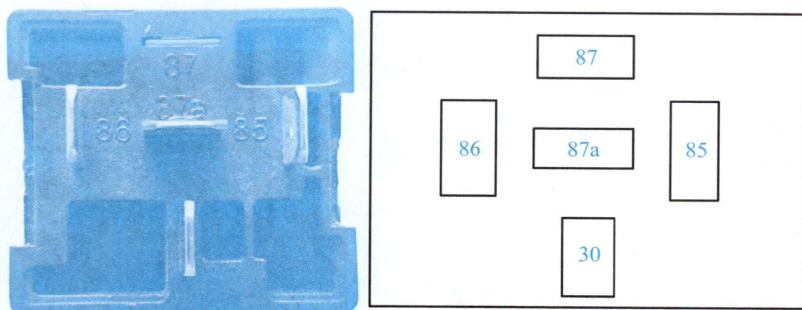

图 2.5-6　继电器端子（底视图）

维修提示

　　通过图 2.5-6 和图 2.5-7，即可了解继电器的控制策略或者控制逻辑，即继电器86/85端子通电，30/87端子导通；86/85端子断电，30/87a端子导通。列举的该继电器是一组转换型继电器。

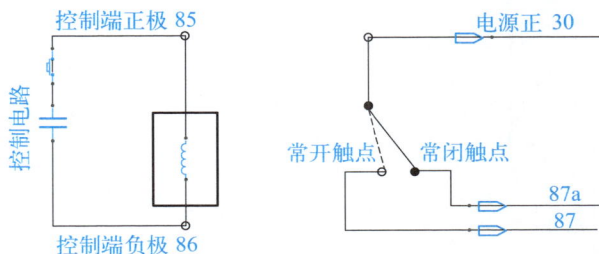

图 2.5-7　继电器控制电路

维修提示

　　根据继电器的触点形式，分为常开型（一组）、常闭型（一组）、转换型（一组）继电器。包括双开、双闭、双转换型，以及多触点、多线圈形式的继电器。继电器触点形式见表 2.5-1。

　　在表 2.5-1 列举的继电器触点形式及接线逻辑中，并联的二极管正极接85端子。与线圈并联的电阻和二极管都起到瞬态抑制作用。表 2.5-1 中，序号 1～3 的"线圈无并联元件"的接线逻辑是汽车继电器较为常见的接法。

表 2.5-1　继电器触点形式

序号	触点	符号	线圈无并联元件	线圈并联电阻	线圈并联二极管
1	常开（动合）触点				

续表

序号	触点	符号	线圈无并联元件	线圈并联电阻	线圈并联二极管
2	常闭（动断）触点		86 30 87a 85	86 R 30 87a 85	86 30 87a 85
3	转换触点		30 87a 87 85 86	30 87a 87 85 86	30 87a 87 85 86
4	双动合触点		30 87b 87 85 86	30 87b 87 85 86	30 87b 87 85 86
5	双动断触点		2 6 4 1 3		

6. 闪光继电器

（1）单路输出闪光继电器

一侧转向灯发生故障，比如灯泡坏了，为什么另一侧转向灯闪烁得就很快？接下来看一下闪光继电器。

如图 2.5-8 所示，列举出普通单路输出的汽车闪光继电器，该继电器的 49（E）端子接电源 12V 正极，31（B）端子接电源负极，49a（L）端子接转向灯负载。假如转向灯完全正常的负载为两个或四个灯泡，则继电器控制车灯以 60～110 次 /min 的频率闪光。如果当一个转向灯有故障，开转向灯时，继电器控制车灯以 140～230 次 /min 的频率闪光。

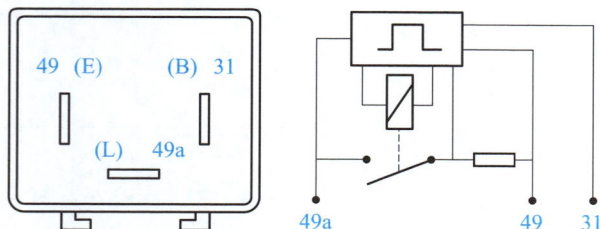

49（E）　（B）31
（L）　49a

49a　　49　31

图 2.5-8　闪光继电器底视图和电路（一）

（2）带 IG 使能功能的闪光继电器

如图 2.5-9 所示的是闪光控制带 IG 使能功能的闪光继电器电路，闪光继电器及底视图见图 2.5-10。该继电器 30 端子接电源正极，31 端子接电源负极，IG 端子接 IG 电源，15R端子接右转向开关（低电平有效），15L 端子接左转向开关（低电平有效），HWS 端子接危险报警开关（低电平有效），R 端子接右转向灯负载，L 端子接左转向灯负载。

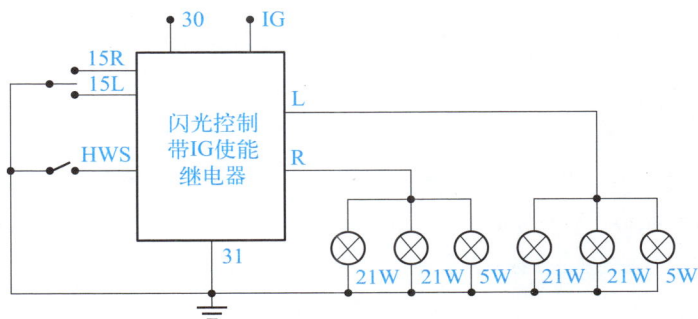

图 2.5-9　闪光继电器底视图和电路（二）

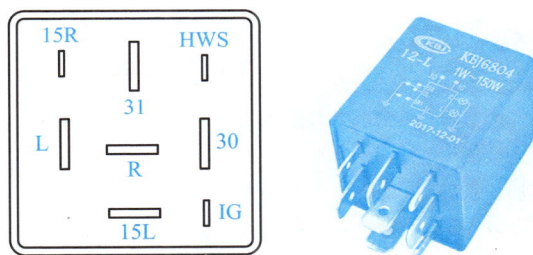

图 2.5-10　闪光继电器（双路输出）及底视图

当负载为转向灯且完全良好时，闪光继电器以 60 ～ 110 次 /min 的频率控制车灯闪光；当负载为一个灯发生开路故障时，闪光继电器以 140 ～ 230 次 /min 的频率控制车灯闪光。

（3）无 IG 使能功能的闪光继电器

如图 2.5-11 所示的是闪光控制无 IG 使能功能的闪光继电器电路，闪光继电器及底视图见图 2.5-10。该继电器 30 端子接电源正极，31 端子接电源负极，15R 端子接右转向开关（高电平有效），15L 端子接左转向开关（高电平有效），HWS 端子接危险报警开关（低电平有效），R 端子接右转向灯负载，L 端子接左转向灯负载。

当负载为转向灯且完全良好时，闪光继电器以 60 ～ 110 次 /min 的频率控制车灯闪光；当负载为一个灯发生开路故障时，闪光继电器以 140 ～ 230 次 /min 的频率控制车灯闪光。

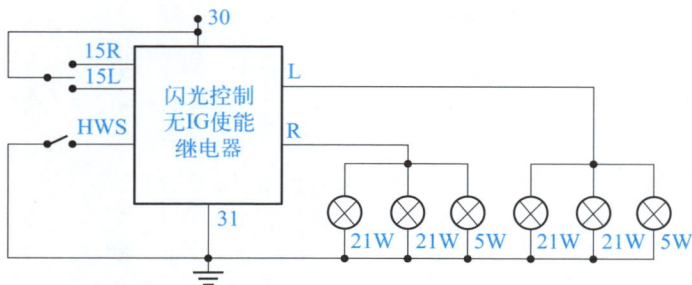

图 2.5-11　闪光继电器底视图和电路（三）

7. 雾灯继电器

（1）不具备复位功能

如图 2.5-12 所示，该雾灯继电器 30 端子接电源正极，31 端子接电源负极，F 端子或 15 端子接开关，87 端子接负载。该继电器为二通道使能信号，不具备复位功能。

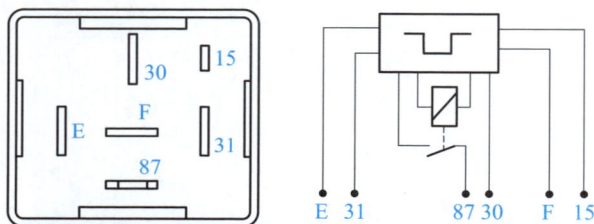

图 2.5-12　雾灯继电器底视图和电路（一）

通电控制：控制逻辑见图 2.5-13。当 15 端子或 F 端子处于允许导通状态时（高电平 9 ~ 16V），开关信号 E 端子每次得到一个触发信号后就会改变灯负载的通断，由熄灭（off）变为点亮（on），或者由亮变为熄灭，随着信号的改变，不断循环改变。

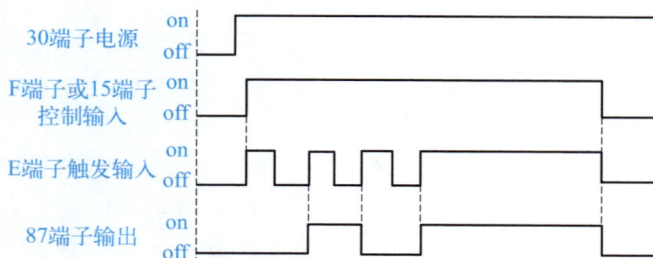

图 2.5-13　雾灯继电器控制逻辑示意（一）

（2）具备复位功能

如图 2.5-14 所示列举的是三通道使能信号，具备复位功能的雾灯继电器的 1 端子接电源正极，8 端子接电源负极，2 ~ 4 端子为使能信号输入端，5 端子为触发或关断信号输入端，6 端子为负载接线端，7 端子为复位信号输入端。

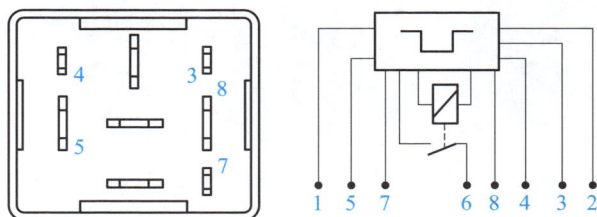

图 2.5-14　雾灯继电器底视图和电路（二）

通电控制：当 2 ～ 4 任一端子得到使能信号（高电平 9 ～ 16V）并保持，此时如果 5 端子接收到触发信号（上升沿有效），则灯负载由灭变为亮；反之，如果之前灯为亮的状态，则 5 端子接收到的信号为关断信号，即由亮变灭，随着 5 端子接收信号的不断更迭，灯的状态（亮或灭）不断循环改变，控制逻辑如图 2.5-15 所示。

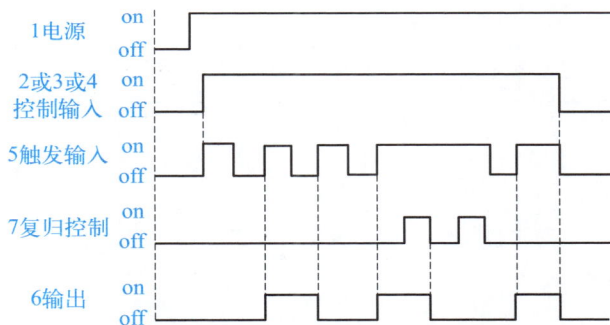

图 2.5-15　雾灯继电器控制逻辑示意（二）

8. 雨刮间歇控制继电器

如图 2.5-16 和图 2.5-17 所示，列举的是一款 MUC 控制的雨刮间歇继电器，该继电器 15 端子接电源正极，31 端子接电源负极，I 端子、53e 端子接组合开关，31b 端子接雨刮电机涡轮开关，53c 端子接清洗泵开关。

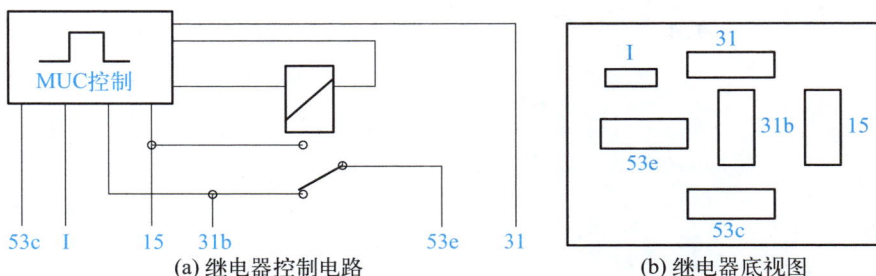

(a) 继电器控制电路　　(b) 继电器底视图

图 2.5-16　雨刮间歇控制继控制电路及底视图

图 2.5-17　雨刮间歇继电器

（1）间歇刮水

如图 2.5-18 所示为雨刮间歇和清洗控制电路，当组合开关 K2 处于位置 1 时，I 端子得到 12V 电压，内部继电器动作，53e 端子与 15 端子接通，雨刮电机转动，当 31b 端子得到 0V 的反馈信号后内部继电器释放，53e 端子和 15 端子断开，雨刮电机停止。等待（5.5±1.5）s 后，重复上面的过程。

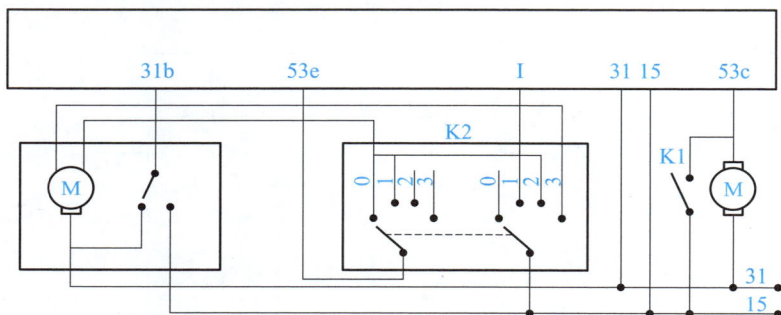

图 2.5-18　雨刮间歇和清洗控制电路

（2）清洗刮水

如图 2.5-18 所示，当 K1 闭合，53c 端子得到 12V 电压时，内部继电器动作，53e 端子与 15 端子接通，雨刮电机开始转动，当 K1 断开后再延时 3.5～6s 或 3～6s 后内部继电器释放，雨刮电机运转到停止位置后停止。

9. 延时控制继电器

汽车延时继电器常用在加热控制和启动控制电路中。延时继电器及底视图见图 2.5-19。汽车延时继电器控制逻辑见表 2.5-2。

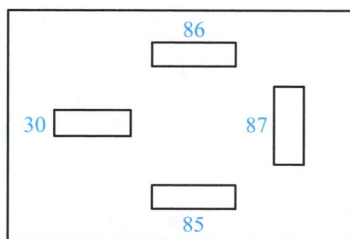

图 2.5-19　延时继电器及底视图

表 2.5-2　汽车延时继电器控制逻辑

接线电路	控制逻辑	说明
 30 端子接电源正极，87 端子接负载，86 端子接地，85 端子接控制信号。		当 85 端子得到 12V 触发信号并延时（2±0.5）s 后，30 端子与 87 端子接通
		当 85 端子出现低电平触发信号后，30 端子与 87 端子接通，85 端子触发信号消失并延时（9±2）s 后，30 端子与 87 端子断开
		当 85 端子得到 12V 触发信号后，87 端子与 30 端子接通，当 85 端子触发信号消失并延时（480±60）s 后，30 端子与 87 端子断开

二、电阻器

1. 电阻器的作用和特征

电阻器是汽车电脑板中应用最广泛的一种元器件。电阻器，即通常所说的电阻，用字母 R 来表示，单位为"Ω"。在电路图中用符号 ————— 或 ——\/\/\/— 来表示。电阻器见图 2.5-20。

（1）欧姆定律

欧姆定律是电路中最基本的定律之一。虽然在初中时候就都学过，但因其在汽修电路中的重要性，所以这里有必要再说简单说一下。欧姆定律，即电压（U）、电流（I）和电阻（R）之间的关系，$I=U/R$，$R=U/I$，$U=IR$。在电路中，流过电阻器的电流与电阻器两端的电压成正比，与电阻成反比，这就是欧姆定律的基本概念。

图 2.5-20　电阻器

（2）电阻器作用

电阻器是一个限流元件，也可说它是一个耗能元件，主要物理特征是变电能为热能，电流经过它就产生内能。电阻器在电路中通常起分压、限流、滤波的作用。对信号来说，交流与直流信号都可以通过电阻器。

（3）电阻器特征

电阻器的电阻值大小一般与温度、材料、长度及横截面积有关。衡量电阻受温度影响大小的物理量是温度系数，比如水温传感器就是一个负温度系数电阻（热敏电阻），如图 2.5-21 所示，其阻值随着温度的升高而减小。热敏电阻见图 2.5-22。

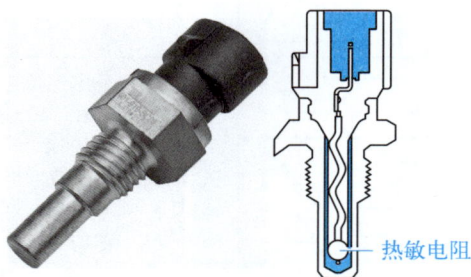

图 2.5-21　水温传感器及其内部结构

图 2.5-22　热敏电阻

2. 电阻器的识别

固定电阻器多采用直接标注和色环标注的方式来标识其阻值及其他参数。可变电阻器和敏感电阻器也多采用直标法。汽车电脑板中的固定电阻器（色环电阻器）见图 2.5-23 和图 2.5-24，这种电阻器在气囊电脑中比较常见。

图 2.5-23　汽车电脑板中的固定
电阻器（色环电阻器）（一）

图 2.5-24　汽车电脑板中的固定
电阻器（色环电阻器）（二）

维修提示

　　固定电阻器的电阻值是固定不变的，阻值大小就是其标称阻值，也就是普通电阻器。电阻器的种类很多，电路板中安装着大量的、不同性能的电阻器。根据其功能和应用领域的不同，主要可分为固定电阻器、敏感电阻器（如热敏、光敏电阻器）、可调电阻器三大类。

　　如图 2.5-25 所示，电阻器的色环标注主要是以不同的颜色来表示的，通过色环对应的数字来读取，不同颜色代表不同的数字和倍乘数。

四环电阻读法($22×1=22\Omega±5\%$)

颜色	1环表示数	2环表示数		3环表示乘数	4环表示误差	
黑色	0	0	0	1		
棕色	1	1	1	10	±1%	F
红色	2	2	2	100	±2%	G
橙色	3	3	3	1k		
黄色	4	4	4	10k		
绿色	5	5	5	100k	±0.5%	D
蓝色	6	6	6	1M	±0.25%	C
紫色	7	7	7	10M	±0.10%	B
灰色	8	8	8		±0.05%	A
白色	9	9	9			
金色				0.1	±5%	J
银色				0.01	±10%	K
无色					±20%	M
颜色	1环表示数	2环表示数	3环表示数	4环表示乘数	5环表示误差	

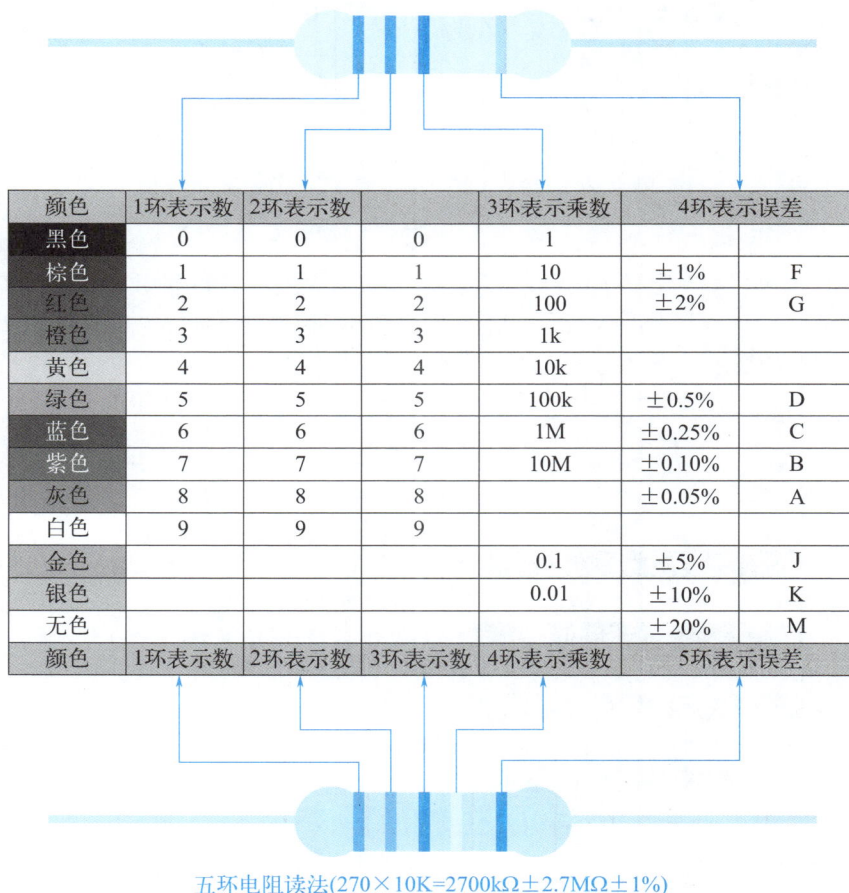

五环电阻读法($270×10K=2700k\Omega±2.7M\Omega±1\%$)

图 2.5-25　色环电阻器阻值的识别

图 2.5-26　五色环电阻器

如图 2.5-26 所示是五色环电阻器，第一环是百位数为棕色（1），第二环是十位数为黑色（0），第三环是个位数为黑色（0），第四环是倍数为黄色（10k），第五环为误差（±5%）。即电阻值为 100×10000=1000000（Ω）（1MΩ），误差为 ±5%。

维修提示

　　电阻单位有毫欧（mΩ）、欧姆（Ω）、千欧（kΩ）、兆欧（MΩ），之间进率是 1000。

　　其换算如下。

$$1000mΩ=1Ω$$
$$1000Ω=1kΩ$$
$$1000kΩ=1MΩ$$

　　人们不可能把电阻器上的色环参数都记得那么清楚，所以利用手机或计算机网络的"电阻计算器"来进行识别可谓是更便捷的一种方法。如图 2.5-27 和图 2.5-28 所示，列举的是手机小程序"电阻计算器"识别的四色环电阻器。

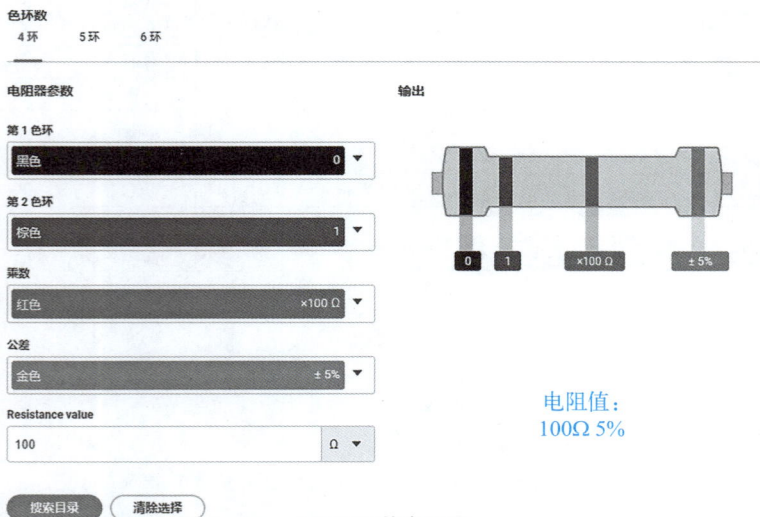

(a) 100Ω的电阻器

色环数

4 环　　5 环　　6 环

电阻器参数　　　　　　　　　　　　　　**输出**

第 1 色环

| 黑色 | 0 | ▼ |

黑色	0
棕色	1
红色	2
橙色	3
黄色	4
绿色	5
蓝色	6
紫色	7
灰色	8
白色	9

第 2 色环

棕色

乘数

红色

公差

金色

Resistan

100

搜索目录　　清除选择

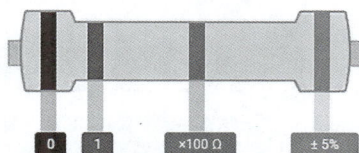

电阻值：
100Ω 5%

(b) 第一环黑色

色环数

4 环　　5 环　　6 环

电阻器参数　　　　　　　　　　　　　　**输出**

第 1 色环

| 黑色 | 0 | ▼ |

第 2 色环

| 棕色 | 1 | ▼ |

黑色	0
棕色	1
红色	2
橙色	3
黄色	4
绿色	5
蓝色	6
紫色	7
灰色	8
白色	9

乘数

红色

公差

金色

Resistan

100

搜索

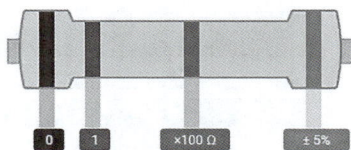

电阻值：
100Ω 5%

(c) 第二环棕色

图 2.5-27

色环数

4 环　　5 环　　6 环

电阻器参数

输出

第 1 色环

黑色　　　　　　　　　　　　　　　　　0　▼

第 2 色环

棕色　　　　　　　　　　　　　　　　　1　▼

乘数

红色　　　　　　　　　　　　　×100 Ω　▼

黑色	×1 Ω
棕色	×10 Ω
红色	×100 Ω
橙色	×1 kΩ
黄色	×10 kΩ
绿色	×100 kΩ
蓝色	×1 MΩ
紫色	×10 MΩ
灰色	×100 MΩ
白色	×1 GΩ
金色	×0.1 Ω
银色	×0.01 Ω

公差

金色

Resistan

100

搜

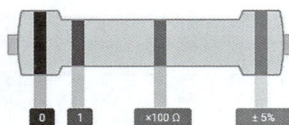

0　1　×100 Ω　± 5%

电阻值：
100Ω 5%

(d) 第三环红色

色环数

4 环　　5 环　　6 环

电阻器参数

输出

第 1 色环

黑色　　　　　　　　　　　　　　　　　0　▼

第 2 色环

棕色　　　　　　　　　　　　　　　　　1　▼

乘数

红色　　　　　　　　　　　　　×100 Ω　▼

公差

金色　　　　　　　　　　　　　　± 5%　▼

棕色	± 1%
红色	± 2%
绿色	± 0.5%
蓝色	± 0.25%
紫色	± 0.1%
灰色	± 0.05%
金色	± 5%
银色	± 10%

Resistan

100

搜

0　1　×100 Ω　± 5%

电阻值：
100Ω 5%

(e) 第四环金色(误差环)

图 2.5-27　四色环电阻器

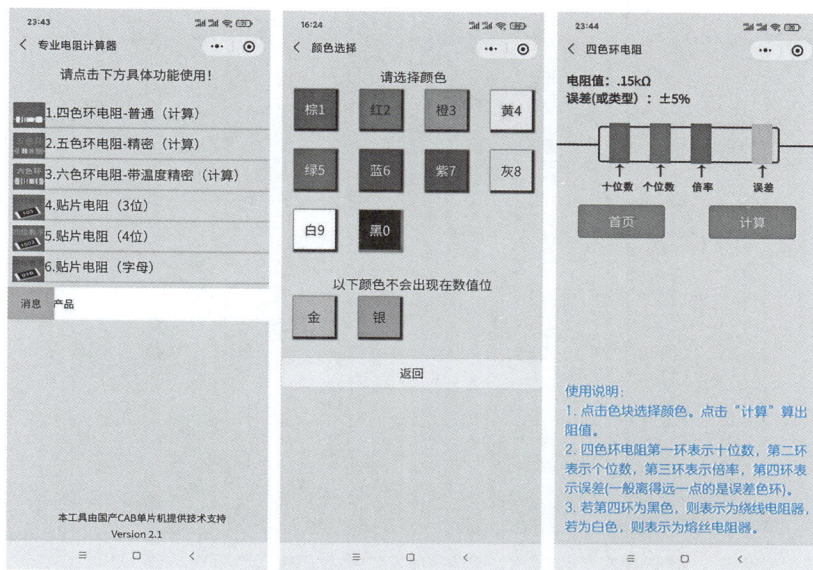

图 2.5-28 手机电阻计算器

维修提示

色环电阻颜色速记口诀：棕 1 红 2，橙 3；黄 4 绿 5，蓝 6，紫 7 灰 8，白 9，0 黑色。

3. 贴片电阻

贴片电阻是指采用表面贴装技术安装的一种固定电阻器，这种贴片电阻通常是体积很小的无引脚电阻器，有蓝色、黑色、绿色、紫色等。汽车电脑板上的贴片电阻非常多，见图 2.5-29 和图 2.5-30。

图 2.5-29 汽车电脑板上的贴片电阻（一）

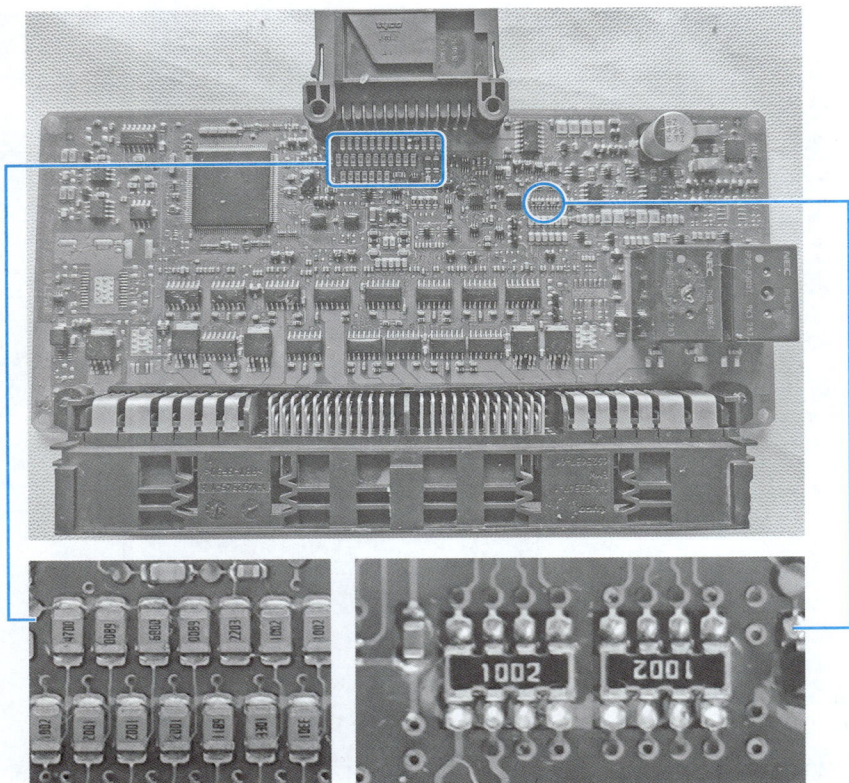

贴片电阻   排式贴片电阻(排阻)

图 2.5-30　汽车电脑板上的贴片电阻（二）

（1）三位贴片电阻

如图 2.5-31 所示，电脑板上的贴片电阻标有三位数 472，这就是通常说的三位贴片电阻。前两位为实际计数的有效数字（47），后一位表示 0 的个数（2 个 0），即 472 表示为 4700Ω（4.7kΩ）。

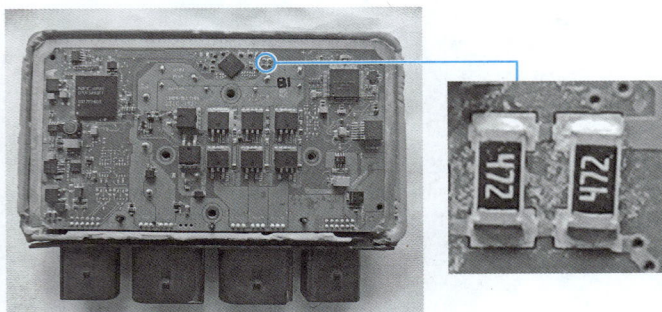

图 2.5-31　汽车电脑板中的三位贴片电阻

假如贴片电阻上标注的是470，那么该电阻器的阻值就是47Ω。

如图2.5-32所示，贴片电阻也同样用手机小程序的"电阻计算器"来计算阻值。

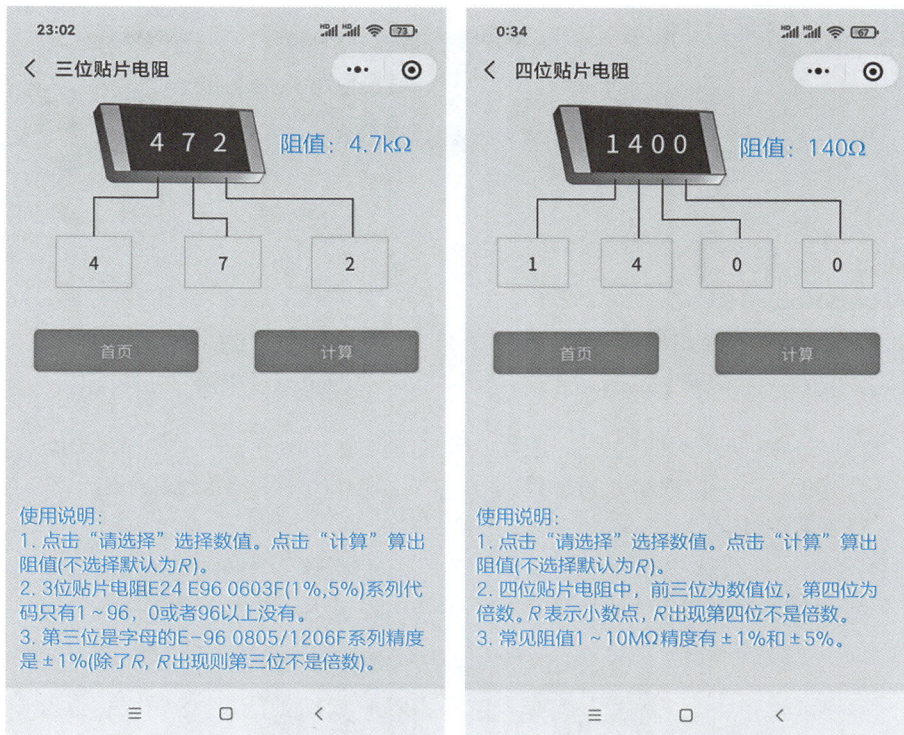

图 2.5-32　通过"电阻计算器"计算贴片电阻值

（2）四位贴片电阻

如图2.5-33所示的四位贴片电阻，标有四位数1400。其含义与三位贴片电阻相同道理，前三位为实际计数的有效数字（140），后一位表示0的个数，即1400表示140Ω。

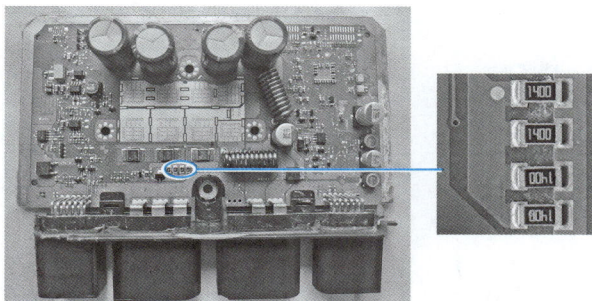

图 2.5-33　汽车电脑板中的四位贴片电阻（一）

53

如图 2.5-34 所示的四位贴片电阻，标有四位数 2200。前三位为实际计数的有效数字（220），后一位表示 0 的个数，即 2200 表示 220Ω。

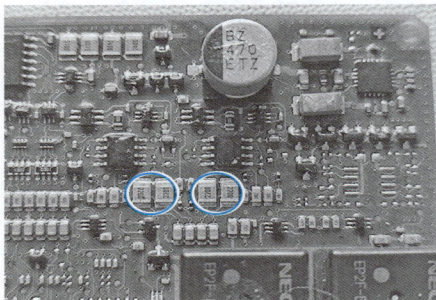

图 2.5-34　汽车电脑板中的
四位贴片电阻（二）

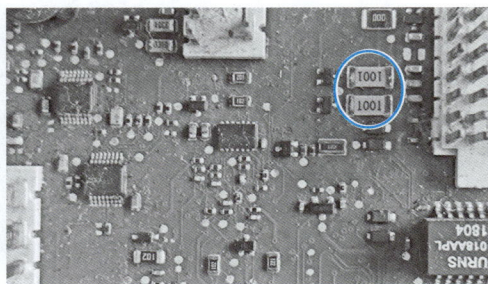

图 2.5-35　汽车电脑板中的
四位贴片电阻（三）

如图 2.5-35 所示的四位贴片电阻，标有四位数 1001。前三位为实际计数的有效数字（100），后一位表示 0 的个数（1 个 0），即 1001 表示 1000Ω（1kΩ）。

（3）R 贴片电阻

标有 R 字母的贴片电阻，R 表示小数点，如 60R4 表示 60.4Ω（图 2.5-36）；如图 2.5-37 所示，5R6 表示 5.6Ω；如图 2.5-38 所示，47R5 表示 47.5Ω。

图 2.5-36　汽车电脑板中的 R 字母贴片电阻（一）

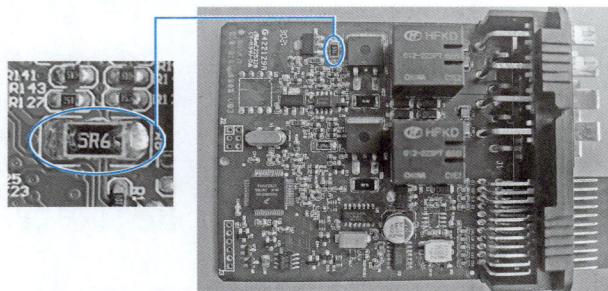

图 2.5-37　汽车电脑板中的 R 字母贴片电阻（二）

图 2.5-38 汽车电脑板中的 R 字母贴片电阻（三）

（4）其他字母的贴片电阻

贴片电阻上通常有两位数字和一位字母，也就是用"数字＋数字＋字母"这种格式来表示，前两位为有效数字，后边的字母为倍数。字母贴片电阻器阻值计算见表 2.5-3 和表 2.5-4。

表 2.5-3 字母贴片电阻器阻值计算表（电阻值有效数值代码）

代码	有效数值	代码	有效数值	代码	有效数值	代码	有效数值	代码	有效数值	代码	有效数值
01	100	17	147	33	215	49	316	65	464	81	681
02	102	18	150	34	221	50	324	66	475	82	698
03	105	19	154	35	226	51	332	67	487	83	715
04	107	20	158	36	232	52	340	68	499	84	732
05	110	21	162	37	237	53	348	69	511	85	750
06	113	22	165	38	243	54	357	70	523	86	768
07	115	23	169	39	149	55	365	71	536	87	787
08	118	24	174	40	255	56	374	72	549	88	806
09	121	25	178	41	261	57	383	73	562	89	825
10	124	26	182	42	267	58	392	74	576	90	845
11	127	27	187	43	274	59	402	75	590	91	866
12	130	28	191	44	280	60	412	76	604	92	887
13	133	29	196	45	287	61	422	77	619	93	909
14	137	30	200	46	294	62	432	78	634	94	931
15	140	31	205	47	301	63	442	79	649	95	953
16	143	32	210	48	309	64	453	80	665	96	976

表 2.5-4　字母贴片电阻阻值计算（不同字母代表的被乘数）

字母	A	B	C	D	E	F	G	H	X	Y	Z
被乘数	10^0	10^1	10^2	10^3	10^4	10^5	10^6	10^7	10^{-1}	10^{-2}	10^{-3}

如图 2.5-39 所示为字母贴片电阻，其中"83"为电阻值有效数值代码，对应的有效数值为 715；"C"倍乘数，对应的为 10^2。电阻值即 $715\Omega \times 10^2 = 71500\Omega$（71.5kΩ）。

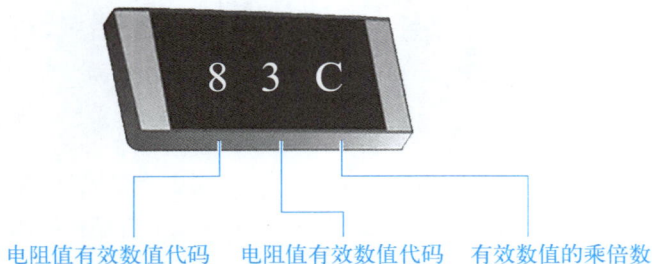

电阻值有效数值代码　　电阻值有效数值代码　　有效数值的乘倍数

图 2.5-39　字母贴片电阻

（5）0 保护电阻

如图 2.5-40 和图 2.5-41 所示，在电阻上标注 1 个 0 和 3 个 0，这种电阻在电路中起保护作用，可称它为保护电阻或保险电阻。

图 2.5-40　保护电阻（1 个 0）

图 2.5-41　保护电阻（3 个 0）

维修提示

保护电阻虽然标注为 0，但实际阻值并不是 0，只是非常小而已，电阻大概为 50mΩ（图 2.5-42）。

图 2.5-42　测量电阻

三、电容器

1. 电容器的作用和特征

电容器是汽车电脑板中应用较广泛的一种可储存电能的储能元器件，具有滤波和耦合功能（耦合电容两端与地不导通），具有隔直流、通交流的特点。

电容器多种多样，常见的电容器主要有色环电容器、纸介电容器、陶瓷电容器、云母电容器、涤纶电容器、玻璃釉电容器、聚苯乙烯电容器、薄膜电容器等。电容器见图 2.5-43。在汽车电脑板中常用到电解电容器和陶瓷贴片电容器。

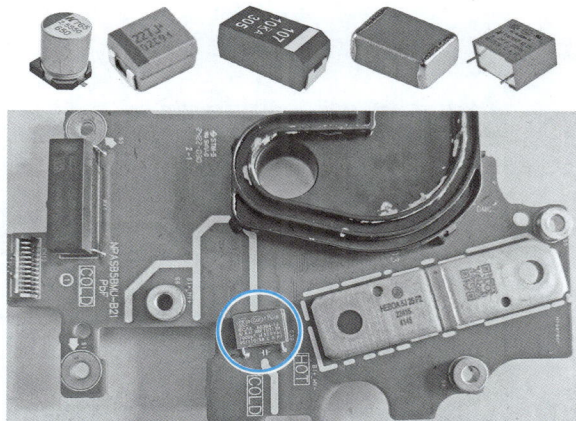

图 2.5-43　电容器

电容器符号用字母 C 表示，实际应用中也有用 BC 或者 EC 来表示的。电容的单位是法拉，简称法（F）。

1 法拉（F）=10 毫法（mF）=100000 微法（μF）；1 微法（μF）=10 纳法（nF）=100000 皮法（pF）。

电容器在电路图中符号有极性的用——+||——来表示，无极性的用——||——来表示。

维修提示

关于电容器的极性：除电解电容器外（按电极材料的不同有铝电解电容器、钽电解电容器、铌电解电容器），其他电容器都是无极性的。

2. 铝电解电容器

铝电解电容器是目前应用最广泛的电容器。铝电解电容器的电容量与无极性电容器相比较大了很多。铝电解电容器见图 2.5-44 和图 2.5-45，其极性两端有引脚。

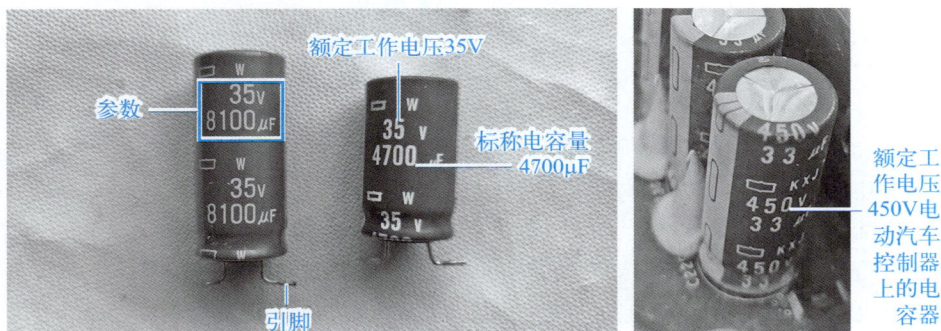

图 2.5-44　铝电解电容器

图 2.5-45　汽车电脑板中的铝电解电容器（一）

铝电解电容器作为大电容储能，可提供电源。如图 2.5-46 所示的是安全气囊控制模块中使用的铝电解电容器，为引爆炸药的点火电路提供电源。

引脚

图 2.5-46　汽车电脑板中的铝电解电容器（二）

如图 2.5-47 所示，铝电解电容器外壳顶部有少半圆的纯颜色覆盖，这表示是正极。

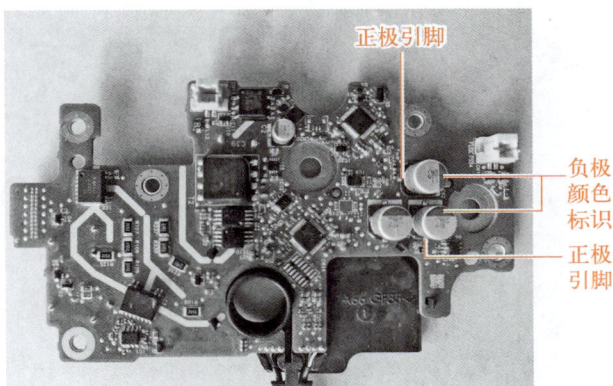

正极引脚

负极
颜色
标识

正极
引脚

图 2.5-47　汽车电脑板中的铝电解电容器（三）

3. 钽电解电容器

电脑板大多使用钽电解电容器，其性能稳定。如图 2.5-48 所示，电脑板中黄色的长方体为钽电解电容器，这种电容器上标有一道横杠，那么这端为正极，另一端为负极。钽电解电容器电压小于 5V（含 5V）。

如图 2.5-48 ～图 2.5-53 所示，从电脑板中可以发现，钽电解电容器在电源芯片旁边的位置居多。

维修提示

汽车电脑板中，电源芯片的旁边，必定有钽电解电容器；反过来，钽电解电容器的旁边，不一定都会有电源芯片。

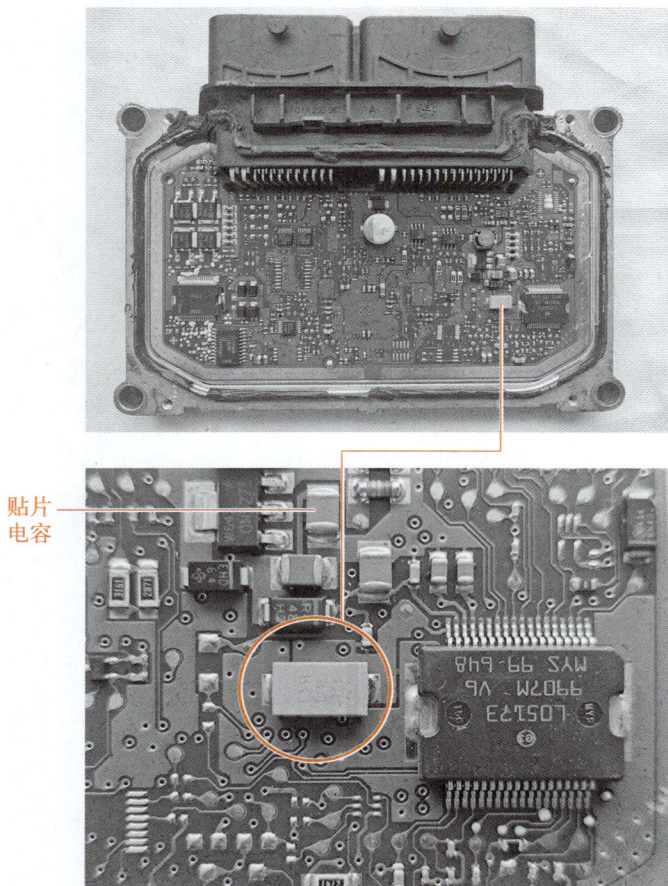

贴片
电容

图 2.5-48   汽车电脑板中的钽电解电容器（一）

图 2.5-49   汽车电脑板中的钽电解
电容器（二）

图 2.5-50   汽车电脑板中的钽电解
电容器（三）

图 2.5-51 汽车电脑板中的钽电解电容器（四）

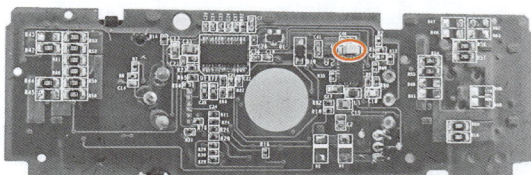

图 2.5-52 汽车电脑板中的钽电解电容器（五）

图 2.5-53 汽车电脑板中的钽电解电容器（六）

4. 陶瓷贴片电容器

陶瓷贴片电容器以陶瓷材料作为介质，损耗较小，稳定性好。其外层常涂以各种颜色的保护漆，并在陶瓷上覆银制成电极。陶瓷贴片电容器见图 2.5-54。

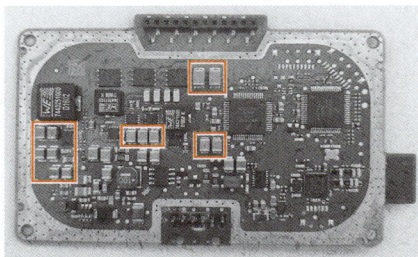

图 2.5-54 陶瓷贴片电容器

电容器的充电和放电需要一个过程，但电压不会突变。根据这个特性，电容器在电路中可以起到滤波或信号传输的作用。如图 2.5-55 ～图 2.5-59 所示，在汽车电脑板引脚的位置或者在 CPU 周围，有很多贴片电容器，起到滤波作用。

陶瓷贴片电容器

电脑板引脚

图 2.5-55　汽车电脑板中的陶瓷贴片电容器（一）

电脑板引脚

陶瓷贴片电容器

图 2.5-56　汽车电脑板中的陶瓷贴片电容器（二）

电脑板引脚

陶瓷贴片电容器

图 2.5-57　汽车电脑板中的陶瓷贴片电容器（三）

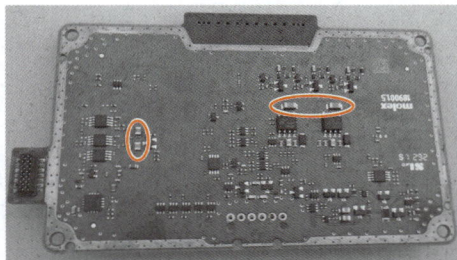

图 2.5-58 汽车电脑板中的陶瓷
贴片电容器（四）

图 2.5-59 汽车电脑板中的陶瓷
贴片电容器（五）

维修提示

用万用表蜂鸣挡测量电容器两端，如果直通说明电容器被击穿。

四、电感器

1.电感器的作用和特征

电感器（电感）其实就是线圈，与前边介绍的继电器中的线圈一样。电感器也是一种储能元器件，可以把电能转换成磁能并储存起来。电感器可以通直流隔交流、滤波、变压、谐振。

电感器也有很多种类，常见的主要有色环电感器、色码电感器、电感线圈、贴片电感器。电感器见图 2.5-60。

图 2.5-60 电感器

电感器的单位为亨利，简称亨（H）。单位有亨（H）、毫亨（mH）、微亨（μH）。$1H=10^3mH=10^6\mu H$。

电感器在电路中，用字母"L"表示。电感器的电路符号见表 2.5-5。

维修提示

也有的磁珠贴片电感器在电路中会用字母"FB"表示，如图 2.5-61 所示。

图 2.5-61　磁珠贴片电感器

表 2.5-5　电感器的电路符号

电感器	电路符号
电感器（无磁芯）	⌒⌒⌒⌒
电感器（铁系磁芯）	⌒⌒⌒⌒
变压器	• ⌒⌒⌒ • ⌒⌒⌒

2. 电感线圈

磁棒电感线圈也叫磁芯电感器，就是一种在磁棒上绕制线圈的电感元器件，这使得线圈的电感量大大增加，可以通过线圈在磁芯上的左右移动（调整线圈间的疏密程度）来调整电感量的大小。如图 2.5-62 所示的是汽车主动转向系统电脑板上使用的磁棒电感线圈。

磁棒电感线圈——

图 2.5-62　汽车电脑板中的磁棒电感线圈（一）

磁环电感线圈是由线圈绕制在铁氧体磁环上构成的电感器，可通过改变磁环上线圈的匝数和疏密程度来改变电感器的电感量。如图 2.5-63 所示的是电动汽车控制器上的磁环电感线圈。

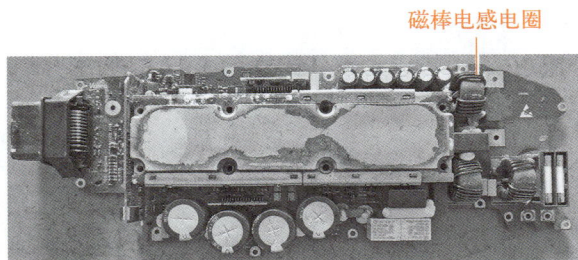

磁棒电感电圈

图 2.5-63　汽车电脑板中的磁棒电感线圈（二）

3. 磁珠贴片电感器

如图 2-5-64 所示，磁珠贴片电感器的形状是黑色或灰色的小长方块。汽车电脑板中的磁珠贴片电感器见图 2.5-64 和图 2.5-65。

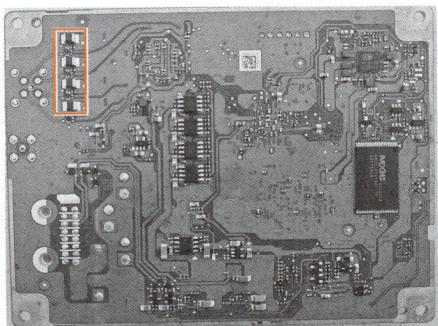

图 2.5-64　汽车电脑板中的
磁珠贴片电感器（一）

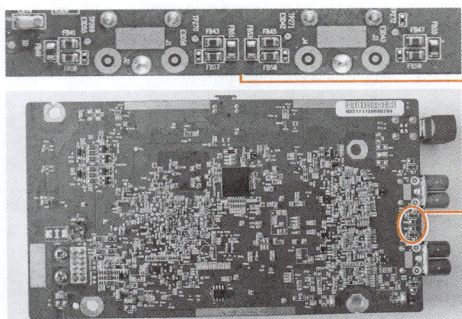

图 2.5-65　汽车电脑板中的
磁珠贴片电感器（二）

4. 贴片电感器

如图 2.5-66 和图 2.5-67 所示的贴片电感器，多数都挨着二级电源芯片位置。

图 2.5-66　汽车发动机电脑板中的方形贴片电感器

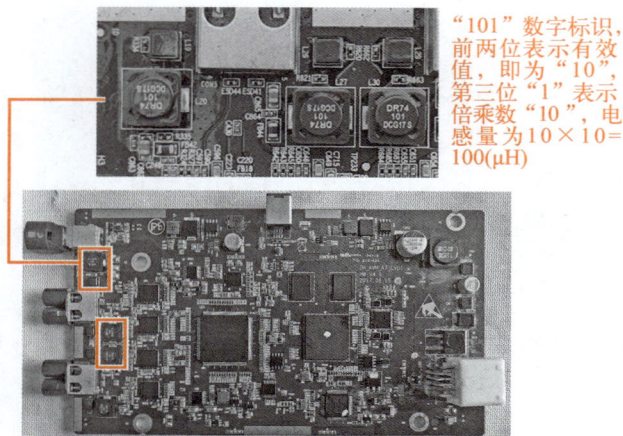

"101"数字标识，前两位表示有效值，即为"10"，第三位"1"表示倍乘数"10"，电感量为$10 \times 10 = 100(\mu H)$

图 2.5-67　汽车电脑板中的方形电感器

5. 总线滤波电感器

总线电感器用于 CAN 线的通信，起到过滤信号的作用，这里可称它为总线滤波电感器。

如图 2.5-68 所示，白色的滤波电感器连接的是 CAN 芯片，该电脑板上有一个总线电感器，说明有一组 CAN 总线。

图 2.5-68　汽车电脑板中的总线滤波电感器

6. 电感器与电容器的比较

电感器具有与电容器正好相反的特性。电感器与电容器的比较见表 2.5-6。

表 2.5-6　电感器与电容器比较

比较	电感器	电容器
电压与电流的关系	电流的变化率越大越会产生大电压	电压的变化率越大越会有大电流流过

续表

比较	电感器	电容器
直流电流	通过	不让通过
交流电流	越是高频越不易通过	越是高频越易于通过

五、二极管

1. 二极管的作用和特征

二极管是最常用的电子元器件之一。二极管是具有一个 PN 结的半导体器件，其内部由一个 P 型半导体和一个 N 型半导体组成，在 PN 结两端引出相应的电极引线，然后封装就是成品二极管。二极管结构示意见图 2.5-69。

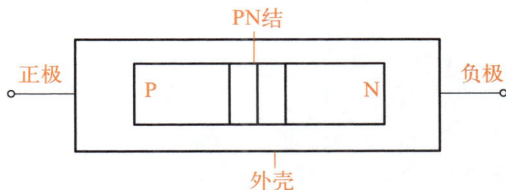

图 2.5-69　二极管结构示意

二极管上标注横杠（=或-）端为负极，无标注一端为正极，如图 2.5-70 所示。二极管在电路中用字母 D 表示，电路符号见图 2.5-71。汽车电脑板中的二极管见图 2.5-72。

二极管最大的特征就是单导向，电流只可以从二极管的一个方向流过。单向通过，正向导通，反向截止。

二极管有稳压、隔离、保护、整流、续流、钳位等功能。

图 2.5-70　二极管极向

图 2.5-71　二极管电路符号

维修提示

什么是钳位？钳位是指将某点的电位限制在规定电位的措施，是一种过压保护。实现这种过压保护的电路叫钳位电路。

图 2.5-72　汽车电脑板中的二极管（一）

2. 瞬变抑制二极管

瞬变抑制二极管在电路中起保护作用。瞬变抑制二极管通常安装在电路板电源的入口处周围，二极管的正负极反向接在电源上，也就是二极管的正极接电源负极，二极管的负极接电源正极，通过这样的方式来保护电路。汽车电脑板中的二极管见图 2.5-73。

图 2.5-73　汽车电脑板中的二极管（二）

维修提示

瞬变抑制二极管通常使用的电压是 16V，如果电压过高会烧坏二极管，形成短路，来保护后面的电路。

3. 续流二极管

如图 2.5-74 所示，续流二极管通常安装在电脑板驱动芯片周围位置，它为线圈电流提供返回的通路。

如图 2.5-75 所示，续流二极管并联在线圈两端，保护电路中的电磁阀。

图 2.5-74　汽车电脑板中的续流二极管

4. 隔离二极管

隔离二极管主要是应用二极管的正向导通、反向截止的特性，通常在电源和 CPU 的信号控制上应用，保护 CPU，防止反向击穿 CPU。隔离二极管见图 2.5-76。

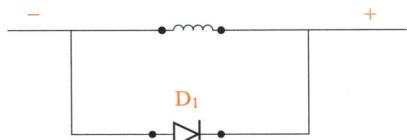

图 2.5-75　续流二极管与线圈并联

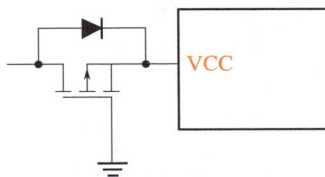

图 2.5-76　隔离二极管

5. 钳位二极管

钳位二极管的一端所接的电位必须是恒压的，即假设该端的电位不会发生变化，作为参考电位端。而另一端则为被钳端，该端的电位是会发生改变的，是需要进行限制的端。信号电压无论如何变化都被限制在两个极端之间。汽车电脑板中的钳位二极管见图 2.5-77。

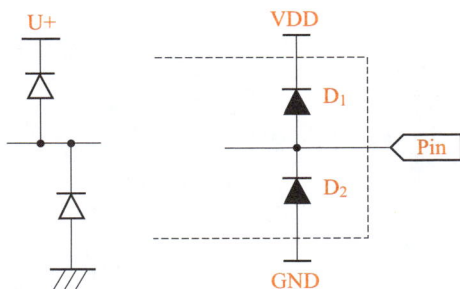

图 2.5-77　汽车电脑板中的钳位二极管

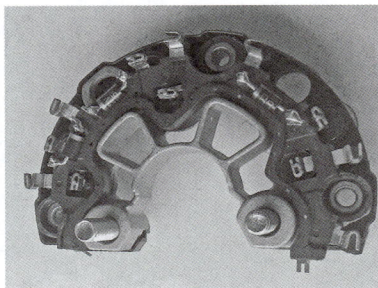

图 2.5-78　汽车发电机中整流器的二极管

6. 整流二极管

整流二极管是一种对电压具有整流作用的二极管，即可将交流电整流成直流电。最典型的应用就是汽车发电机中整流器内的二极管，见图 2.5-78。

7. 稳压二极管

稳压二极管是由硅材料制成的面接触型二极管。它利用 PN 结反向击穿时，其两端电压固定在某一数值上，电压值不随电流的大小变化，因此可达到稳压的目的。稳压二极管的电路图符号见图 2.5-79（a）。

(a) 稳压二极管　　　　　　　　(b) 发光二极管

图 2.5-79　稳压二极管和发光二极管的电路图符号

8. 发光二极管

发光二极管（LED）是指在工作时能够发出亮光的二极管，其电路图符号见图 2.5-79（b），常作为显示器件或光电控制电路中的光源。汽车仪表和按键开关上使用二极管的情况很多，白色的为发光二极管（图 2.5-80）。二极管通过串联分压的方式来降低电流。发光二极管及其工作见图 2.5-81 和图 2.5-82。

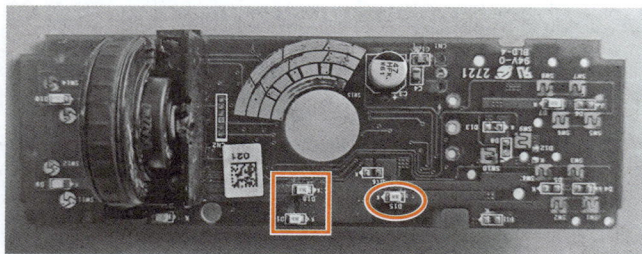

图 2.5-80　汽车电路板上的发光二极管（大灯开关）

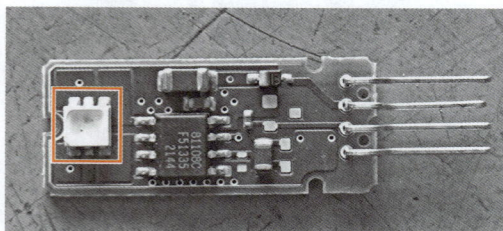

图 2.5-81　发光二极管

图 2.5-82　发光二极管工作

使用数字式万用表的二极管挡测量二极管压降时，红表笔接正极，黑表笔接负极，若二极管有压降（图 2.5-83 所示的二极管压降为 1.752V），反向检测时为 ∞，见图 2.5-84。

图 2.5-83　发光二极管检测 / 导通

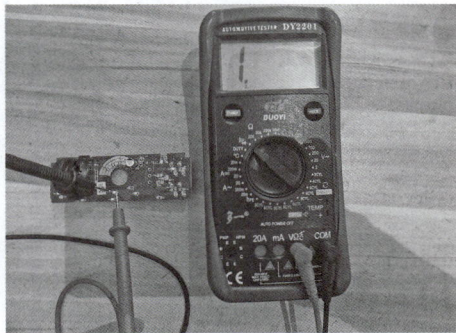

图 2.5-84　发光二极管检测 / 不导通

六、三极管

1. 三极管的作用

三极管（晶体三极管）是一种控制电流的半导体器件。三极管作用：一是把微弱信号放大成幅度值较大的电信号；二是作为开关使用。

三极管在电路中用 Q 表示。

2. 三极管的极性和电流方向

NPN 型三极管的电流从集电极流向发射极，PNP 型三极管的电流从发射极流向集电极。三极管示意见图 2.5-85。

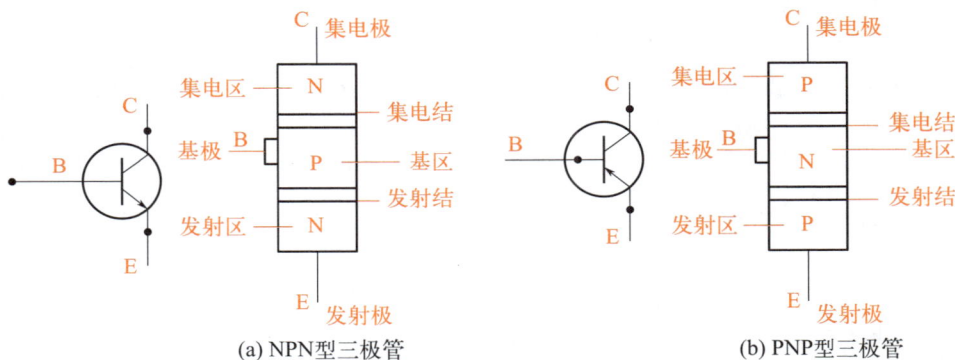

(a) NPN型三极管　　　　　　　　(b) PNP型三极管

图 2.5-85　三极管示意

3. 三极管在电磁线圈控制电路中的应用

汽车 ECU 通过控制三极管的基极控制三极管截止或者饱和导通，实现对某个执行元件的控制。不过，现在 ECU 内采用高度集成的控制芯片，其实起到开关作用的单个三极管已经非常少了。汽车电脑板中的三极管见图 2.5-86。

图 2.5-86　汽车电脑板中的三极管

汽车上电控部件的执行元件主要是电磁线圈，如喷油器、怠速控制阀、废气再循环阀、自动变速器电磁阀、ABS 系统电阀等，主要的控制方式是利用 NPN 三极管实现对电磁线圈的搭铁控制。有些车也会用 PNP 三极管实现对电磁线圈的正极控制。

第六节　认识电路

一、基本的电路

基本的电路是由电源、用电器（负载）及开关（控制部件）构成的闭合导电回路。

如图 2.6-1 所示，这个电路是将电池、开关、灯泡通过导线相连构成的一个简单的电路。通俗地讲，把如图 2.6-1 所示的电路用符号表达出来就是电路图，见图 2.6-2。汽车电路有通路、开路（断路）、短路三种工作状态。

图 2.6-1　电路示意

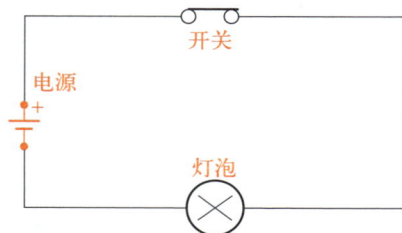

图 2.6-2　电路图

1. 通路

通路就是有负载的工作状态。如图 2.6-2 所示，闭合开关，电流由电源正极→开关→灯泡→电源负极，照明灯与电池接通，这样形成一个完整的闭合回路，这就是通路。通俗地讲，接通电源，用电器是工作的状态。

2. 开路

（1）正常的开路（断路）

整个电路中，如图 2.6-3 所示的开关处于断开状态，电路中的电流为零，开关闭合后电路正常工作。

（2）故障开路

如图 2.6-4 所示，在整个电路回路中，因为熔丝熔断或者其他电气设备损坏导致电路不能正常工作而断开，电流为零，这就是开路或者叫断路。

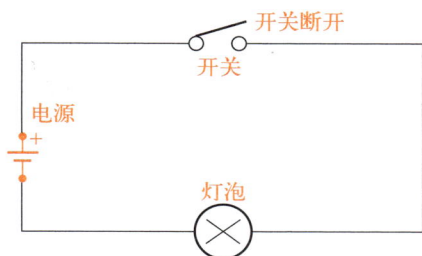

图 2.6-3　正常的断路（开路）　　图 2.6-4　故障导致的断路（开路）

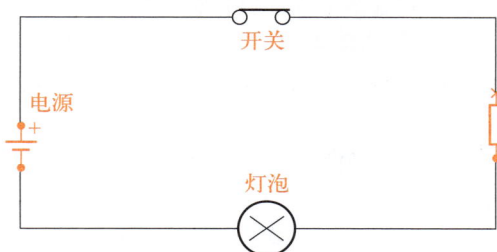

维修提示

在汽车电路中，开路故障通常是电子控制单元电压不足、低电流（或者无电压、无电流），没有响应输出的输入状态改变。

3. 短路

在图 2.6-5 中，原本通过灯泡的电流却被在灯泡两侧的跨接线拦截，导致电流不通过灯泡而直接流向电源负极。这样没有经过负载，电流直接流向电源负极，这就是短路。

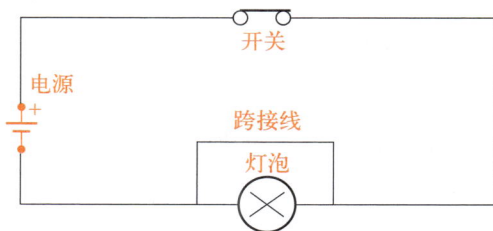

图 2.6-5　短路

维修提示

　　短路是一种电路的故障状态。发生短路时，电路中的电阻几乎为零，根据欧姆定律 $I=U/R$，电流可无穷大（理论上），导线甚至电源会因电流过大而损坏。

二、串联和并联电路

　　串联电路和并联电路是构成各种复杂电路的基本电路单元，而单一的电阻串联和并联的电路是各种串并联的基础。

1. 串联电路

　　两个或两个以上电阻头尾相连串接在电路中，称为电阻的串联。串联电路见图 2.6-6。

❶ 串联电路中，当有多个电阻器串联时，电路总电阻是各个电阻器阻值之和，即

$$R=R_1+R_2$$

❷ 串联电路中，流入电路中的总电流和各个分电阻器的电流相等。也就是说，串联电路中各处电流相等，即

$$I=I_1=I_2$$

❸ 串联电路中，电路的总电压等于各串联电阻器上的电压之和，即

$$U=U_1+U_2$$

2. 并联电路

　　两个电阻器头与头连接、尾与尾连接后接入电路，称为并联电路，也可以是更多个电阻器并联。并联电路中，R_1、R_2 构成一个分压电路。并联电路见图 2.6-7。

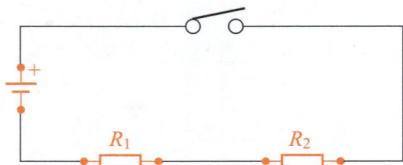

图 2.6-6　串联电路

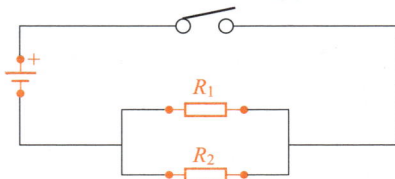

图 2.6-7　并联电路

❶ 并联电路中，电阻器并联相当于增加了电阻的横截面积。总电阻 R 的倒数等于各并联电阻器的阻值倒数之和，即

$$1/R=1/R_1+1/R_2$$

❷ 并联电路中的各个电阻器两端电压相等，即

$$U=U_1=U_2$$

❸ 并联电路中，流入电路节点的电流是流入各电阻器的电流之和，即

$$I=I_1+I_2$$

维修提示

　　汽车上的电气设备均采用并联方式。在汽车电路基本结构上，每个独立电气支路基本都由熔丝、开关、用电器串联组成，然后该支路并联在整车的总电路上。所以，每个电气支路是互不影响的。例如，左侧大灯和左前车窗分别是独立的电路。

第七节　查阅电路图

　　获取电路图的方式有很多，如原车的《维修手册》、故障诊断仪、专检（专门诊断某车系的修车诊断电脑）以及各种维修资料等。车间里常用到的就是通用型的故障诊断仪和专检，对于可靠准确的查阅方式之一专检来说，其上的电路图表述都很详细，比如相关插接头、熔丝、导线颜色、电气部件等。如图 2.7-1 所示为在宝马专检上查阅电路图来协助解决故障。

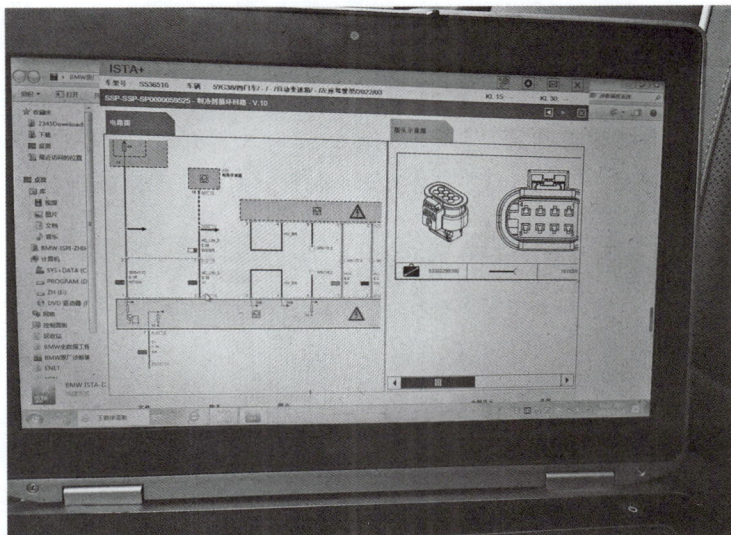

图 2.7-1　在宝马专检上查阅电路图来协助解决故障

一、汽车供电方式

汽车的蓄电池和发电机作为电源给整车提供直流电。

蓄电池和发电机为并联形式（图 2.7-2），蓄电池为启动用电源；汽车启动后，由发电机给整车供电。

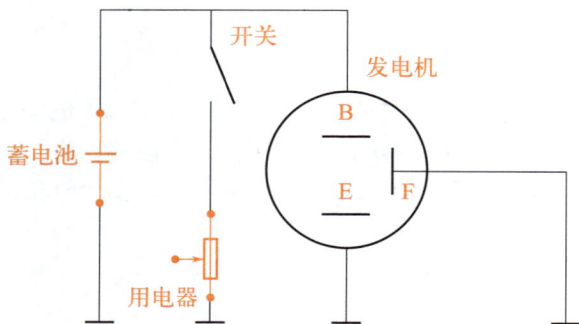

图 2.7-2　发电机和蓄电池并联电路简图

维修提示

汽车发电机本身是交流发电机，但输出的是直流电。

发电机中三相绕阻所产生的三相交流电动势经二极管整流后，输出直流电，向负载供电，并向蓄电池充电。

二、单线制和负极搭铁

汽车（低压）电路的最大特点就是直流、低压、单线制、负极搭铁。

汽车的整个金属车身就是一条负极导线，车身与蓄电池负极连接，这就是负极搭铁（图 2.7-3）。那么另一根正极就是以蓄电池正极为源头的电源线。

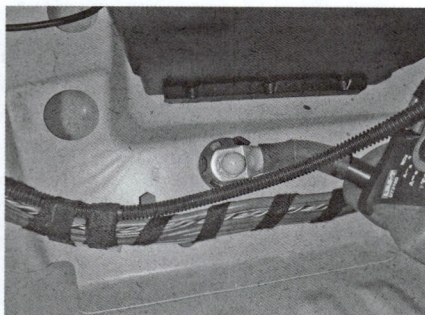

图 2.7-3　负极搭铁

三、电路图阅读原则

1. 找电源

简单的电路图，要从电源开始：比较单一简单的电路图，要按"从前到后"的原则阅读，即电源→用电器→接地。

2. 找用电器

复杂的电路图，要找出用电器：比较复杂的电路图，要按"从中间向两边"的原则阅读，即电源←用电器→接地。

3. 电流路径

电流方向基本上是从上到下，电流流向从电源正极→保护装置（熔丝）→开关→用电器→搭铁（电源负极），形成简明的完整回路。或者是电源正极→熔丝→控制模块集中控制电气设备。

四、电路图举例

在此只是讲述电路图的认识和查阅方法，不可能把所有车的整车电路图都罗列出来。对任一故障进行排除时，要了解检测到故障的电路的工作情况，了解电路供电的电源和接地点；使用熔断继电器信息和线束位置，以及各零件、线束、连接器和接地点等信息。

举例一：奇瑞车电路图见图 2.7-4。

（1）电路图表达内容

❶ 电路图表达了实际线路走向及其电路工作的完整性，显示蓄电池至接地点的各系统电路实际线束。

❷ 电源电路在页面顶部，接地电路在页面底部。

❸ 在电路图上以简单的标注形式显示零部件，如开关和熔丝等。

（2）电路图中的符号

以图 2.7-4 为例，该电路图中的符号见表 2.7-1。

表 2.7-1　电路图中的符号（一）

序号	项目/部件	含义/说明
1	蓄电池	表示自蓄电池正极至电气设备的电源
2	熔丝	EF05 表示熔丝编号；30A 表示该熔丝的额定电流
3	接合点	实心圆表示交叉连接各交叉线束
4	继电器	1、2、3 和 5，或 85、86、87 和 30 表示继电器的端子编号
5	导线颜色	表示导线的颜色。颜色代码如下：B= 黑色；W= 白色；R= 红色；G= 绿色；L= 蓝色；Y= 黄色；Br= 棕色；O= 橙色；Gr= 灰色；P= 粉色；V= 紫色；Lg= 浅绿色 示例：BrR 表示导线为双色，主要颜色为棕色，次要颜色为红色

序号	项目 / 部件	含义 / 说明
6	接线连接器	^表示阴连接器，I-013 表示应用编号；◇表示阳连接器，E-010 表示应用编号 阳连接器内侧的数字 2 和 3 表示端子编号。"----"表示来自相同接线连接器的不同端子
7	电动机	表示电动机
8	部件名称	表示零部件名称
9	连接器代码	E-011 表示该零部件的连接器代码；字母 E 表示连接器所在线束的线束代码。连接器代码如下：Q= 前保险杠线束；E= 发动机线束；I= 仪表线束；B= 室内线束；J= 后保险杠线束；F= 左前车门线束；H= 右前车门线束；L= 左后车门线束；R= 右后车门线束；T= 后背门线束；K= 空调线束；D= 变速箱线束；Y=HSD 连接线束；X= 显示屏连接线束；U=USB 连接线束
10	接地点	表示接地点。例如 GQ-010，G 表示接地点，Q 表示接地点位于前保险杠线束（不同字母表示对应线束），010 对应接地点编号
11	开关	该符号表示开关
12	电器盒插件	例如 B-015 E，即本电路图手册命名的 B-015 插件对应实车电器盒 E 插件
13	端子编号	表示该零部件的连接器的端子编号
14	点火开关	表示自点火开关至电气设备的电源
15	模块名称	表示上下层叠摆放的模块插件和其对应的插件编号
16	连接至	表示线束连接至下一页上的电路图。字母 A 与下一页上电路图中的 A 连接
17	熔断继电器名称	表示熔丝和继电器的名称
18	绞接线	表示两根配线绞接
19	背光灯电源	表示输出自背光灯调节开关的照明灯电源
20	LED	表示用于开关或仪表组的指示灯、警告灯或照明灯
21	CAN	表示电路图中的 CAN 线束，连接至 CAN 系统

举例二：广汽丰田电路图

（1）电路图表达内容

电路图内容包括该车型的电器盒信息以及熔丝和继电器、控制单元安装位置、接地点安装位置、对接插头安装位置、线束插头针脚定义、电源电路图、接地点电路图和系统电路图等。

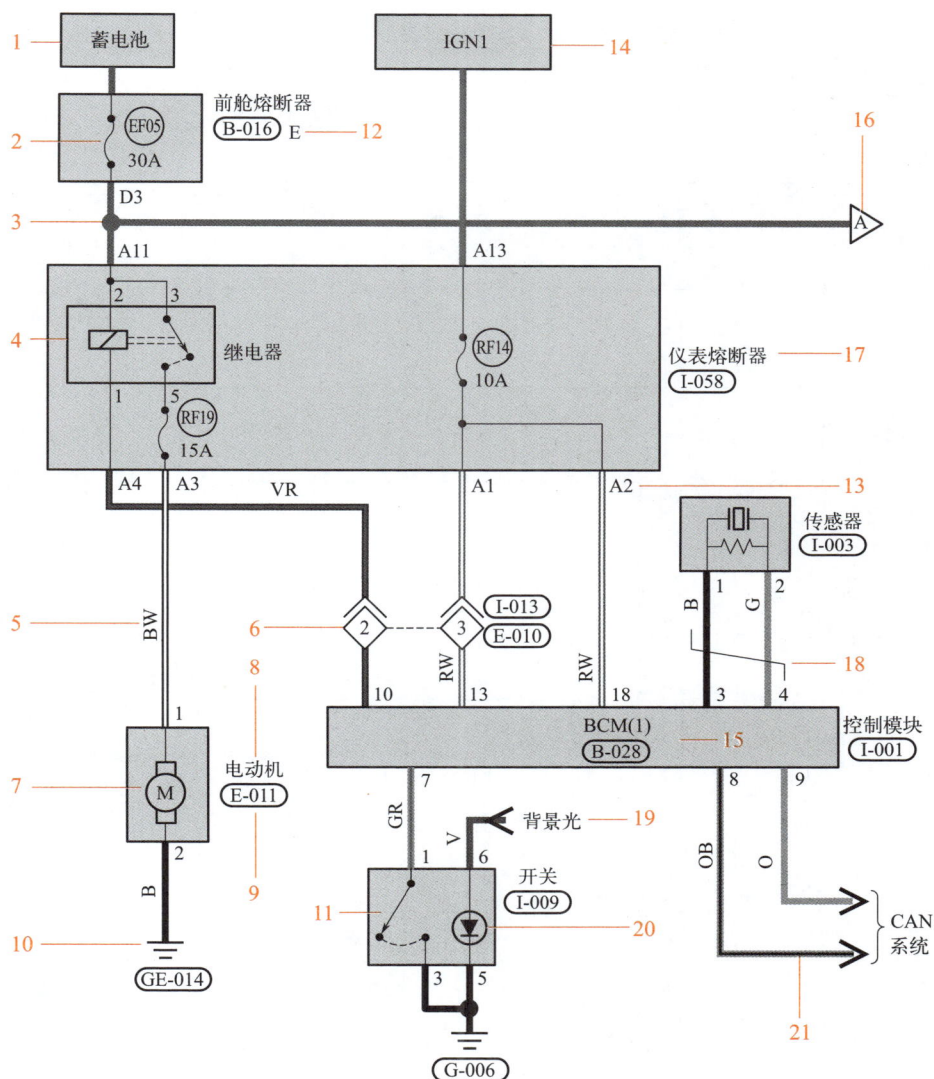

图 2.7-4　列举电路图（一）

> 💡 **注意**
>
> 　　电路图中，对接插头只提供安装位置，不提供针脚定义，如需对接插头某一针脚进行定义，只需查找与之相关的电气元件即可。

　　在此只是讲述电路图的认识和查阅方法，不可能把整车电路图都罗列出来。各个系统相关的接线在每个系统电路图内用部件名称＋插头编号＋针脚编号来表示，如果查找连接信息，需要再查找对应该系统的电路图。

（2）电路图中的符号

以图 2.7-5 为例，该电路图中的符号见表 2.7-2。

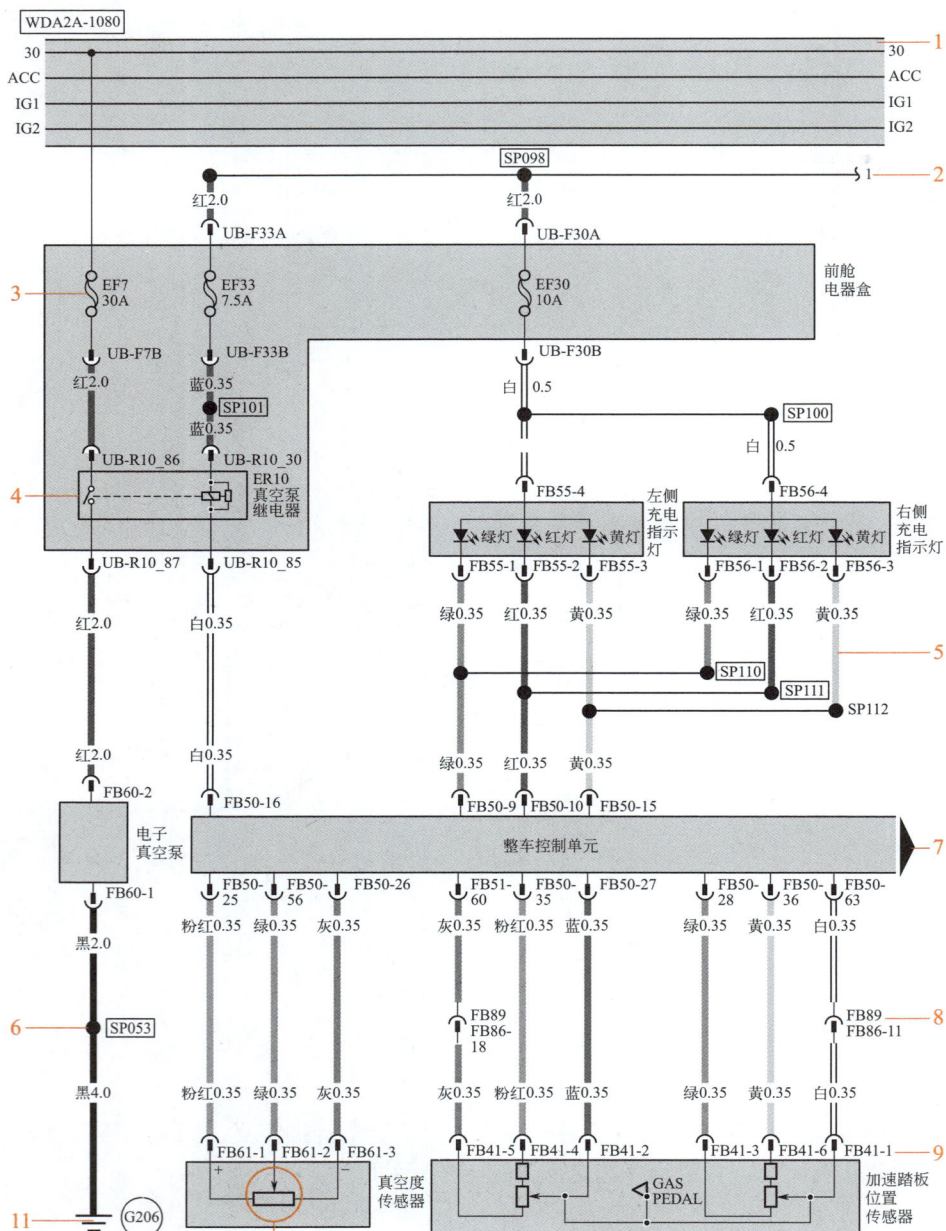

(a)

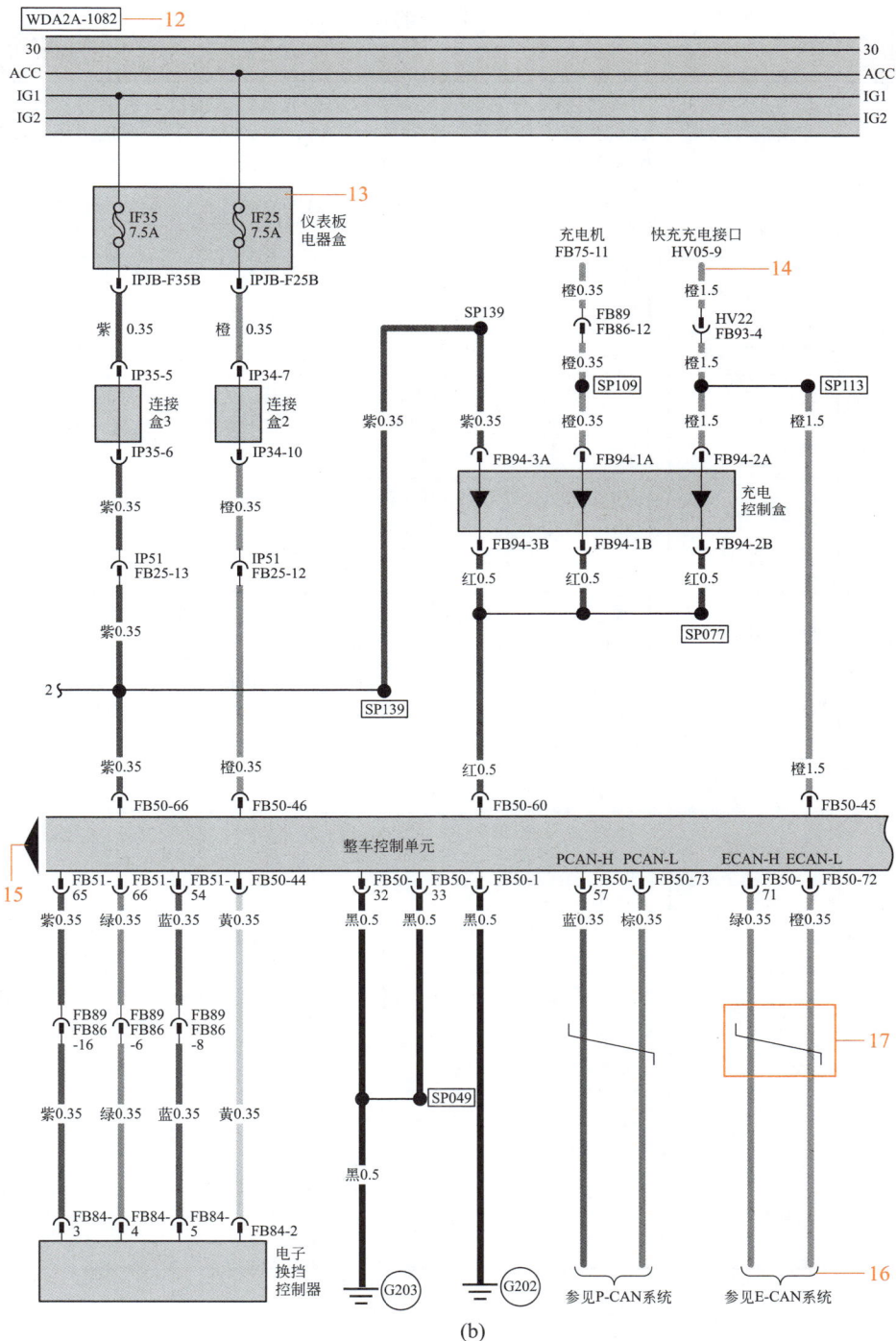

图 2.7-5　列举电路图（二）

表 2.7-2　电路图中的符号（二）

序号	项目 / 部件	含义 / 说明
1	线路代码	线路代码 30 为常火线，一般由前舱电器盒或仪表板电器盒提供；ACC 为点火开关（启动开关）在 ACC 或 START 挡位时的火线；IG1 和 IG2 为点火开关（启动开关）在 ON 或 START 挡位时的火线
2	指示线路中断点	指示线路中断点。数字 1 表明导线与在该系统的另外一页存在数字 1 的导线是同一根
3	熔丝代号	熔丝代号 EF30，表示在前舱电器盒的第 30 号位置，额定电流为 10A
4	继电器代号	继电器代号 ER10，表示在前舱电器盒的第 10 号继电器位置
5	导线	黄，表示该导线颜色为黄色；0.35 表示导线截面积为 0.35mm^2（若导线出现两种颜色，如"棕 / 白"表示导线底色为棕色，带有白色条纹）
6	绞接点	绞接点，该段导线上有两条或多条导线绞接在一起，该连接不用导线而用细实线，表示元件的内部或线束绞接，绞接点为该代码
7	右箭头	箭头，表示接下一页
8	对接插头	对接插头 FB89 FB86-11，表示由前舱线束 2 的连接器 FB89 第 11 针脚连接到前舱线束 1 的连接器 FB86 第 11 针脚
9	插头连接器	插头连接器 FB41-1，FB41 表示加速踏板位置传感器插头代码，可以在所在的线束上查询该插头的安装位置和针脚定义（有些电器元件的插头连接器可能有两个或多个），1 表示该连接器的第一个针脚
10	元件符号	参见电路图符号说明
11	接地点	从接地点代号可查到该代号的接地点在汽车上的安装位置及所涉及的电器元件，详情请参见接地点位置分布图和接地点电路图
12	图号	电路图图号
13	电器盒	仪表板电器盒
14	至此电器元件	该条导线连接至此电器元件，也可以通过查询该电器元件的相关电路图了解相关信息
15	左箭头	箭头，表示接上一页
16	可跳转至的电路图	该部分内容跳转至另外一个系统电路图
17	双绞线	两条绝缘的导线按一定密度相互绞在一起，每一根导线在传输中辐射出来的电波会被另外一根导线上发出的电波相抵消，可有效降低信号干扰的程度

举例三：问界汽车电路图

如图 2.7-6 所示是智能网联汽车问界 7 的电路识读样图。

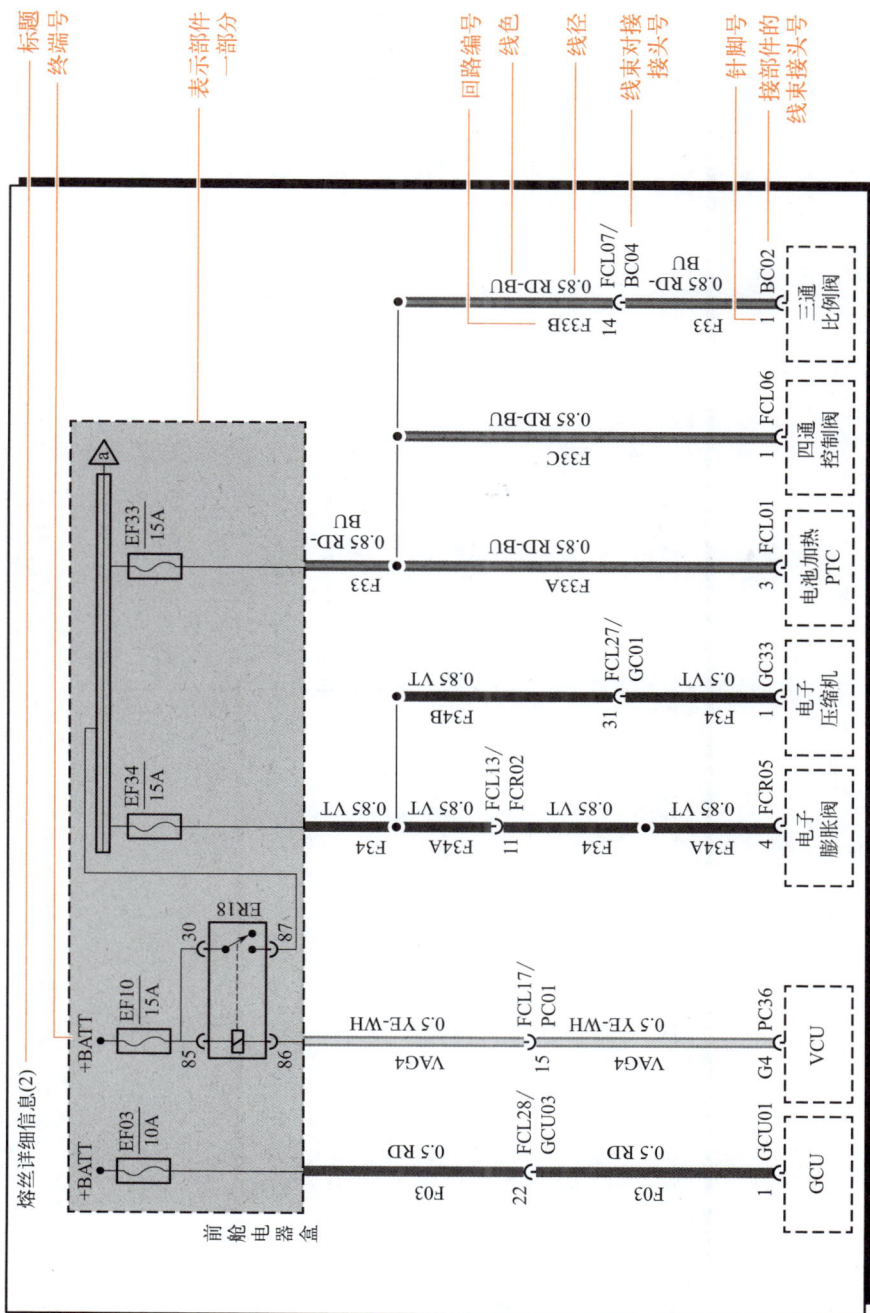

图 2.7-6

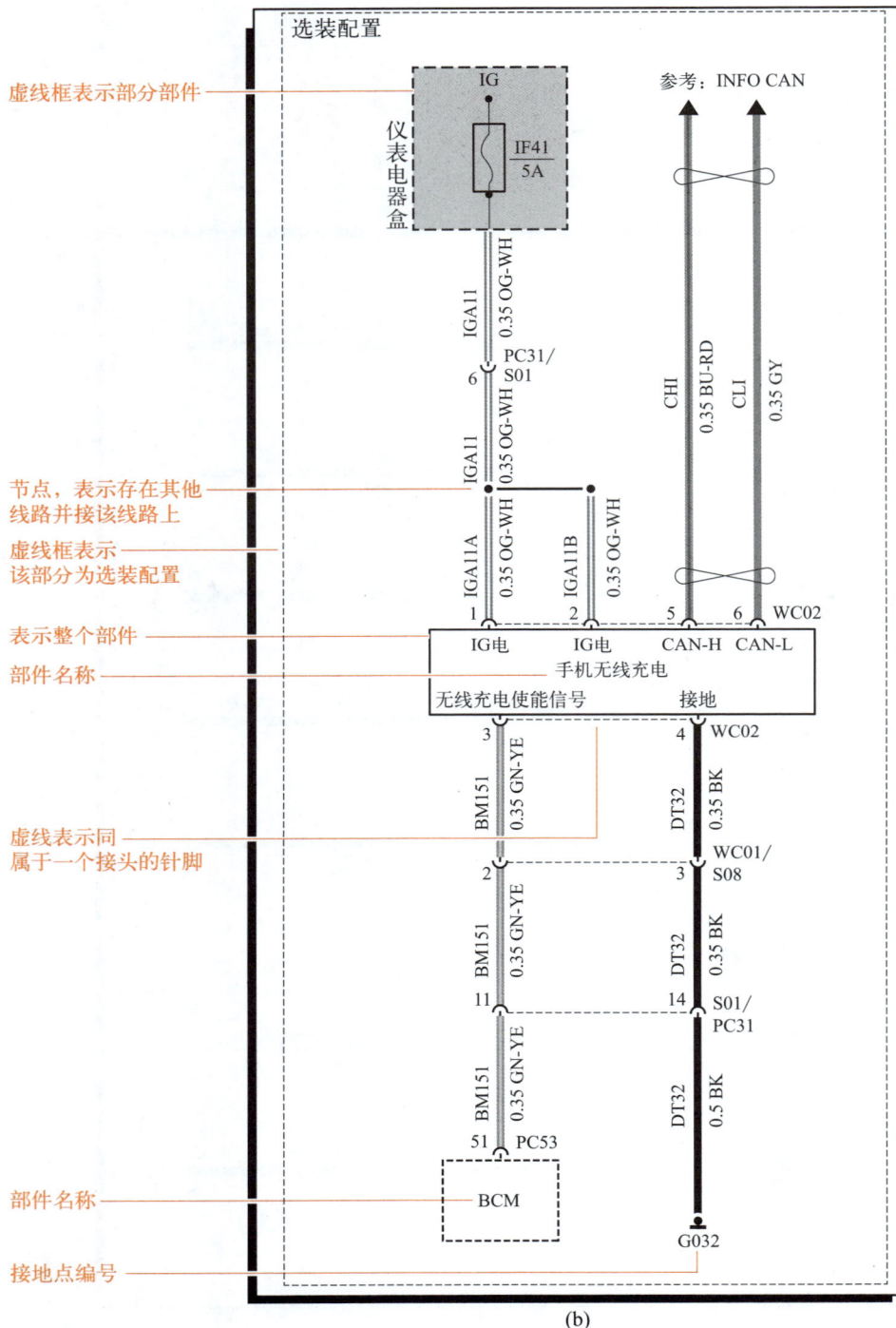

图 2.7-6　举例电路图（三）

（1）电源

电源分配单元表示电路的供电。电流从电源开始到点火开关和各个熔丝。

根据车辆不同的供电状态，将电源线路的编号定义为：

+BATT 表示蓄电池电源；

IG1 表示点火开关处于 ON 或 ST 位置时的蓄电池电源；

IG2 表示点火开关处于 ON 或 ST 位置时的蓄电池电源；

ACC 表示点火开关处于 ON 或 ACC 位置时的蓄电池电源。

（2）熔丝和继电器

在熔丝和继电器信息单元中包含了所有熔丝和继电器盒，并区分了其中的熔丝和继电器。在该单元中还用表格形式具体说明了每个熔丝所保护的回路 / 系统。

熔丝详细信息表示了每个熔丝所保护的回路，回路从熔丝开始一直到部件。所有在熔丝和第一个部件之间的详细信息（导线、节点、接头）都被标示出来。

（3）接地

接地分布是一个完整表示每一个接地接头或主要接地节点的电路图，它对在诊断多个部件都受影响的故障（接地不良或接地节点故障）时有帮助，将所有在接地点和部件之间的详细信息（导线、节点、接头）都完全表示出来。

这些接地连接的详细信息是为了使每个单独子系统的电路图尽可能地不混乱。一个节点上如果连接了大量的导线，那么节点就分成多个，使电路图表示得更清楚。

（4）线束接头端子视图及针脚

图 2.7-7 包括线束接头编号、接头正面视图、接头各个针脚的信息说明表格。接头正面视图是完全依照实车上的部件绘制的，并标出了上面所有的插孔或针脚编号，方便维修技师根据这些编号测量回路。

（5）线束接头位置

图 2.7-8 包括线束及其接头布置图、接头编号、接头名称及其在图中位置坐标的信息说明表格。线束及其接头布置图是完全依照实车上的部件绘制的，并标出了上面所有的线束及其接头位置，方便维修技师根据布置图在实车上寻找到所要寻找的部件及其接头。

举例四：大众汽车电路图

如图 2.7-9 所示的是迈腾某款车型电路图，该电路图显示了蓄电池、起动机、蓄电池监控控制单元、起动机继电器 1、起动机继电器 2、熔丝架 B。图 2.7-9 的电路符号见表 2.7-3。

（1）查阅原则

该电路图同样符合上边讲的"电路图阅读原则"：其最上部通常是中央配电盒情况；最下面的横线是搭铁线，上面标有电路编号和搭铁点位置，最下面搭铁线的标号和电路编号是为了方便标明在续页查找而编制的。

连接部件
线束接头号

接头名称

PC10
HUD抬头

插座护套：1379668-5 — 插接件
护套信息

接头正面视图

针脚位置编号

针脚号	线路	线径/颜色	功能
1	CF25	0.5 RD/WH	电源
2	—	—	—
3	—	—	—
4	CLIK	0.5 GY	CAN-L
5	CHIK	0.5 LG/RD	CAN-H
6	—	—	—
7	—	—	—
8	DT12M6	0.5 BK	接地
9	—	—	—
10	—	—	—
11	—	—	—
12	—	—	—
13	IGA08B	0.5 G	IG电源
14	—	—	—
15	—	—	—
16	—	—	—
17	—	—	—
18	—	—	—
19	—	—	—
20	—	—	—
21	—	—	—
22	—	—	—
23	—	—	—
24	—	—	—

针脚功能说明

该针脚导线线径/线色

该针脚回路编号

针脚编号

图 2.7-7　线束接头端子视图及针脚

（2）线路查找

电路图用小方块里的数字代号解决了电路交叉问题，采用断路代号法可处理线路复杂交错的问题。如图 2.7-9 所示，某一条线路的中止处画一个标有 29 的小方格，往下对应底部的电路编号是 3；然后在另一个电路图中某处电路中止处就会有一个小方块 3，这个 3 对应着在电路号码 29 的位置上。这样通过 29 和 3，把电路就连在一起了。

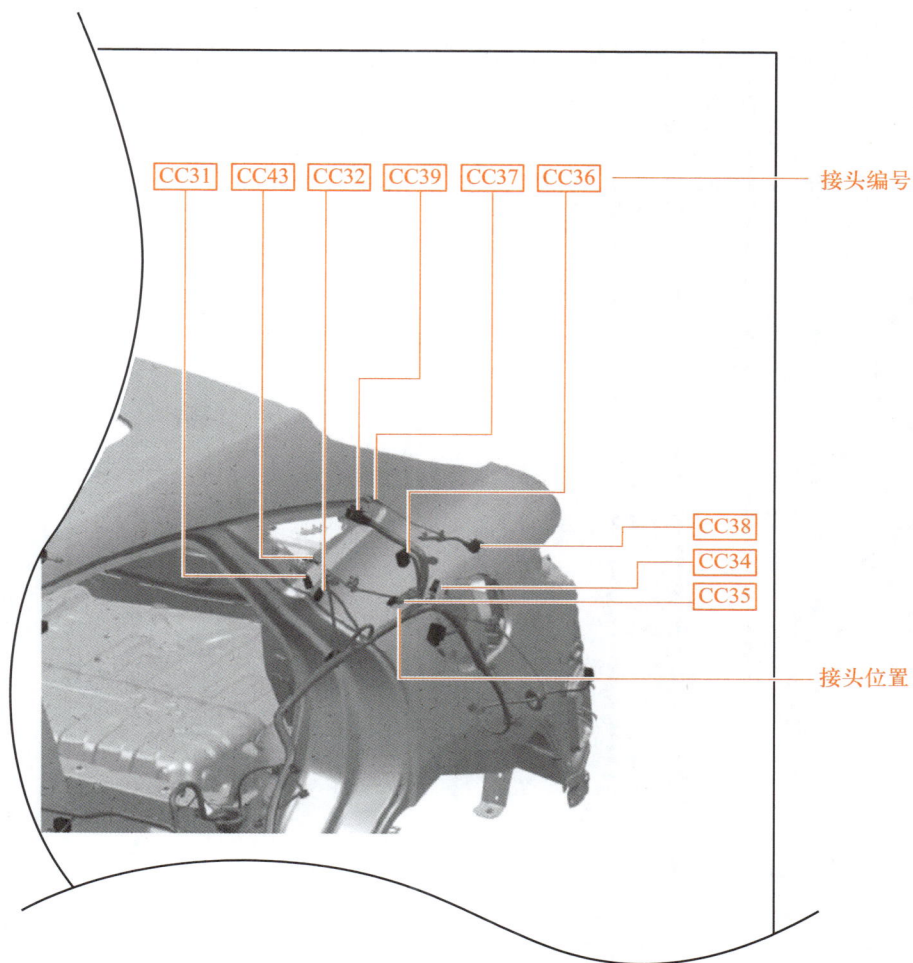

接头编号

CC31　CC43　CC32　CC39　CC37　CC36

CC38
CC34
CC35

接头位置

编号	功能	备注
CC31	后排左安全带预紧器	
CC32	左后轮速传感器	
CC34	充电口盖状态	
CC35	充电口盖指示灯	
CC36	快充充电插座	
CC37	左后后备厢灯	
CC38	侧围后组合灯(左)	
CC39	接后背门线束1	
CC43	3号PS天线	

接头名称

接头编号

图 2.7-8　线束接头位置

87

SB

J906　J907

SB16　SB17　SB18　　　　　　　　　　　　　SB23
20A　7.5A　5A　　　　　　　　　　　　　　　30A

508　B1　16A　17A　18A　72　71　82　81　23A
　　KI.30

12

25.0　16.0　1.5　0.5　0.35　0.5　0.35　0.35　0.5　2.5
sw　rt　rt/sw　rt/sw　rt/vi　ws/rt　sw/vi　sw/vi　ws/ge　rt

D52

0.35　0.35
sw/vi　sw/vi

KI.30

29　46　49　60　50

A

1

B698

25.0
sw

0.35　0.35　0.35
vi/ws　vi/ws　vi/ws

B1　A1
KI.30　KI.50

T2me　T2me
/2　/1　68　116

B

起动机外
壳接地

J367

1　2　3　4　5　6　7　8　9　10　11　12　13　14

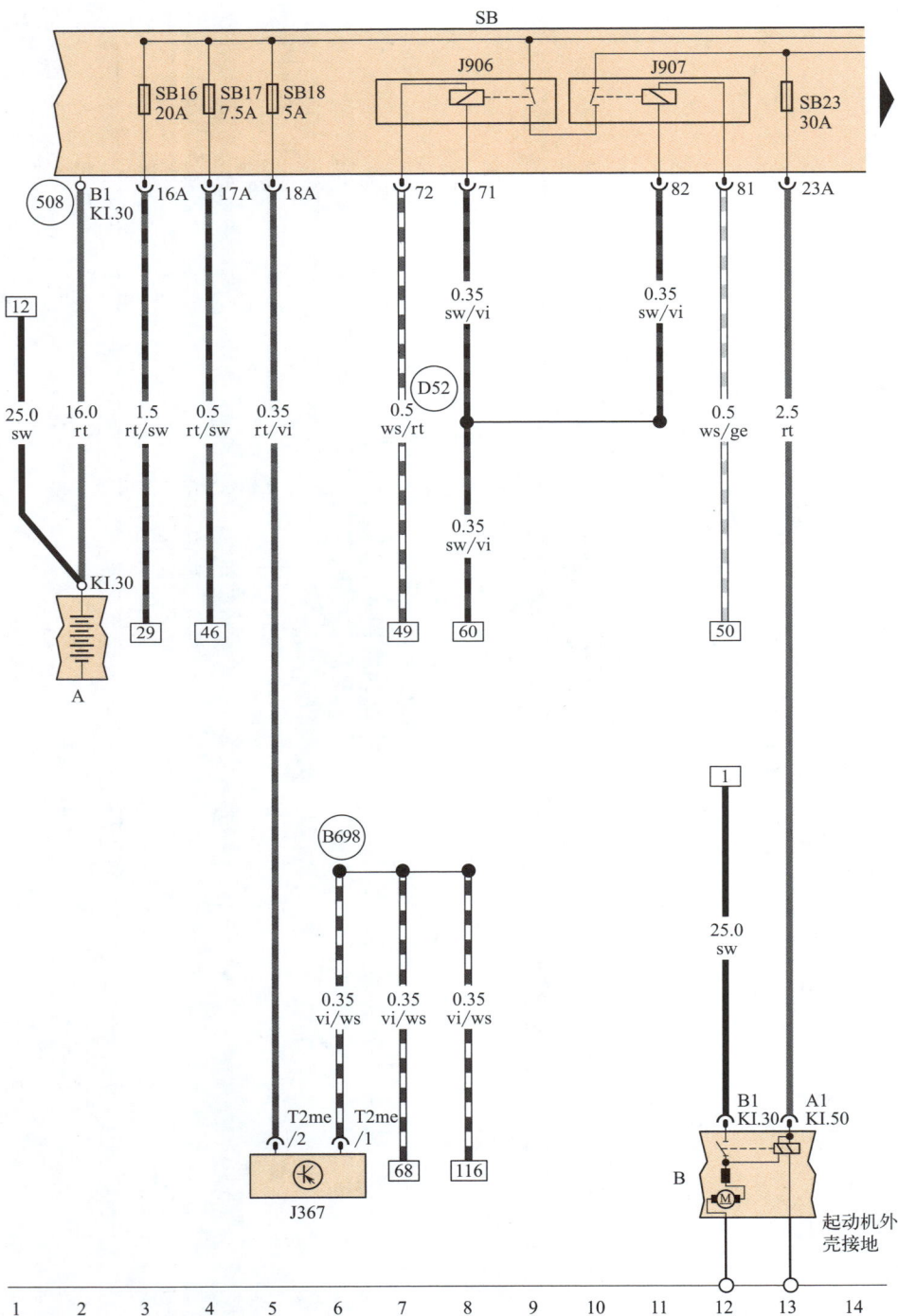

图 2.7-9　举例电路图（四）

表 2.7-3　图 2.7-9 的电路图符号

符号 / 位置	含义 / 说明	符号 / 位置	含义 / 说明
A	蓄电池	D52	正极连接（15a），在发动机舱导线束中
B	起动机		
J367	蓄电池监控控制单元	ws	白色
J906	起动机继电器 1	sw	黑色
J907	起动机继电器 2	ro	红色
SB	保险丝架 B	br	褐色
SB16	熔丝架 B 上的熔丝 16	gn	绿色
SB17	熔丝架 B 上的熔丝 17	bl	蓝色
SB18	熔丝架 B 上的熔丝 18	gr	灰色
SB23	熔丝架 B 上的熔丝 23	li	淡紫色
T2me	2 芯插头连接，黑色	ge	黄色
508	螺栓连接（30），在电控箱上	or	橘黄色
B698	连接 3（LIN 总线），在主导线束中	rs	粉红色

第八节　认识这些电工维护作业

一、蓄电池维护

蓄电池通常安装在前机舱、后备厢内或后排座椅下。如图 2.8-1 所示的蓄电池是安装在后备厢内的。

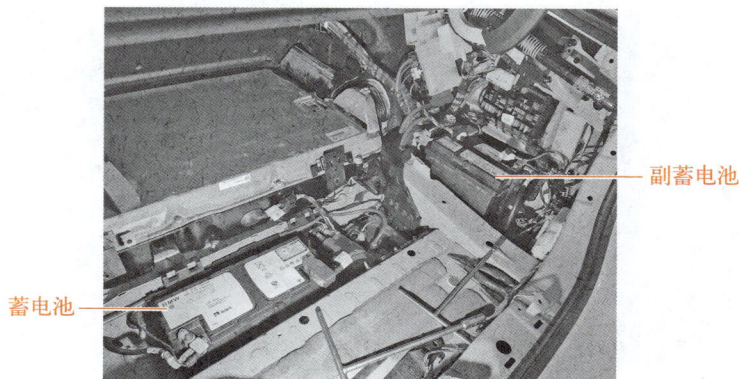

图 2.8-1　蓄电池（双蓄电池）

1. 充电或更换蓄电池

蓄电池的容量（A·h）和电压（V）是其在使用时的重要参数，出现以下情况应对蓄电池进行充电或更换。

❶ 车辆启动较困难，需要不止一次打火，明显感觉启动电量不足。

❷ 发动机没有运转时，按几次喇叭，如果声音明显无力，说明已经不存电了。

❸ 发动机没有运转时，开启大灯 5min，如果大灯明显由亮转暗，也说明已经不存电了。

2. 蓄电池检查

通过汽车蓄电池上的圆形视窗（电眼）观察其内部根据电解液液位变化的颜色显示（图 2.8-2 中箭头）。如果电眼呈黑色，表明蓄电池正常；如果电眼呈白色，表明电解液液位偏低。

3. 蓄电池充电

❶ 确保关闭点火和所有电气设备。

❷ 将引线连接至蓄电池前，将充电机和定时器旋至 OFF 位置，避免产生危险。

❸ 将充电器连接至蓄电池，红色正极（＋）连接至正极一端（＋），黑色负极（－）连接至负极一端（－）。

❹ 如果蓄电池仍安装在汽车中，将负极连接至接地柱或发动机缸体作为接地线。

❺ 设定计时，打开充电器，慢慢提高充电速率直至达到所需的电流值。

❻ 充电完毕后，移除引线时务必保证将充电器旋至 OFF 位置，以防止产生危险。

蓄电池充电见图 2.8-3。

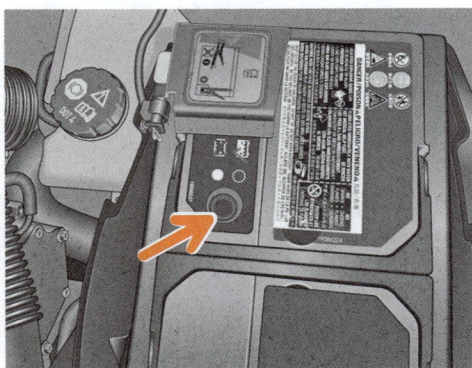

图 2.8-2　蓄电池视窗

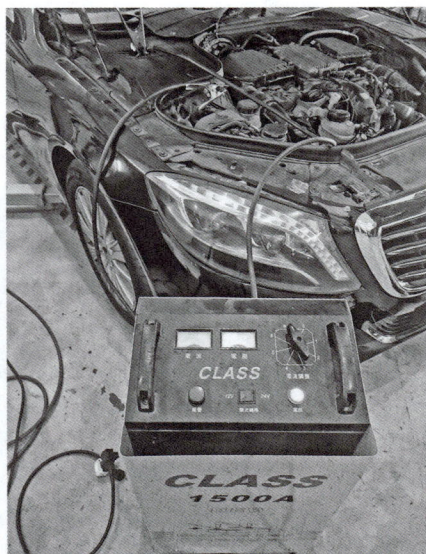

图 2.8-3　蓄电池充电

维修提示

如果蓄电池发热，产生强烈的气体，或喷出电解质，立即降低充电速率或关闭充电器，停止充电。

二、外表电气件维护

这里说的外表电气件，指的是如大灯、雨刷、遥控钥匙等平常能够触摸到的电气件。对于这些部件，通常在行车时更容易发现简单的问题。

观察大灯是否正常照亮、光束是否正常，可通过灯光调节旋钮来调整大灯光束的高低（图 2.8-4）。

遥控器电池寿命约为 2 年，视日常使用频率而异。如需更换电池，见图 2.8-5 ～图 2.8-7，注意电池正极"+"极朝上。

图 2.8-4 调节大灯光束高度

图 2.8-5 撬开遥控器后盖

图 2.8-6 取出遥控器电路板

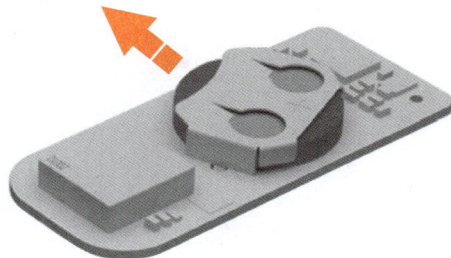

图 2.8-7 取出电池

三、定期维护项目

定期维护和检查的相关电气项目见表 2.8-1。

表 2.8-1　定期维护和检查的相关电气项目

序号	保养和检查项目/内容	检查里程（每间隔里程数）				
		7500km	15000km	每15000km	每30000km	每60000km
1	车身内外照明电器，用电设备检查功能：①组合仪表指示灯，阅读灯，化妆镜灯，时钟，点烟器，喇叭，电动摇窗机，电动外后视镜，暖风空调系统，收音机；②近光灯，远光灯，前雾灯，转向灯，警示灯；③驻车灯，后雾灯，制动，倒车灯，车牌灯，后备厢照明灯	🔧	🔧	🔧	🔧	🔧
2	用故障诊断仪读取各系统信息	🔧	🔧	🔧	🔧	🔧
3	安全气囊和安全带：目测外表是否受损，并检查安全带功能	🔧	🔧	🔧	🔧	🔧
4	前挡风玻璃落水槽排水孔：清洁	🔧	🔧	🔧	🔧	🔧
5	雨刮器/清洗装置：检查雨刮片，必要时更换；检查清洗装置功能，必要时调整并加注清洗液	🔧	🔧	🔧	🔧	🔧
6	发动机舱：电气线路	🔧	🔧	🔧	🔧	🔧
7	蓄电池：观察蓄电池上的电眼，必要时使用 MCR 341V 检测蓄电池状况，检查正负极连接状态	🔧	🔧	🔧	🔧	🔧
8	前大灯：检查灯光，必要时调整	🔧	🔧	🔧	🔧	🔧
9	试车：性能检查	🔧	🔧	🔧	🔧	🔧
10	活动天窗：检查功能，清洁导轨，涂敷专用油脂			🔧	🔧	🔧
11	自动变速箱：检查，必要时更换变速箱油					🔧

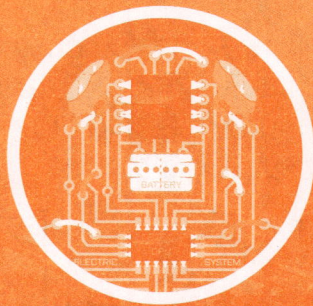

第三章

留在车间
——学习电工维修

第一节　熟练使用电工汽修工具

一、万用表检测电路

使用万用表检测短路、断路等都非常方便。判断故障的时候，经常用万用表和试灯一起检测电压降。

电压降测试经常被用来找寻元件或电路内是否有过高的电阻。电路中的电压降是由于电路在工作时，内部电阻所造成的。电路虚接就会产生这样的问题，因电阻过高导致电路中移动设备不能正常工作。以下用万用表检测来说明这个问题。

❶ 如图 3.1-1 所示，断开待检查电路的部件侧连接器。

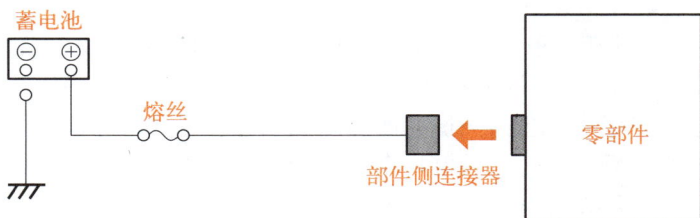

图 3.1-1　断开待检查电路的部件侧连接器

❷ 将启动开关转至 ACC（ACC 电源电路）或 ON 位置（IG1 电源电路）。

❸ 如图 3.1-2 所示，测量相关的部件侧连接器接线端处的电压。

如果电压为 B+（蓄电池电压），说明电路正常；如果按照上述检测其电压小于 B+（蓄电池电压），说明有故障。

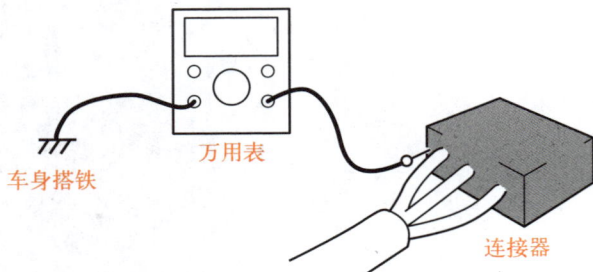

图 3.1-2　测量相关的部件侧连接器接线端处的电压

在上述的电路电压测试中，若电压小于蓄电池（电源）电压，则很可能存在虚接。对于虚接，如图 3.1-3 所示是电压降的基本检测方法，使用万用表测试，按照图中的连接方法，测量负载正极端的电压。如果线路有虚接，那么电压一定会小于蓄电池（电源）电压。

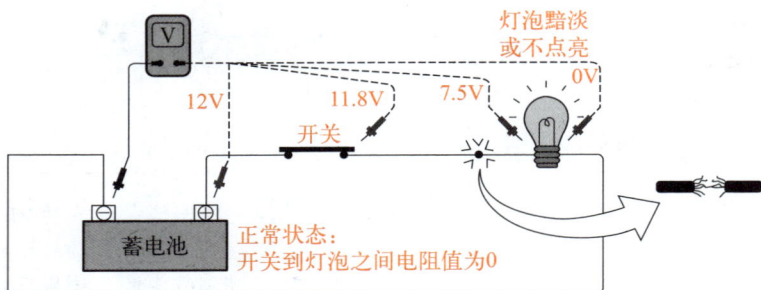

图 3.1-3　电路中虚接检测

维修提示

　　虚接会产生电阻，形成串联的分压电路，导致电压降。例如，原本 12V 的电压，只测量到 7.5V，那么其中减少的 4.5V 就是平常说的电压降。那虚接为什么会产生电阻呢？虚接一般是腐蚀、氧化等所导致，这样，虚接的位置点就视为一个电阻，这个电阻与用电器构成一个串联电路，那么虚接的两端就会产生一个本不该有的电压，从而分去一部分电路电压，导致用电器不能正常工作。

二、试灯检测电路

试灯在汽车维修电路中使用率非常高，用试灯检测通路、断路都是非常好的手段。例如，最常用的就是用试灯检测熔丝，来判断这个线路是不是导通；或者用试灯代替用电器判断用电器的好坏。

1. 导通测试

如图 3.1-4 所示，用试灯或数字万用表的一根引线连接到要检测部件的一侧端子上，另一根引线连接到要检测部件另一侧端子上。试灯亮，表示导通，或者电阻很小甚至接近 0，表示该部件具有良好的导通性。

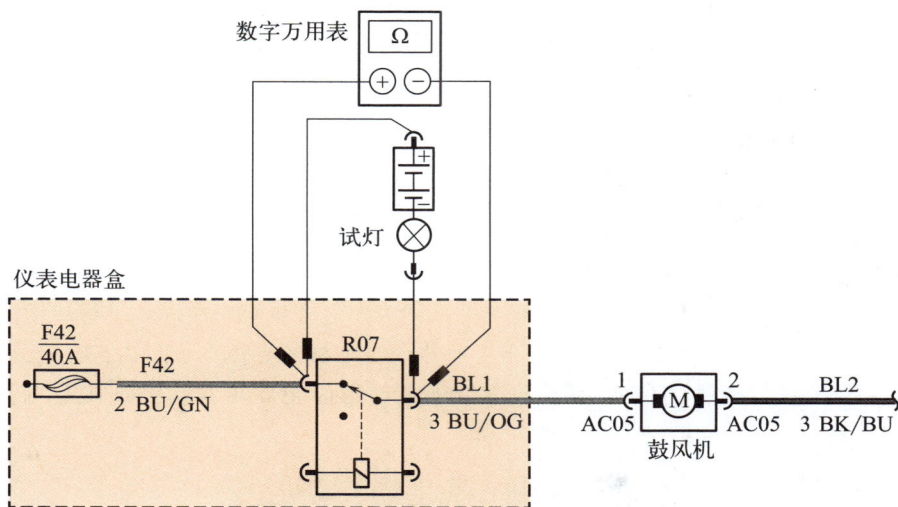

图 3.1-4　电路导通性检测

2. 判断用电器故障

如图 3.1-5 所示，用试灯检测故障（当然用万用表也可以）来判断用电器工作是否正常。如果下述检测正常，接地也正常，那么故障在用电器。

试灯的一端接地，另一端在以下端处测试。

（1）另一端分别在熔丝的两端测试，测试灯亮，说明熔丝无故障。

（2）在连接器 A 处，用试灯与蓄电池建立一个回路。试灯亮，说明连接器 A 处无故障。

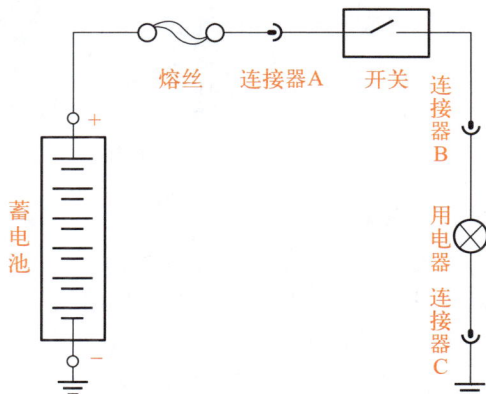

图 3.1-5　用试灯检测用电器的工作情况

（3）在连接器 B 处，用试灯与蓄电池建立一个回路。打开图中电路开关，试灯亮，说明连接器 A 处和开关无故障。

（4）在连接器 C 处，用试灯与蓄电池建立一个回路。打开图中电路开关，试灯与用电器工作，说明连接器 C 处和用电器无故障。

第二节　了解电气系统的部件

这里，可以把汽车的电气系统（部件）模糊地归类为电气设备、电控部件、用电器来理解。蓄电池、起动机、发动机、压缩机可以理解为电气设备；控制模块、传感器、执行器这类部件可以理解为电控系统部件，如 ABS 泵总成、点火线圈、氧传感器、收音机、雨刷器、大灯、喇叭等可以理解为用电器。

一、起动机

启动系统由蓄电池、启动开关、起动机等组成。启动系统的功用是通过起动机将蓄电池的电能转换成机械能，带动发动机初始运转，并且在发动机正常运转时断开起动机与发动机之间的动力传递。

因为发动机自己不能启动，需要有外部动力使之产生第一次燃烧进行启动。起动机安装在发动机与变速器结合处的变速器或发动机的壳体上（图 3.2-1，大多数是安装在变速器壳体上的），起动机需要通过环形齿轮旋转发动机曲轴上的飞轮（图 3.2-2），从而转动曲轴，使发动机运转。

发电机　起动机　空调压缩机

图 3.2-1　起动机安装位置

1. 起动机组成

起动机由三部分组成：控制装置、传动装置、直流电动机。起动机见图 3.2-3，起动机剖视图见图 3.2-4，起动机组成（总成分解）见图 3.3-5。

（1）控制装置（电磁开关）（图 3.2-6）

控制起动机驱动齿轮与发动机飞轮的齿轮啮合和分离以及直流电动机电路的通断，电磁开关还兼有在启动时短路点火线圈附加电阻的作用。

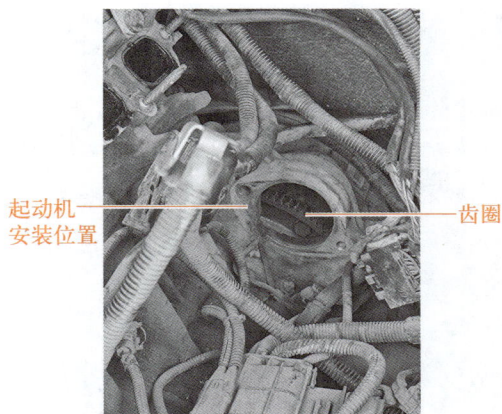

图 3.2-2　起动机与发动机飞轮

起动机上的小齿轮（驱动齿轮，俗称甩轮）与发动机飞轮上齿圈的齿啮合，驱动飞轮运转

图 3.2-3　起动机

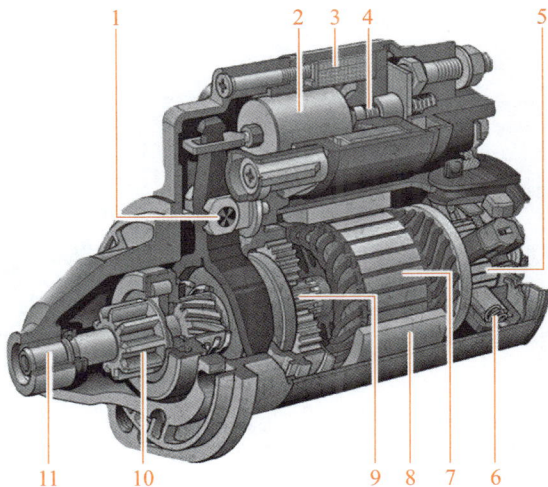

1—啮合拨叉轴；2—磁力开关电枢；3—磁力开关线圈；4—弹簧；5—集电环；6—碳刷；7—转子（电枢）；8—永久磁铁；9—行星齿轮；10—小齿轮；11—传动机构轴承

图 3.2-4　起动机剖视图

图 3.2-5 起动机组成（总成分解）

扫一扫

视频讲解

图 3.2-6 电磁开关

（2）传动装置

在发动机启动时，使起动机驱动齿轮啮入飞轮齿环，将起动机转矩传递给发动机曲轴；当发动机启动后，驱动齿轮与飞轮齿环自动脱离，使发动机不能反向通过飞轮驱动起动机高速旋转，避免损坏起动机。

（3）直流电动机

将蓄电池电能转换为电磁力矩。直流电动机包括磁场线圈和电枢线圈（图3.2-7），它们是串联的。当起动机开始转动时，它产生最大力矩。

2. 启动过程及其工作电路

起动机在几秒内实现短暂的启动工作，启动过程分为三步：吸拉→保持→复位。

（1）吸拉（图3.2-8）

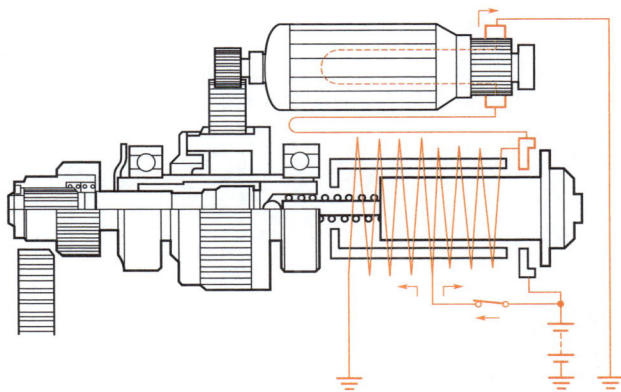

换向器　　铁芯　　绕组　电枢轴

图 3.2-7　电枢（转子）

图 3.2-8　吸拉示意

当点火开关旋到 START（启动）位置时，蓄电池电流流到吸拉线圈和保持线圈。然后电流从吸拉线圈经磁场线圈到电枢线圈，线圈以低速旋转。在保持线圈和吸引线圈内的磁动势使铁芯磁化，这样，磁性开关的动铁芯被吸入极芯。通过这一吸入操作，小齿轮被推出，并与齿圈啮合，接触板将主接触点打开到 ON 位置。

（2）保持（图3.2-9）

当主接触点开到 ON 位置时，无电流流经吸引线圈，磁场线圈和电枢线圈直接从蓄电池得到电流。电枢线圈随后便开始高速旋转，发动机进行启动。此时动铁芯只由保持线圈所施加的磁力固定到位，因为无电流流过吸引线圈。

（3）复位（图3.2-10）

当点火开关从 START 开到 ON 位置时，电流从主接触侧经吸引线圈流到保持线圈。此时，由于吸引线圈与保持线圈形成的磁力相互抵消，它们失去了保持主动铁芯的力。因此，动铁芯由复位弹簧的力拉回，并且点火开关回到 OFF 位置，停止起动机的旋转。

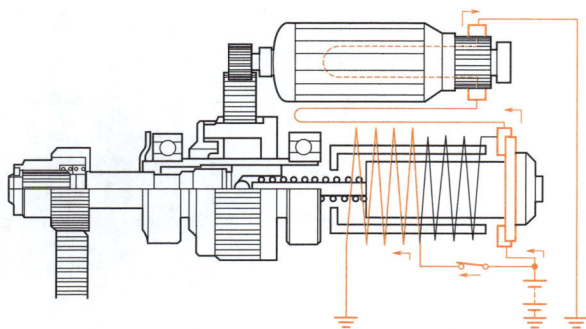

图 3.2-9　保持示意

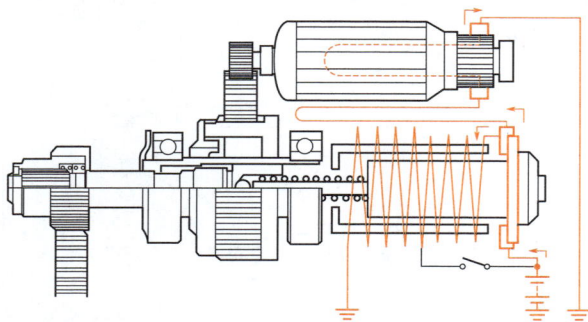

图 3.2-10　复位示意

维修提示

　　为了保持操作电磁开关的电压，通常在点火开关与电磁开关之间有一个起动机继电器，见图 3.2-11。

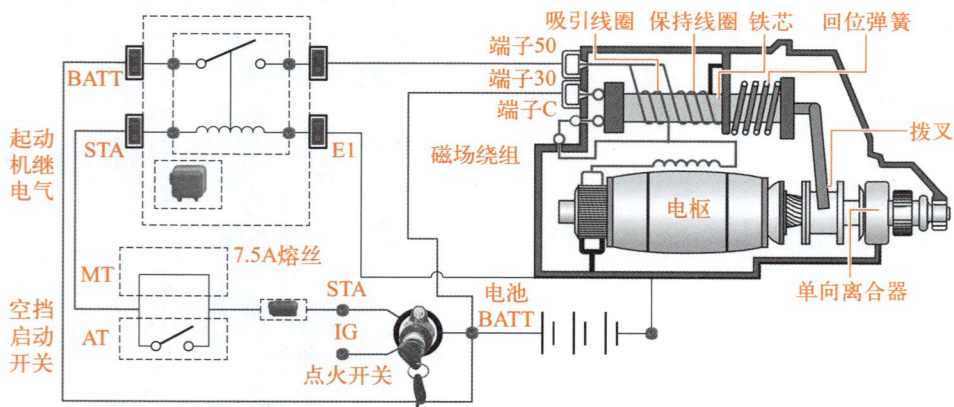

图 3.2-11　起动机工作电路

如图 3.2-12 所示是吉利 GC7 的启动系统电路，其工作过程如下。

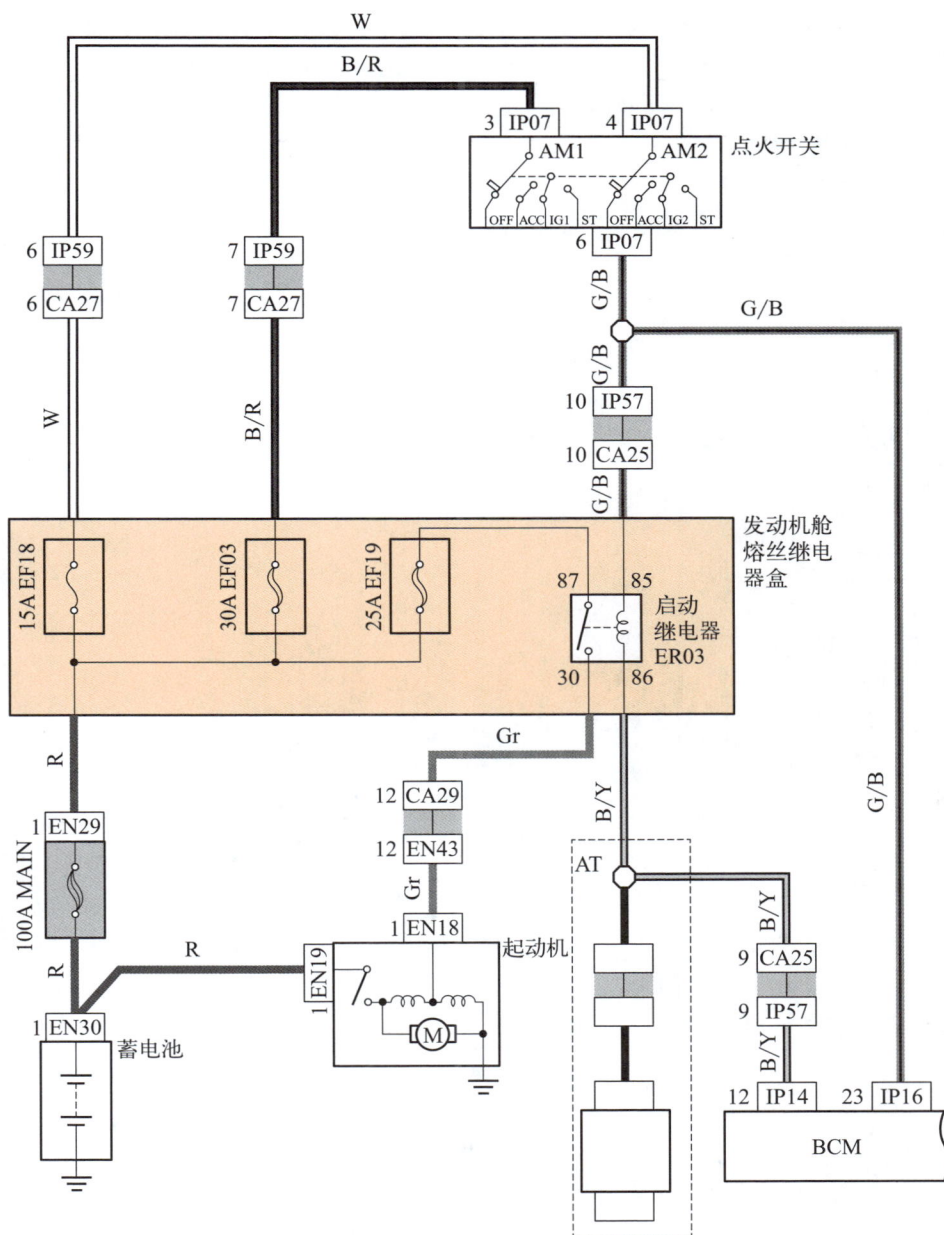

图 3.2-12　吉利 GC7 的启动系统电路

蓄电池→起动机熔丝→继电器 30 端子和 87 端子开关闭合→起动机线圈→搭铁，起动机工作。

二、发电机

发电机是充电系统的核心部件。发电机安装在发动机上，由发电机皮带传动，它是将机械能转化为电能的装置，产生直流电压，是车辆的主电源，其功用是在发动机正常运转时，向起动机向外的所有用电设备供电，并向蓄电池充。发电机见图3.2-13。

1. 发电机组成

汽车交流发电机由转子、定子、整流器、调节器、前后端盖、皮带轮、轴承等组成。如图3.2-14所示的是一款整体式交流发电机，即该发电机的定子线圈和整流器制成一个整体。

扫一扫
视频讲解

图 3.2-13　发电机

扫一扫
视频讲解

图 3.2-14　发电机组成（总成分解）

（1）整流器

交流发电机整流器的作用是将定子绕组的三相交流电变为直流电，6管交流发电机的整流器是由6个硅整流二极管组成三相全波桥式整流电路（整流桥），6个整流管分别或焊装在两块板上。整流器见图3.2-15。

扫一扫
视频讲解

图 3.2-15　整流器

（2）调节器

发电机的调节器也非常重要。根据励磁电流来调整发电机的输出电压，这就是调节器的任务。

汽车发电机与发动机一起转动，发电机转速越高，发电机输出的电压就越高。由于驾驶期间发电机转速频繁改变，使得发电机的转速不恒定，但汽车需要的是14V 的稳定电压，如果没有调节器，充电系统不能向电器设备提供恒定的电流。因此，即使发电机转速发生改变，也要保持提供给电气设备的电压稳定，且按照电量的变化调节。这样，在发电机中就使用调节器来完成此项工作。

（3）碳刷

碳刷的作用是给发电机转子提供励磁电流。碳刷见图 3.2-16。

（4）转子

转子由爪极、磁轭、磁场绕组、集电环、转子轴、风扇等组成。转子的功用是产生旋转磁场。转子见图 3.2-17。

扫一扫

视频讲解

图 3.2-16　碳刷

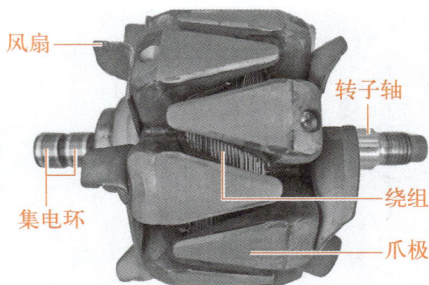

图 3.2-17　转子

（5）定子

定子，也称为电枢，其核心部件是铁芯和定子绕组。定子的功用是产生交流电。定子见图 3.2-18。

扫一扫

视频讲解

图 3.2-18　定子

2.发电机工作原理

维修提示

　　汽车发电机是交流发电机，产生的三相交流电，经过整流器将其转变成14V直流电输出，供整车用电，并给蓄电池充电。

　　当发电机运转时，发电机通电，电流通过电刷使励磁绕组通电时，便产生磁场，使爪极被磁化为N极和S极。当转子旋转时，磁通交替地在定子绕组中变化，根据电磁感应原理，定子的三相绕组中便产生交变的感应电动势，这就是交流发电机的发电原理。

　　交流发电机分为定子绕组和转子绕组两部分，三相定子绕组按照彼此相差120°分布在壳体上，转子绕组由两块极爪组成。当转子绕组接通直流电时即被励磁，两块极爪形成N极和S极。磁力线由N极出发，透过空气间隙进入定子铁芯再回到相邻的S极。转子一旦旋转，转子绕组就会切割磁力线，在定子绕组中产生互差120°的正弦电动势，即三相交流电，再经由二极管组成的整流元件变为直流电输出。发电机基本工作原理见图3.2-19。

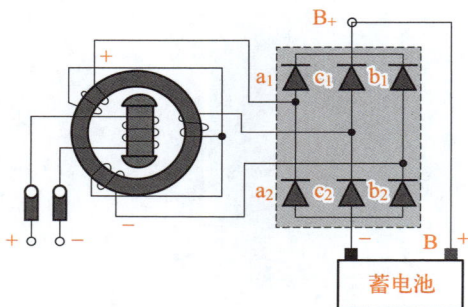

图 3.2-19　发电机基本工作原理

3.发电机工作电路

　　在发动机没有启动运行的时候，首先由蓄电池提供电流。其基本工作电路为：蓄电池正极→充电指示灯→调节器→励磁绕组→搭铁→蓄电池负极。此时，仪表里的充电指示灯会亮。

　　发动机启动后，随着发电机转速提高，发电机的端电压也不断升高。当发电机的输出电压与蓄电池电压相等时，发电机B端和D端的电位相等，此时，充电指示灯由于两端电位差为零，会熄灭，发电机已经正常工作，励磁电流由发电机自己供给。发电机中三相绕阻所产生的三相交流电动势经二极管整流后，输出直流电，向负载供电，并向蓄电池充电（图3.2-20）。

　　发电机充电电路如图3.2-21所示。

　❶ 蓄电池电压通过熔丝EF03给发电机线束连接器EN07的3号端子，该电压为调节器的工作电源。

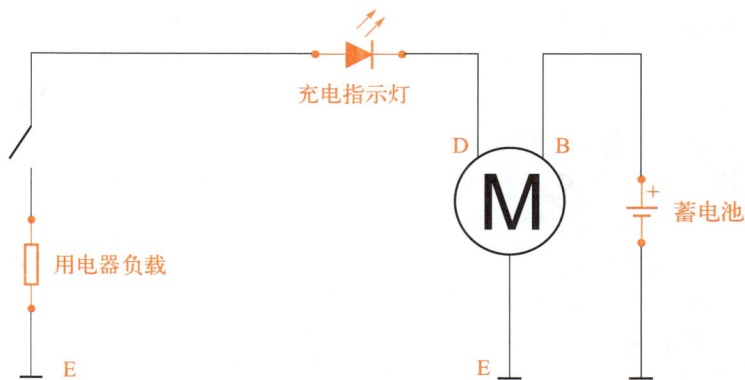

图 3.2-20　发电机基本工作电路

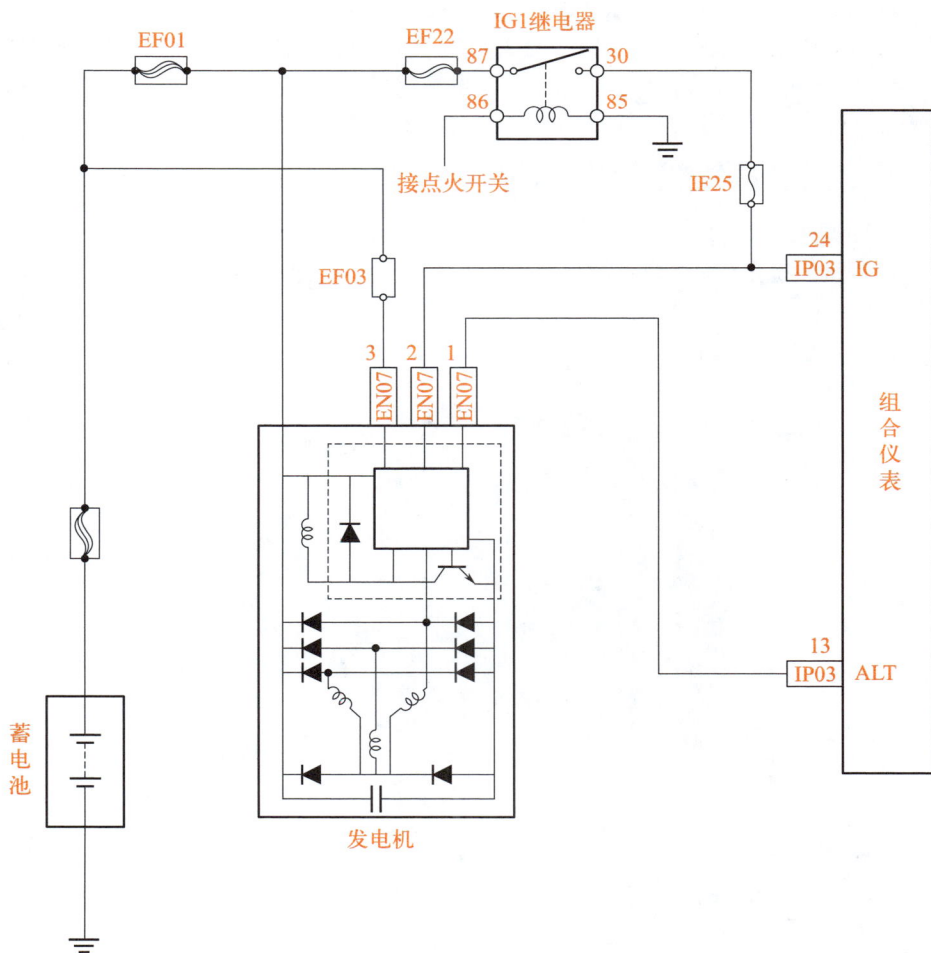

充电指示灯

用电器负载

蓄电池

D B

M

E

E

+

图 3.2-21　发电机充电电路

EF01

EF22

IG1继电器

87 30

86 85

接点火开关

IF25

EF03

24

IP03　IG

3 2 1

EN07 EN07 EN07

组合仪表

13

IP03　ALT

蓄电池

发电机

❷打开点火开关，当发动机不转动时候，其电路情况如下。

a. 发电机线束连接器 EN07 的 3 号端子给 IG1 继电器的 85 号端子提供电压，继电器吸合。

b. 蓄电池电压经过熔断器 EF01、EF22 到 IG1 继电器的 87 号端子，由于继电器吸合，所以继电器 30 号端子输出蓄电池电压经熔丝 IF25 后，给发电机线束连接器 EN07 的 2 号端子。该电压使激磁线圈通电后在线圈周围产生磁场。

c. 发电机线束连接器 EN07 的 1 号端子与仪表 IP03 的 13 号端子相通，说明 EN07 端子为发电机充电指示灯的控制端，在发动机未运转时，该端子提供搭铁，所以充电指示灯点亮。

❸当发动机运转时，发电机开始发电，其电路情况如下。

由于发电机工作，发电机线束连接器 EN07 的 1 号端子电压与仪表充电指示灯两侧的电压相同，因此使充电指示灯失去接地连接而熄灭。

因为发电机线束连接器 EN07 的 3 号端子与蓄电池相连，当蓄电池充满电时，调压器将减小磁场励磁电流，从而减小发电机的输出电压，防止过充。当蓄电池放电或负载较大时，调压器增加磁场励磁电流以提高发电机的输出电压。

三、空调压缩机及电磁离合器

1. 空调压缩机

空调压缩机是汽车空调制冷系统的"心脏"，在制冷循环系统中主要起压缩和输送制冷剂的作用。空调压缩机及其结构 / 组成见图 3.2-22 和图 3.2-23，空调压缩机内部结构见图 3.2-24。

图 3.2-22　汽车空调压缩机

2. 电磁离合器

空调压缩机电磁离合器总成由皮带轮、电磁线圈、离合器从动盘等组成，见图 3.2-25。

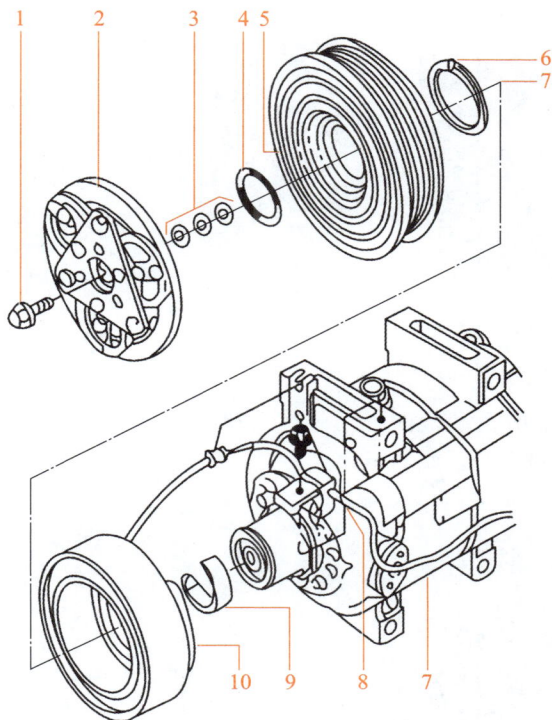

扫一扫

视频讲解

图 3.2-23　汽车空调压缩机结构/组成

1,8—螺栓；2—离合器从动盘；3—调整圈；4—卡环；5—皮带轮；
6—挡圈；7—压缩机缸体；9—油封；10—电磁线圈

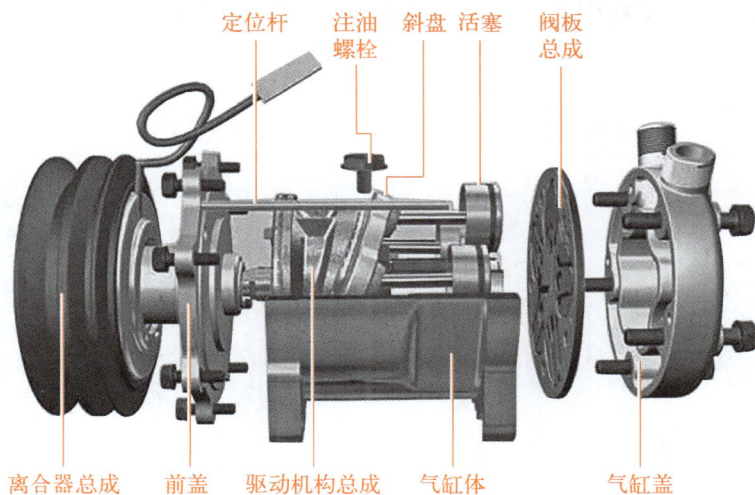

定位杆　注油螺栓　斜盘　活塞　阀板总成

离合器总成　前盖　驱动机构总成　气缸体　气缸盖

图 3.2-24　空调压缩机内部结构（分解剖视图）

压板　　　　　皮带轮(转子)　　　　线圈(定子)

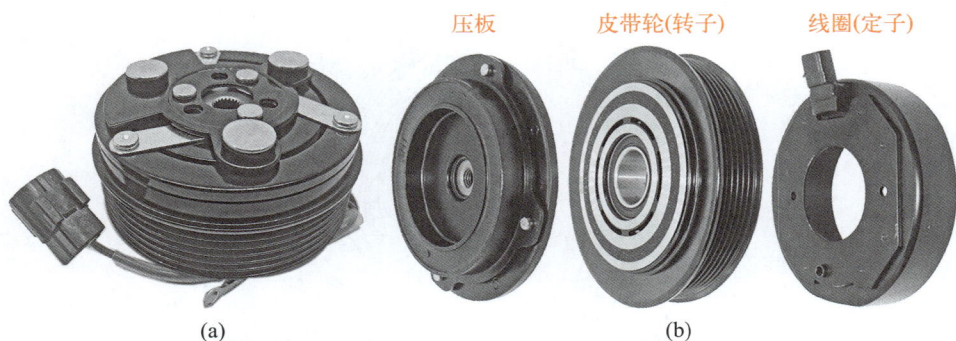

(a)　　　　　　　　　(b)

图 3.2-25　空调压缩机电磁离合器总成

空调压缩机是由发动机曲轴通过皮带带动压缩机离合器皮带轮进行驱动的（图 3.2-26）。当电磁离合器线圈不通电时，压缩机皮带轮自由旋转，不驱动压缩机

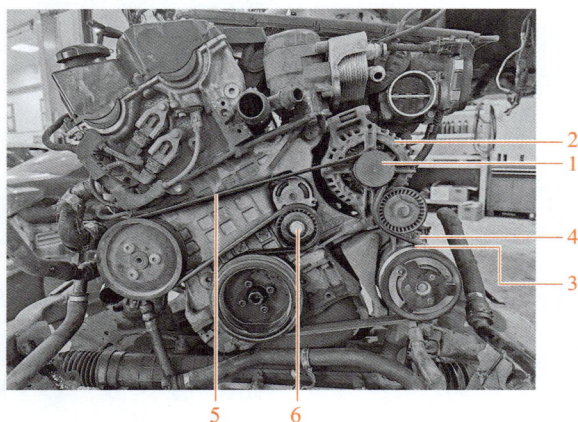

图 3.2-26　皮带驱动压缩机

1—发电机；2—发电机皮带轮；3—压缩机皮带轮；4—压缩机；5—多楔皮带；6—张紧器（轮）

吸引 →

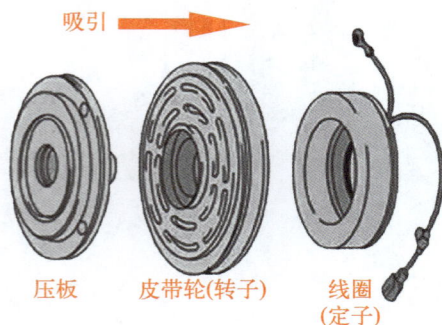

压板　　皮带轮(转子)　　线圈(定子)

图 3.2-27　空调压缩机电磁离合器工作示意

轴，压缩机不工作；当离合器线圈加上电压通电后，离合器片和毂被推向皮带轮，磁力将离合器片和皮带轮吸合为一体以驱动压缩机轴，使压缩机运转（图 3.2-27）。

3. 空调电磁离合器控制逻辑

空调压缩机继电器通常位于发动机舱熔断器内，发动机控制单元 ECM 根据空调开启信号、制冷剂压力开关及发动机工况控制继电器工作，实现空调压缩机的工作控制。空调压缩机电磁离合器电路见

图 3.2-28。

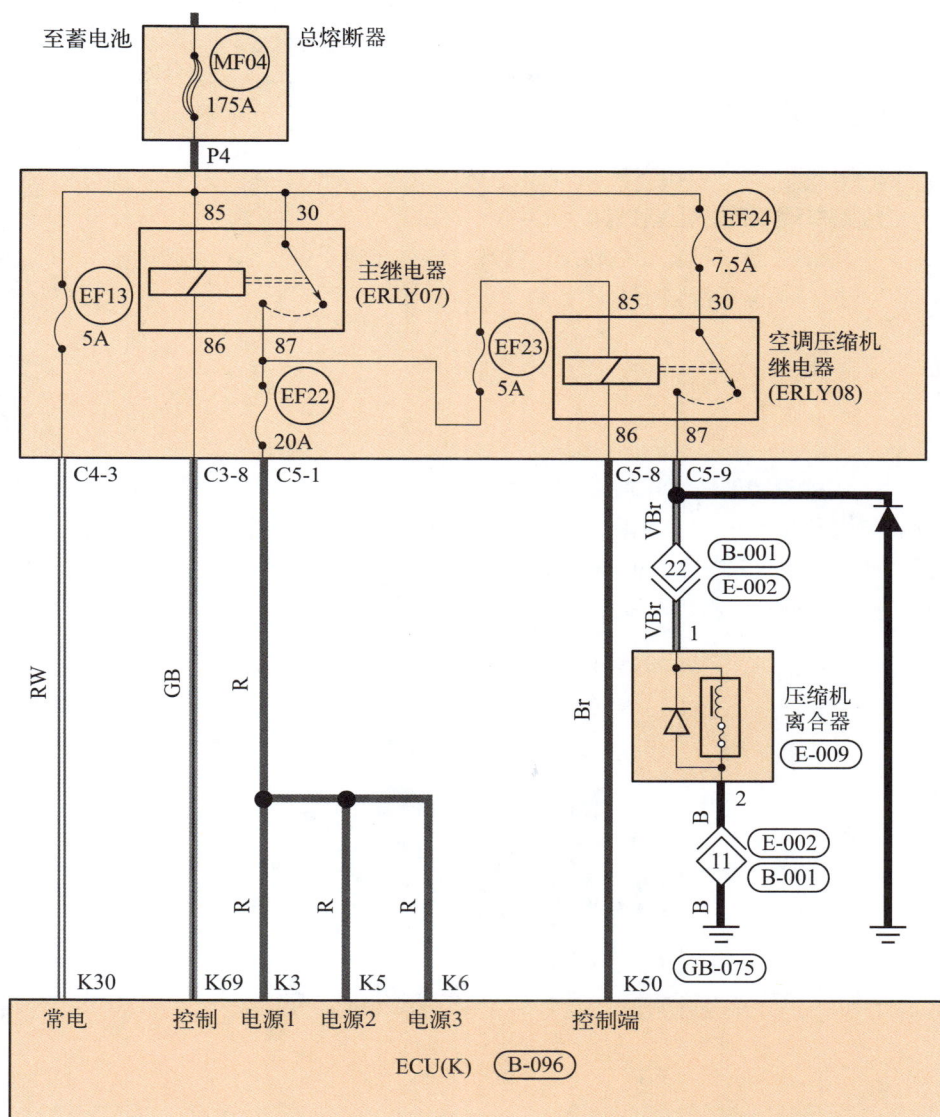

图 3.2-28 空调压缩机电磁离合器电路

❶ 发动机启动数秒后（通常在 8s 左右），空调压缩机才被允许工作。在发动机启动 8s 以内，即使按下空调请求开关，空调压缩机电磁离合器也不会吸合。

❷ 冷却液温度高于 115℃，切断空调控制；低于 112℃恢复空调控制。

❸ 发动机转速超过 7000r/min 或者低于 560r/min 时，切断空调控制。

④ 蓄电池电压低于 9.5V 时，切断空调控制，高于 11V 时恢复空调控制；蓄电池电压高于 16V 时，切断空调控制，低于 15V 时恢复空调控制。

⑤ 发动机处于大功率工作状态时，空调系统扭矩降低。

维修提示

根据车辆不同，上述控制逻辑中：

① 冷却液温度和发动机转速的参数，根据车辆不同，有一定差别；

② 控制条件不仅限于上述 5 点。

维修提示

可变排量空调压缩机取消了空调压缩机电磁离合器，通过控制空调压缩机调节电磁阀实现对压缩排量从无到有的无级调节，主要通过占空比信号控制流经空调压缩机调节电磁阀的电流来实现。无论是哪种空调压缩机控制电路，控制条件必须符合。斜盘可变排量压缩机见图 3.2-29。

图 3.2-29　斜盘可变排量压缩机

第三节　掌握高概率汽修电工作业

一、直观检查零部件

1. 检查线路

电路中不必要的电阻可能是由搭铁不良、松动、开关触点腐蚀、线束连接器

（插接件）（图 3.3-1）松动等所致，尤其是暴露在外部环境中的插接件和线路节点。

2. 检查熔丝

检查熔丝（图 3.3-2）是否断开（烧保险）。

图 3.3-1　线束插头

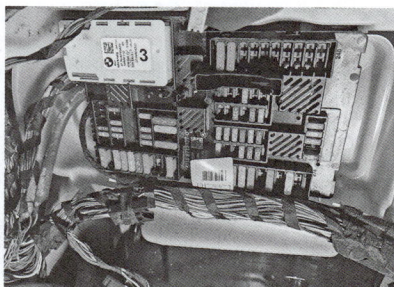

图 3.3-2　熔丝

二、技术分析检查

1. 电压降检测

前边讲过，使用万用表可以直观地显示出测得线路是否正常。通常使用数字式万用表进行压降测试，找出可能影响电气零部件或电路正常工作的线路。

对于正常线路，用数字式万用表检测导线的电阻，应该是非常小的阻值（接近0）。如果有虚接，就会因虚接产生不必要的电阻。

2. 点火线圈

（1）故障特征

在汽车维修过程中，点火线圈是一个相对故障率比较高的部件，它安装在气缸盖上，属于点火系统部件（图 3.3-3）。点火线圈发生故障时会严重影响汽车发动机的动力性，典型的故障现象就是运行不平稳，发动机抖动幅度严重，伴有"突突突"的声音。

在整个点火系统中，除了点火线圈和控制系统 ECU 外，还有曲轴位置传感器、凸轮轴位置传感器以及火花塞。点火线圈其实就是一个升压变压器。在该系统中，点火线圈的主要作用是产生高压电，为火花塞提供足够的电火花，保证发动机内部的可燃混合气充分燃烧，推动活塞运动，实现发动机平稳运行。

（2）点火线圈检查首选方法

就现在汽车普遍采用的独立点火线圈来讲（图 3.3-4），如果有上述点火线圈的

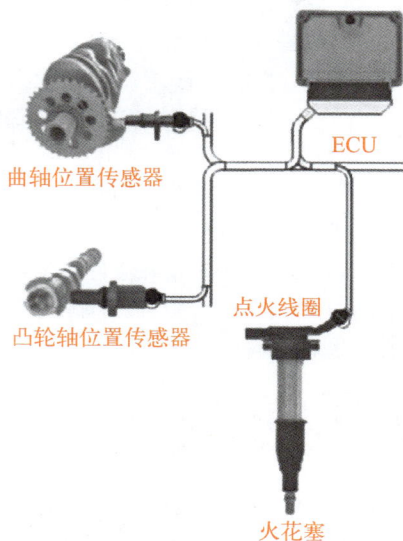

曲轴位置传感器　ECU　凸轮轴位置传感器　点火线圈　火花塞

图 3.3-3　点火系统

故障特征，那么在排除火花塞故障的前提下，首选使用"点火线圈的代替法"是最实用快捷的方法，没有之一。修车讲究的是效率，什么是效率？对于维修工而言，就是判断和排除故障既准确又省时间。

扫一扫

视频讲解

图 3.3-4　独立点火线圈
1—火花塞；2～5—点火线圈

维修提示

点火线圈的代替法：如果断火发现 1 缸不工作，那么可以用其他缸的点火线圈代替 1 缸的点火线圈，依此来确定点火线圈是否损坏。如果用其他缸的点火线圈，1 缸工作正常了，那么可确定故障发生在点火线圈上。如果故障依然存在，则拆卸检查火花塞。

（3）点火线圈不可拆修

无论是独立点火线圈还是同时点火线圈，都是不可拆解维修的，点火线圈是一个集成的模块，不可拆解，其结构如图 3.3-5 所示。

点火线圈的次级高压端通过高压接杆分别连接发动机气缸内的火花塞，点火线圈初级低压端通过线束连接至发动机控制模块 ECM（ECU）（图 3.3-6）。

维修提示

独立点火系统是区别于同时点火系统的。独立点火系统是指每个气缸安装一个点火线圈；同时对于点火系统，每两个气缸共用一个点火线圈，如图 3.3-7 ～图 3.3-9 所示，当 ECM 触发点火线圈时开始点火，火花同时在这两个气缸内出现。

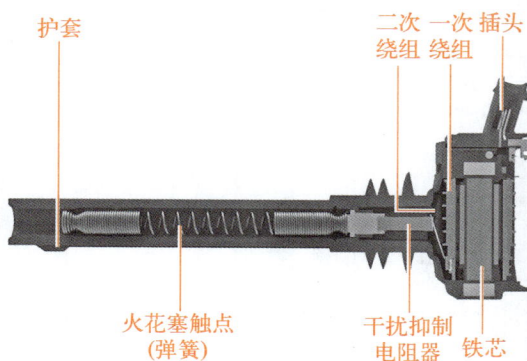

图 3.3-5　点火线圈

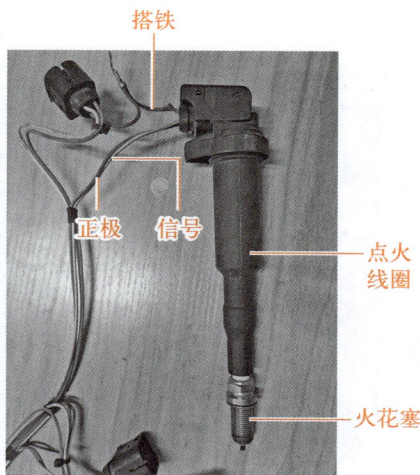

图 3.3-6　点火线圈

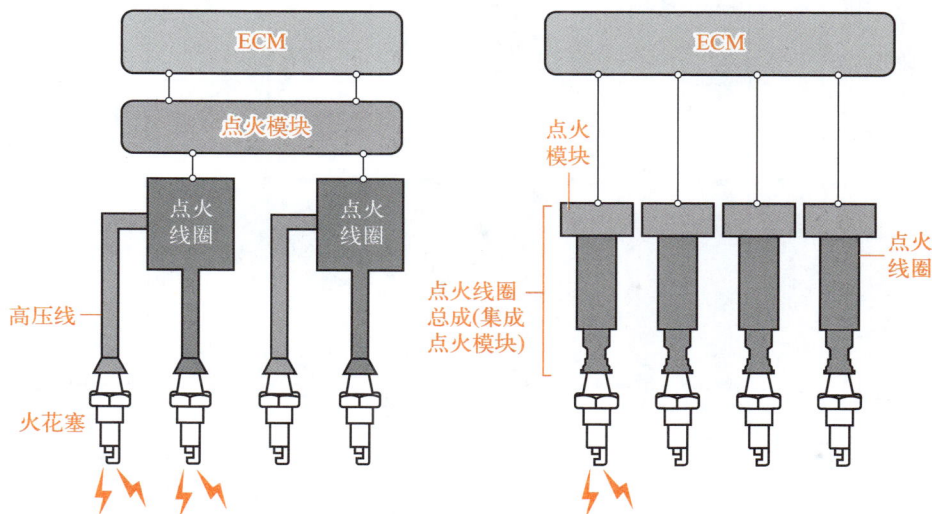

图 3.3-7　独立点火系统和同时点火系统

　　独立点火线圈电路看着更直接，那么双点火线圈（同时点火系统）电路是什么情况呢？双点火线圈电路解读见图 3.3-9：当点火开关处于 ON 或者 ST 位置时，使 IG1 继电器线圈构成一个完整回路，蓄电池电压经过 EF01 熔丝、EF22 熔丝、IG1 继电器、IF30 熔丝后到达点火线圈，给点火线圈提供工作电源。当 ECM 无法接收到该信号时，点火系统无法工作。ECM 46 号、47 号端子接收曲轴位置传感器输入的信号，经过计算后得出点火提前角度，然后通过 ECM 线束连接器 EN01 的 3 号端子控制 1、4 缸点火，7 号端子控制 2、3 缸点火。

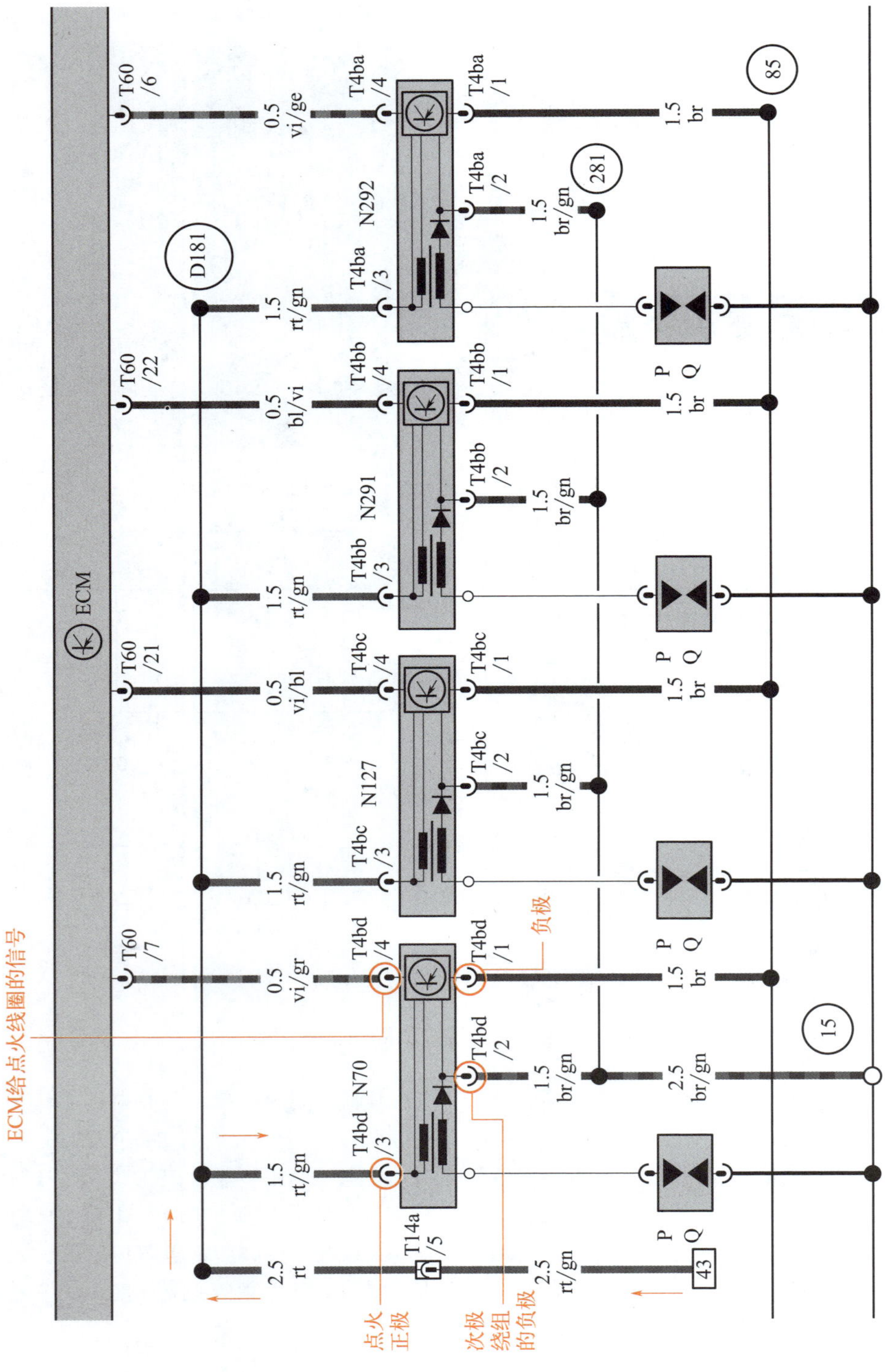

图 3.3-8　独立点火系统电路

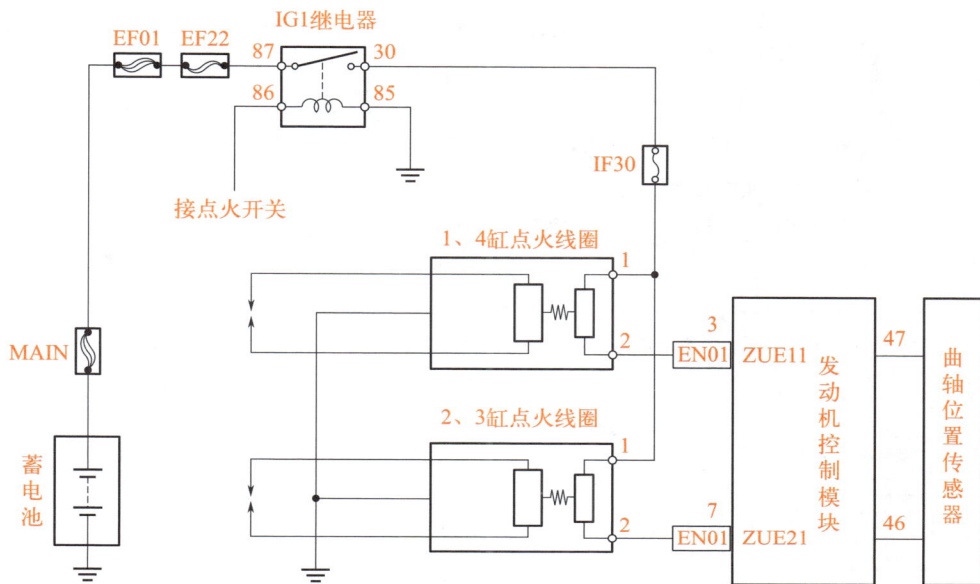

图 3.3-9 同时点火系统电路

（4）火花塞点火时刻

发动机控制模块 ECM 通过凸轮轴和曲轴位置传感器（这两个传感器也统称相位传感器）的输入信号来获得各气缸活塞的上止点 TDC 位置（图 3.3-10），并通过获得的转速传感器信号驱动点火线圈工作，火花塞点火。

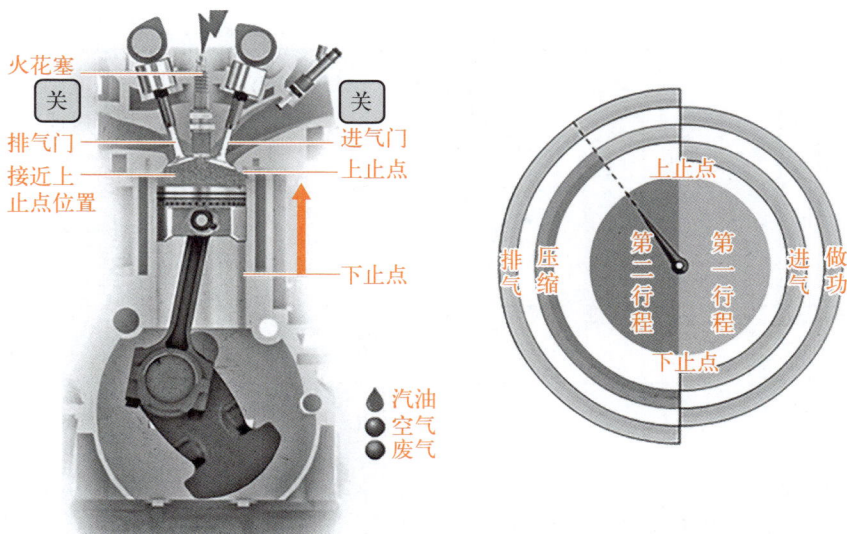

图 3.3-10 点火时刻示意

115

维修提示

　　发电机内的活塞顶离曲轴中心最大距离时的位置称为上止点。

　　气缸活塞的顶部最接近上止点（TDC）位置，就是火花塞点火时刻位置，这就是所谓的点火提前角，点火提前角由发动机控制模块（ECM）直接控制。

　　（5）电压检测

　　如图 3.3-11 所示，打开点火开关，用万用表检测点火线圈的 1 号端子与 3 号端子之间电压为 12V。

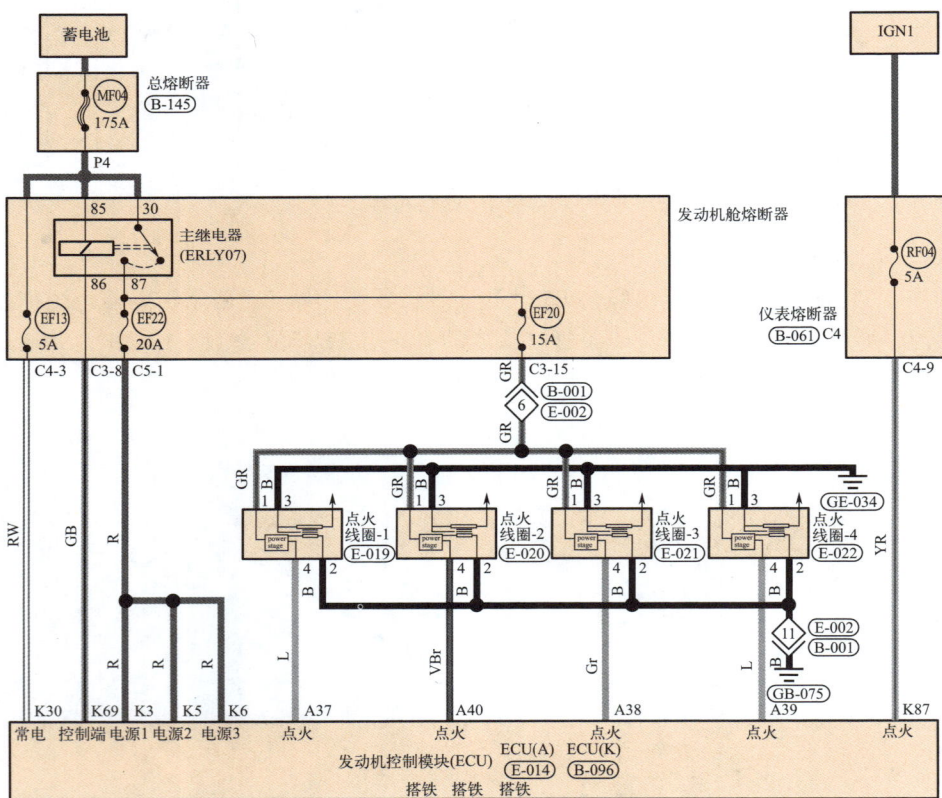

图 3.3-11　点火系统电路

　　点火线圈正常工作时的供电压为 12V（接近 14V，发电机正常电压），火花塞拧装在气缸体上，火花塞的螺纹为搭铁（侧电极），通过图 3.3-12 可以简单直观地看出其线路连接。

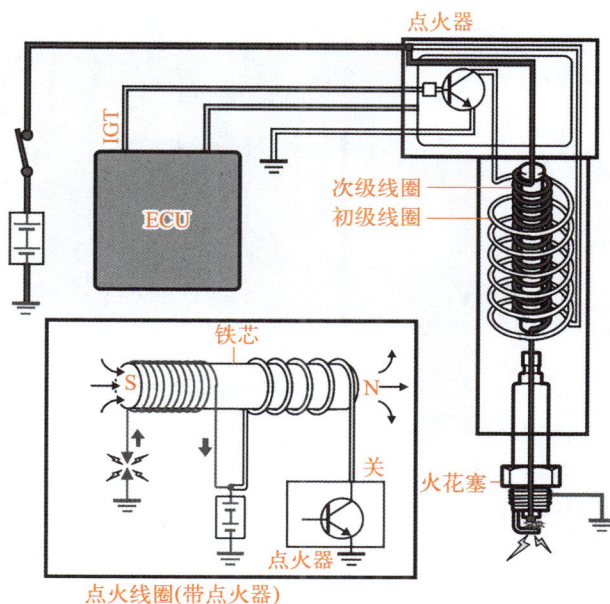

图 3.3-12　点火线圈

（6）电阻检测

❶ 点火线圈次级绕阻的阻值很大，大概在 10kΩ 上下或者更高。次级绕组的阻值检测，其实测该电阻的意义也不是很大：一是对于次级绕组端用万用表探头不是很好探测；二是有更好的检查方法，没必要用这个方法去检测。

❷ 用万用表检测点火线圈控制线路与搭铁之间的电阻，正常应为∞。

（7）试灯测信号

这时候前边讲过的试灯测试就用得上了，不仅限于测点火线圈，测量其他信号也一样，用试灯测试绝对是个好手段。打着车，将试灯线小夹子接负极，用 LED 试灯测量信号线，正常情况下试灯会闪烁，说明信号没问题，控制端正常。

（8）诊断仪检测

在用故障诊断仪检测点火线圈故障时，通常故障显示为单缸失火或多缸失火（图 3.3-13），通常通过更换火花塞或点火线圈的方法来解决。

（9）发动机电脑板中的点火驱动

发动机控制单元 ECM（ECU）或者叫发动机控制模块，都习惯称为发动机电脑板。

发动机电脑板中，有点火模块（点火驱动管），点火驱动管并不是三极管，而是点火专用管，具有过压和过流保护功能。之前讲过，不建议使用跳火测试，其主要原因就是在这儿，防止电脑板中的点火驱动管损坏，或者点火线圈中的电子元件烧坏（图 3.3-14）。

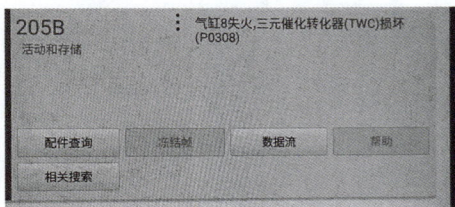

图 3.3-13　故障诊断仪检测（单缸失火）　　图 3.3-14　电脑板中的点火驱动模块

3. 火花塞间隙波形特征

火花塞结构见图 3.3-15，火花塞和点火线圈"成套"安装在发动机上，见图 3.3-16。

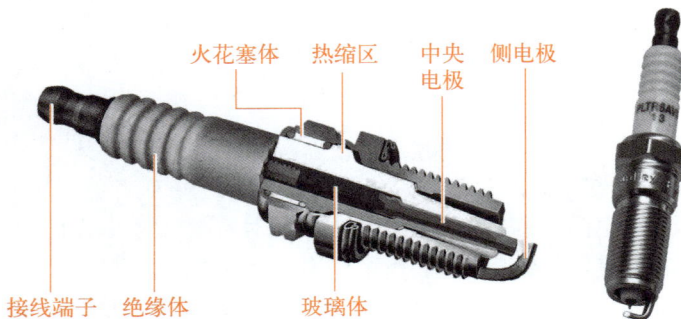

图 3.3-15　火花塞结构

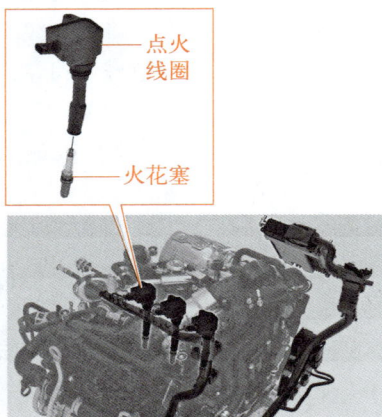

图 3.3-16　火花塞和点火线圈"成套"

扫一扫

视频讲解

火花塞是个消耗部件，对于普通火花塞，车辆行驶大概3万千米更换一次；对于铱金火花塞，视实际检查情况大概在5万千米左右更换一次。长时间不更换火花塞，其间隙会因燃烧消耗而变大，这样就需要提高电压，但却会减小储备点火电压，而储备点火电压的减小，就导致不容易点火。火花塞间隙波形特征见图3.3-17。

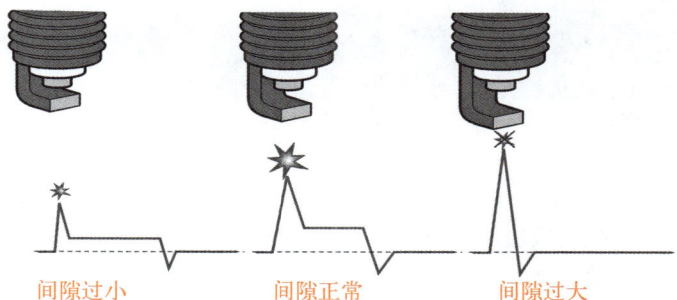

图 3.3-17　火花塞间隙波形特征

4. 燃油泵

（1）故障特征

电动燃油泵（下述简称燃油泵）安装在燃油箱内（图3.3-18），为发动机输送燃油。燃油泵拆装维修口通常在后排座椅下边（图3.3-19），或者后备厢地板留有拆装维修口。维修中经常会遇到燃油泵故障，其主要的故障特征：①无法启动；②发动机抖动，加速无力。

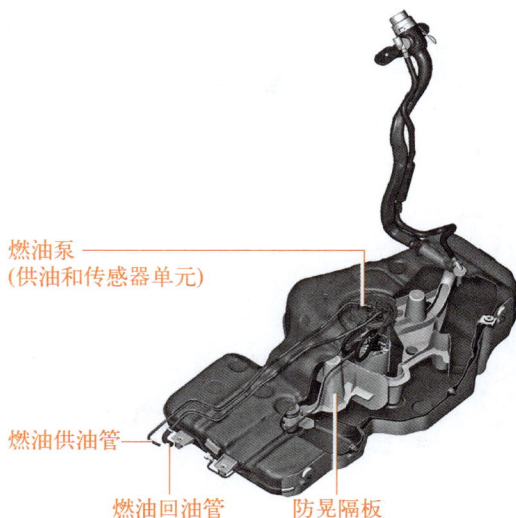

图 3.3-18　燃油泵安装燃油箱内

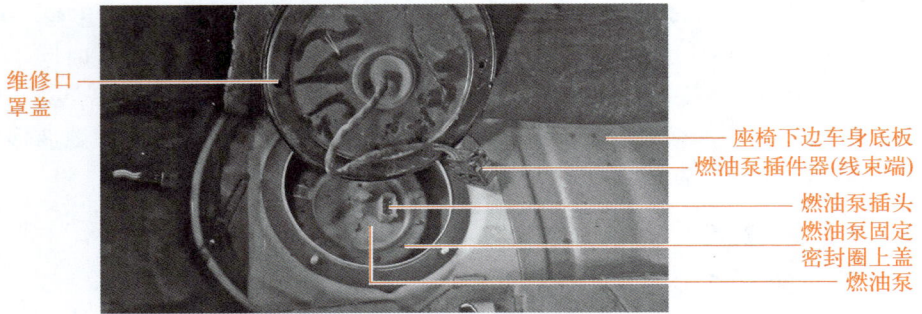

维修口罩盖

座椅下边车身底板
燃油泵插件器(线束端)

燃油泵插头
燃油泵固定
密封圈上盖
燃油泵

图 3.3-19　燃油泵拆装维修口

（2）燃油泵电路检测

❶ 不带燃油泵控制模块的电路。

如图 3.3-20 所示，这种控制逻辑非常简单，燃油泵继电器的线圈工作电源由 ECM 供给。ECM 通过 ECM 线束连接器 EO35 的 71 号端子给燃油泵继电器 1 号端子供电，通过 2 号端子接地，燃油泵继电器 5 号端子闭合，燃油泵 3 号端子通电、4 号端子接地，燃油泵工作。

燃油泵的电路很清晰也很简单，图 3.3-20 中（a）、（b）两个电路是一样的控制逻辑，只不过前者是没有集成燃油油位传感器的燃油泵，后者是集成了燃油油位传感器（俗称油浮子）的燃油泵总成。

a. 燃油泵电机检测：在燃油泵连接器 3 号端子和 4 号端子之间应有 12V 电压。

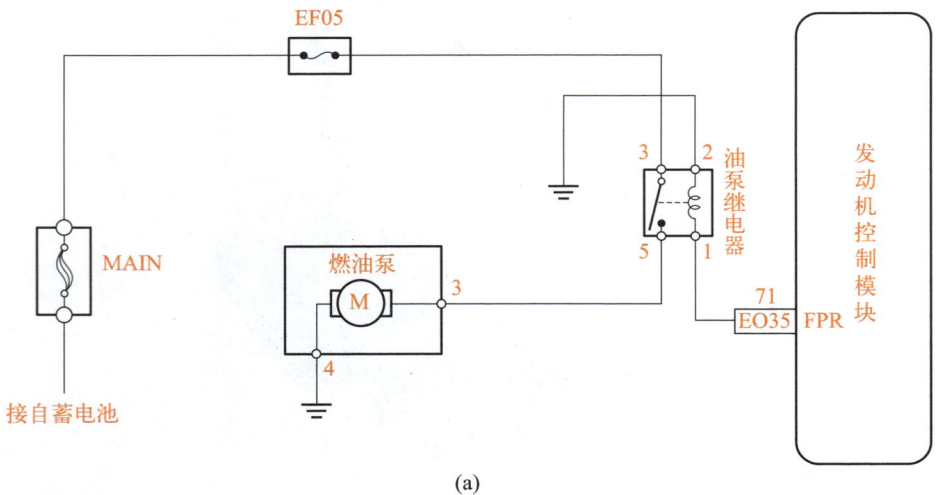

(a)

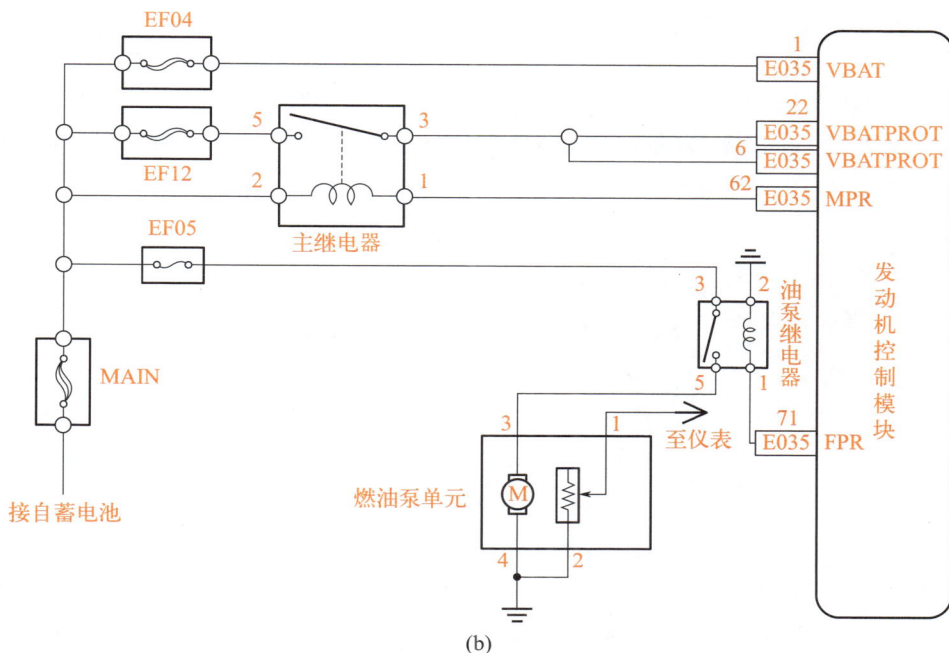

(b)

图 3.3-20　燃油泵电路

b. 燃油油位传感器检测（图 3.3-21）：燃油油位传感器浮子在各位置时，如图 3.3-21（b）所示，用万用表欧姆挡测量传感连接器端子 1 和端子 2 号之间的电阻。通常，燃油箱的油越多，阻值越小，满箱油时阻值最小；油越少，阻值越大，油见底时候阻值最大。很显然，燃油油位传感器就是个滑动电阻器。

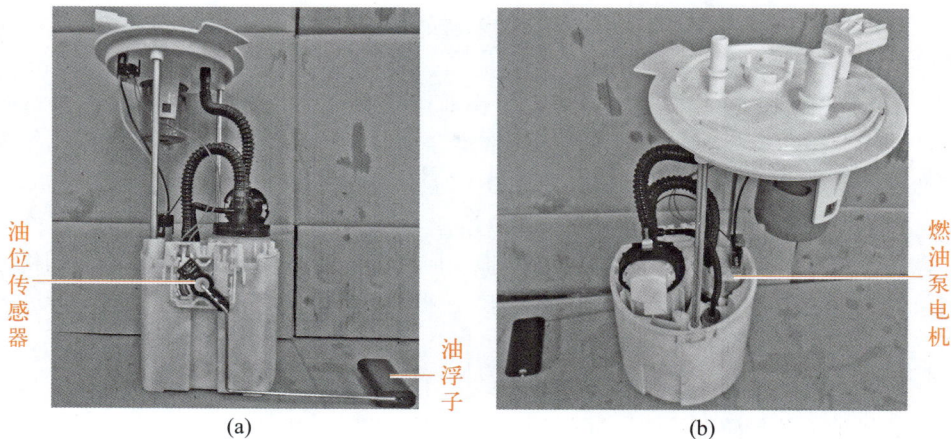

(a)　　　　　　　　　　　　(b)

图 3.3-21　燃油泵

121

❷ 带燃油泵控制模块的电路。

如图 3.3-22 所示，在直接喷射系统中，燃油系统根据需要可分为低压和高压两部分。其优点是，电动燃油泵和高压燃油泵只输送发动机当下所需的燃油量。这可减少燃油泵的电力驱动功率和机械驱动功率，并节省燃油。若要按需供油，则在上述燃油泵的基础上再加一个燃油泵控制模块（或者叫单元）来控制燃油泵的转速。

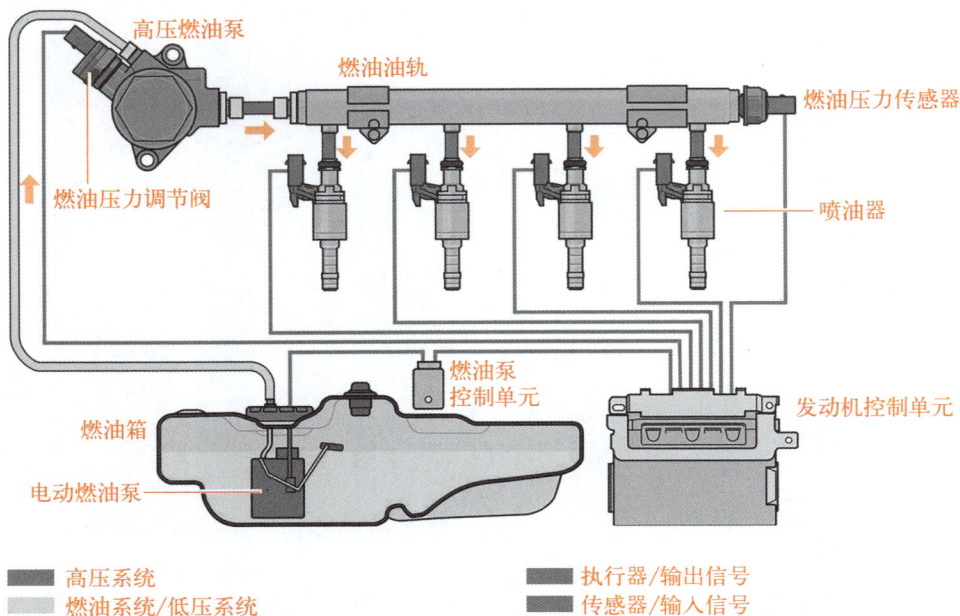

图 3.3-22 燃油系统

控制逻辑：因为增加了燃油控制模块，所以这个燃油泵的控制逻辑和上述的稍有区别。

低压燃油泵的动作由燃油泵驱动模块通过来自发动机控制单元的信号进行控制。燃油泵控制单元有一个来自燃油泵继电器的开关电源，它会通过硬接线连接向燃油泵供电。无论是从图 3.3-22 还是图 3.3-23，都不难分析出燃油泵的控制逻辑。

燃油泵控制单元由蓄电池通过 SB10 熔丝至 J538 的 T5x/3 端子直接供电，并通过燃油泵控制单元 J538 的 T5x/4 端子接地构成回路。燃油泵工作与否是由发动机控制单元 J623 的 T94/10 端子发出控制信号，经燃油泵控制单元 T5ax/5 端子接收处理后，再去控制燃油泵的工作状态。

a. 燃油泵检测：燃油泵的 J538 电源线是 T5ax/3，这里有 12V 电压。

b. 燃油油位传感器检测：ⓐ燃油油位传感器的供电线是 T5za/3，这里有 5V 电压；ⓑ燃油油位传感器信号线是 T5za/2，这里有小于 5V 的电压。

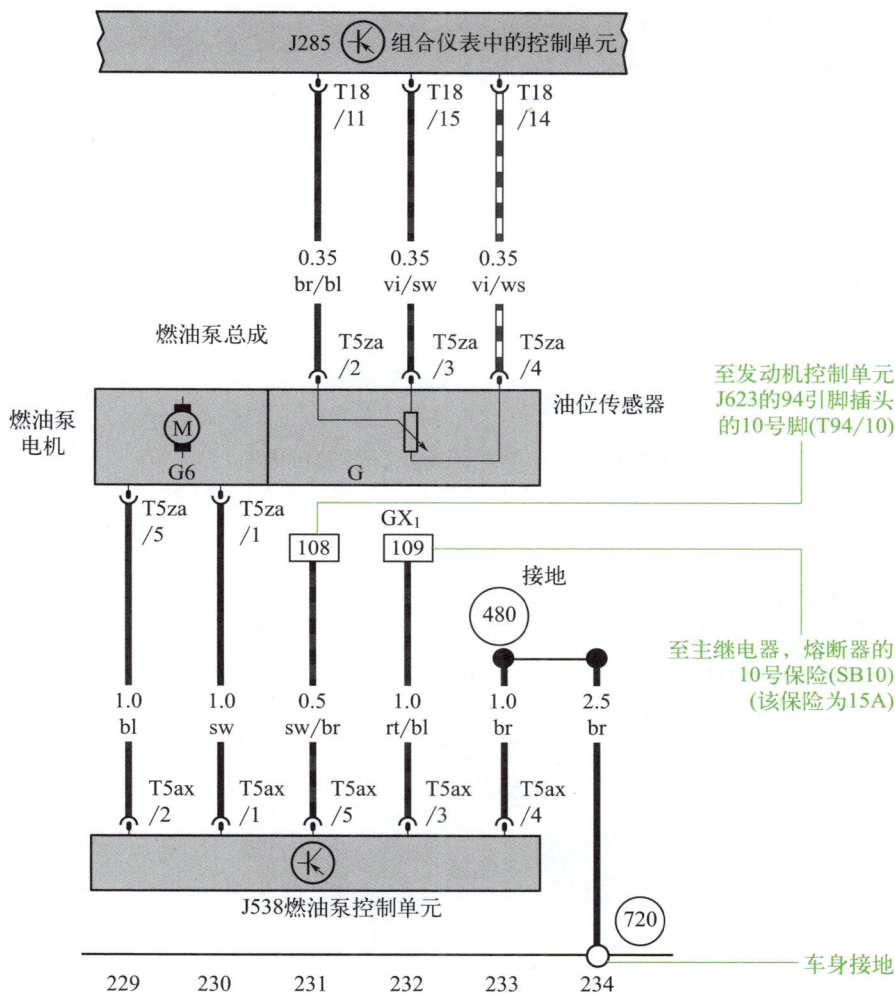

图 3.3-23　燃油系统电路（2016 年款迈腾）

（3）三相电动燃油泵

宝马、奔驰、大众等车型早在十年前其实就使用三相电动燃油泵了。三相电动燃油泵的控制单元内部集成了逆变器，可将直流电转换为交流电，由燃油泵控制单元控制。燃油泵本身使用的是三相无刷直流电机，如图 3.3-24 所示，该电机具有 3 个主要电气连接（3 相线），这些连接采用星形配置（其实这就是按交流电的运行原理，和前边讲过的交流发电机原理一样），名称分别为 U、V 和 W，每个连接都充当电源和接地供应，根据所需的燃油压力，发动机控制单元向燃油泵控制单元发送一个脉宽调制（PWM）信号来控制燃油泵的输出。然后，燃油泵控制单元沿所有 3 根导线分相供电以运行泵，泵可以激活作用在转子上的每个线圈。当其中一相位激活时，其他相位会为电流提供接地路径。如果要停止燃油泵，来自发动机控制单元的 PWM 信号需达到 75%。

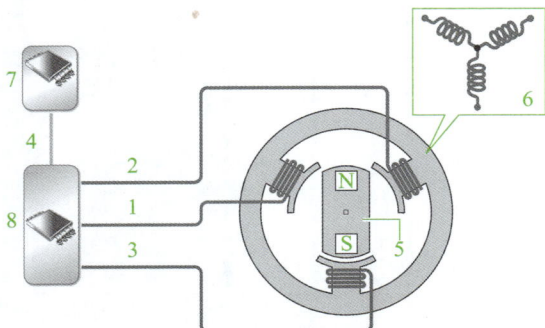

图 3.3-24   三相直流电机（燃油泵电机）

1—相位 1（U）；2—相位 2（V）；3—相位 3（W）；4—来自发动机控制单元 PCM 的激活请求（PWM 信号）；5—电机的转子；6—3 相线圈；7—燃油泵控制单元；8—发动机控制单元

可通过测量相位 1 和相位 2 之间的电阻以及相位 1 和相位 3 之间的电阻来检查电机的完好性。如果任意一相发生断路，泵将无法运行。

5. 电动车窗升降器

（1）故障特征

维修中经常遇到车窗玻璃不能升降，其故障发生率比较高的有玻璃升降器开关（图 3.3-25）、玻璃升降器电机（图 3.3-26）、玻璃升降器的玻璃托架（支架板）或者钢绳。

图 3.3-25   主驾驶侧车窗开关（总开关）

(a)   (b)

图 3.3-26   玻璃升降器电机

玻璃升降器故障特点如下。

❶ 玻璃升降器只升不降：重点检查机械托架和玻璃脱开或者是钢绳断了。

❷ 玻璃升降器不升不降：检查电机、开关、控制器或者线路。

❸ 玻璃升降器只降不升：玻璃升降器升到一定位置就突然降下来。重点检查防夹功能，或者车窗玻璃导槽夹缝有异物。

玻璃升降器见图 3.3-27～图 3.3-29。

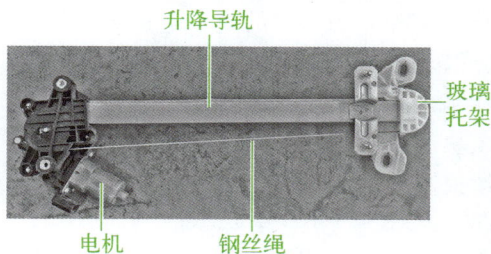

图 3.3-27 玻璃升降器

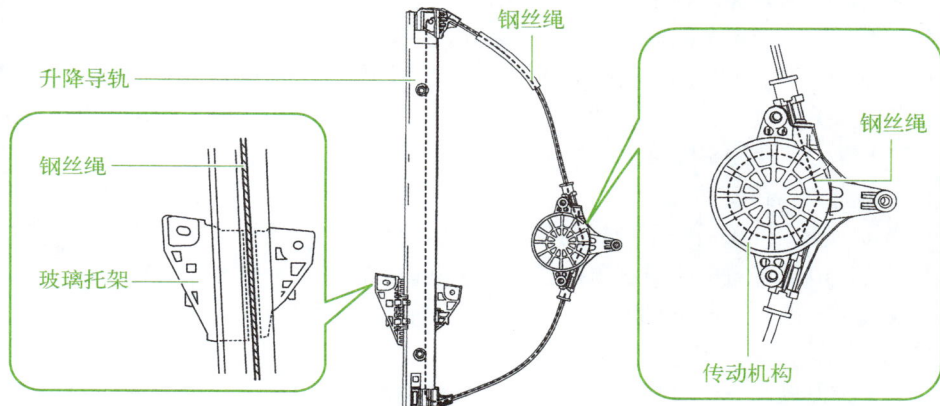

图 3.3-28 玻璃升降器（绳轮式）

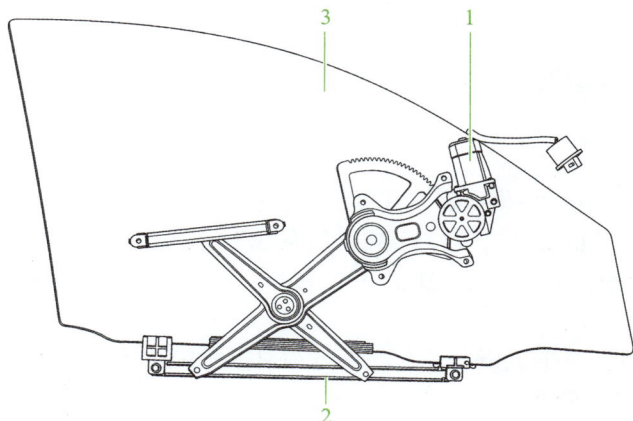

图 3.3-29 玻璃升降器（交臂式）

1—玻璃升降器电机；2—玻璃器升降导轨；3—门窗玻璃

（2）车身控制模块控制

现在，电动车窗控制方式大多数都是车身控制模块 BCM（或车门控制模块，有的是独立的，有的是和电机为一体的）。开关升降信号先发送到车身控制模块（或车门控制模块），车身控制模块（或车门控制模块）控制玻璃升降器电机，也就是说车身模块（或车门控制模块）发布号令，然后升降器电机执行升降。控制模块或者叫控制单元就是所谓的电脑，这些通过电脑控制的电路，就是所谓的逻辑控制。电动车窗是使用 LIN 总线与车身控制模块通信的。车身控制模块控制见图 3.3-30。

主驾驶员侧电动车窗开关总成有四个开关，副驾驶员侧车门和两个后车门拥有各自独立的车窗开关。在主驾驶员侧操作每一个车窗开关挡位时，电动车窗开关通过车身控制单元逻辑电路驱动玻璃升降器电机转动方向的改变来实现车窗玻璃的上升和下降。在副驾驶员侧、两个后车门各自独立操作电动车窗开关挡位时，同样是电动车窗开关通过逻辑电路驱动玻璃升降器电机转动方向的改变来实现车窗玻璃的上升和下降。车身控制模块控制电路如图 3.3-31 所示。

（3）继电器控制

当接通点火开关后，车身控制模块控制电动车窗继电器搭铁，电动车窗继电器触点闭合，电动车窗电路与电源接通，操作电动车窗开关上或下，电流通过玻璃升降器电机，电机旋转带动升降器，执行车窗升降（图 3.3-32）。

（4）开关控制

开关控制就是开关直接控制。通常就是开关控制电机的两根线，一根正极，一根负极，直接由开关控制，不经过车身控制单元、车门控制单元、电机集成的控制单元或继电器（图 3.3-33）。

维修提示

简单地讲，无论中间有多少控制环节，玻璃升降器电机的根本控制就是利用两个开关来实现电机的正转和反转，如图 3.3-33 所示。

升降器上升，电机正转：正极→ 1 → 2 → 3 → 4 → 5 → 6 → 7 → 8 → 9 → 10 → 11 →搭铁。

升降器下升，电机反转：正极→ 1 → 12 → 8 → 7 → 6 → 5 → 4 → 3 → 13 → 10 → 11 →搭铁。

升降器上升和下降的路径中，通过玻璃升降器电机的路径是相反的两个方向，正转为 5 → 6，反转为 6 → 5，这样就实现了对车窗升降的控制。

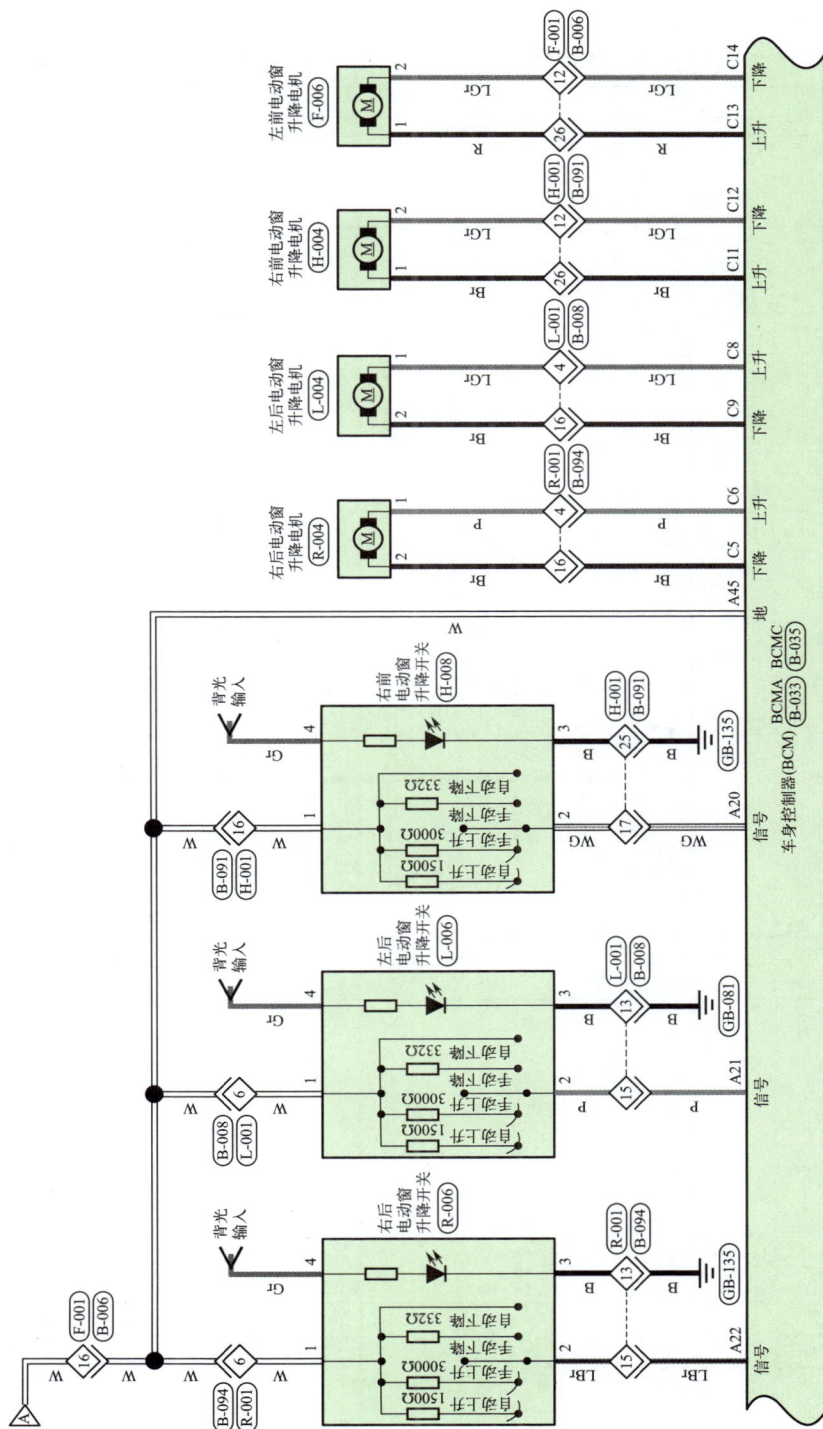

图 3.3-30　车身控制模块控制

127

30

ACC

IG1

IG2

右前车窗
升降器开关

PD01
-3

PD01
-2

PD01-5

橙0.35

灰0.35

黑0.35

SP066

黑0.5

PD11
IP58
-5

PD12
BD39
-12

PD12
BD39
-1

灰0.35

黑0.5

SP097

SP065

黑6.0

黑1.5

G402

橙0.35

IP01-19

左后车窗
升降器开关

LD01
-3

LD01
-2

LD01-5

蓝0.35

灰0.35

黑0.35

SP129

蓝0.35

黑0.5

LD07
BD40
-4

LD07
BD40
-8

LD07
BD40
-7

灰0.35

SP096

蓝0.35

BD31
IP53
-18

蓝0.35

黑0.5

G405

IP01-42

右后车窗
升降器开关

RD01
-3

RD01
-2

RD01-5

绿0.35

灰0.35

黑0.35

SP128

黑0.35

RD07
BD41
-4

RD07
BD41
-8

RD07
BD41
-7

灰0.35

SP097

灰0.35

黑0.5

SP096

1

灰0.35

BD31
IP53
-20

SP067

灰0.35

SP095

绿0.35

灰0.35

BD21
-9

IP02-21

车身控制单元

上升

IP01-8

下降

IP01-12

上升

BD22-7

下降

BD22-8

上升

BD22-6

下降

BD22-5

红1.5

白1.5

红1.5

白1.5

红1.5

白1.5

IP58
PD11-2

IP58
PD11-1

BD40
LD07-3

BD40
LD07-5

BD41
RD07-3

BD41
RD07-5

红1.5

白1.5

红1.5

白1.5

红1.5

白1.5

PD02-1

PD02-2

LD02-2

LD02-1

RD02-2

RD02-1

M

右前车窗
升降器电机

M

左后车窗
升降器电机

M

右后车窗
升降器电机

(a)

128

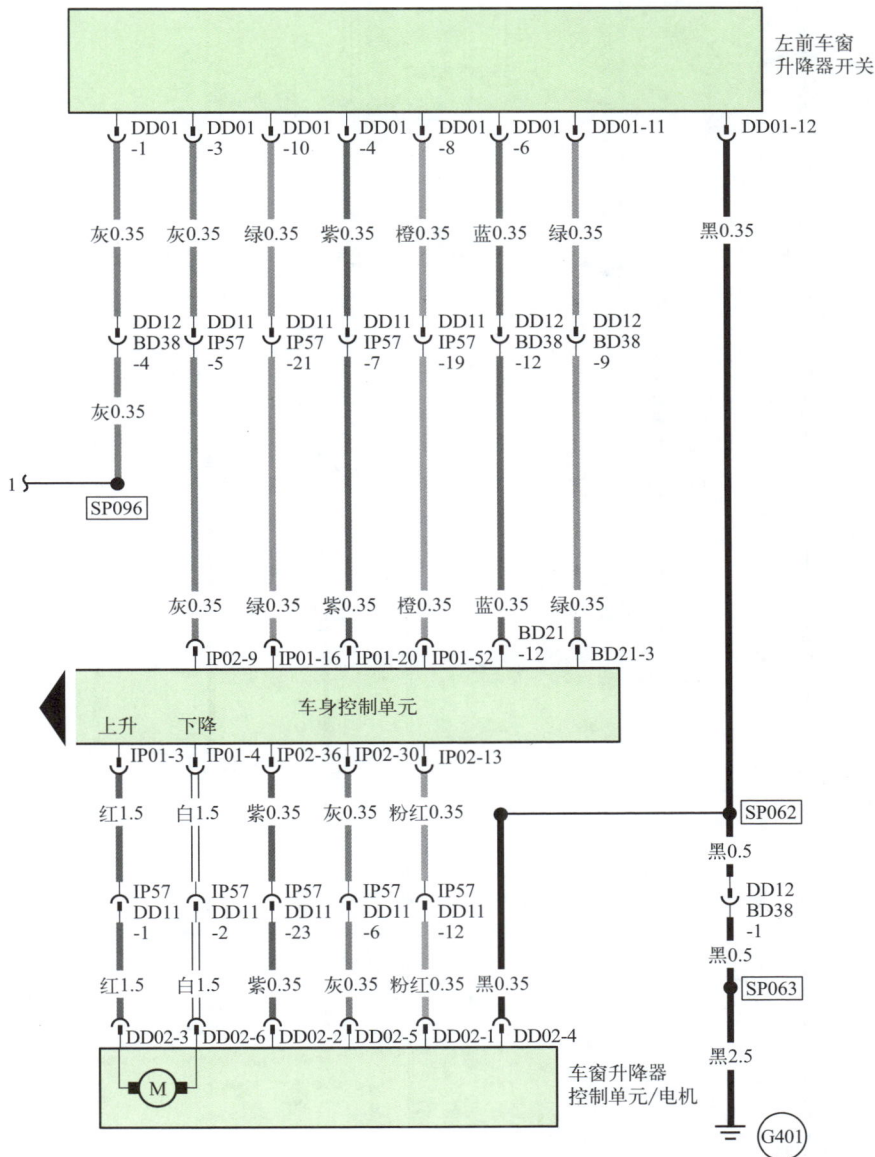

(b)

图 3.3-31 车身控制模块控制电路

129

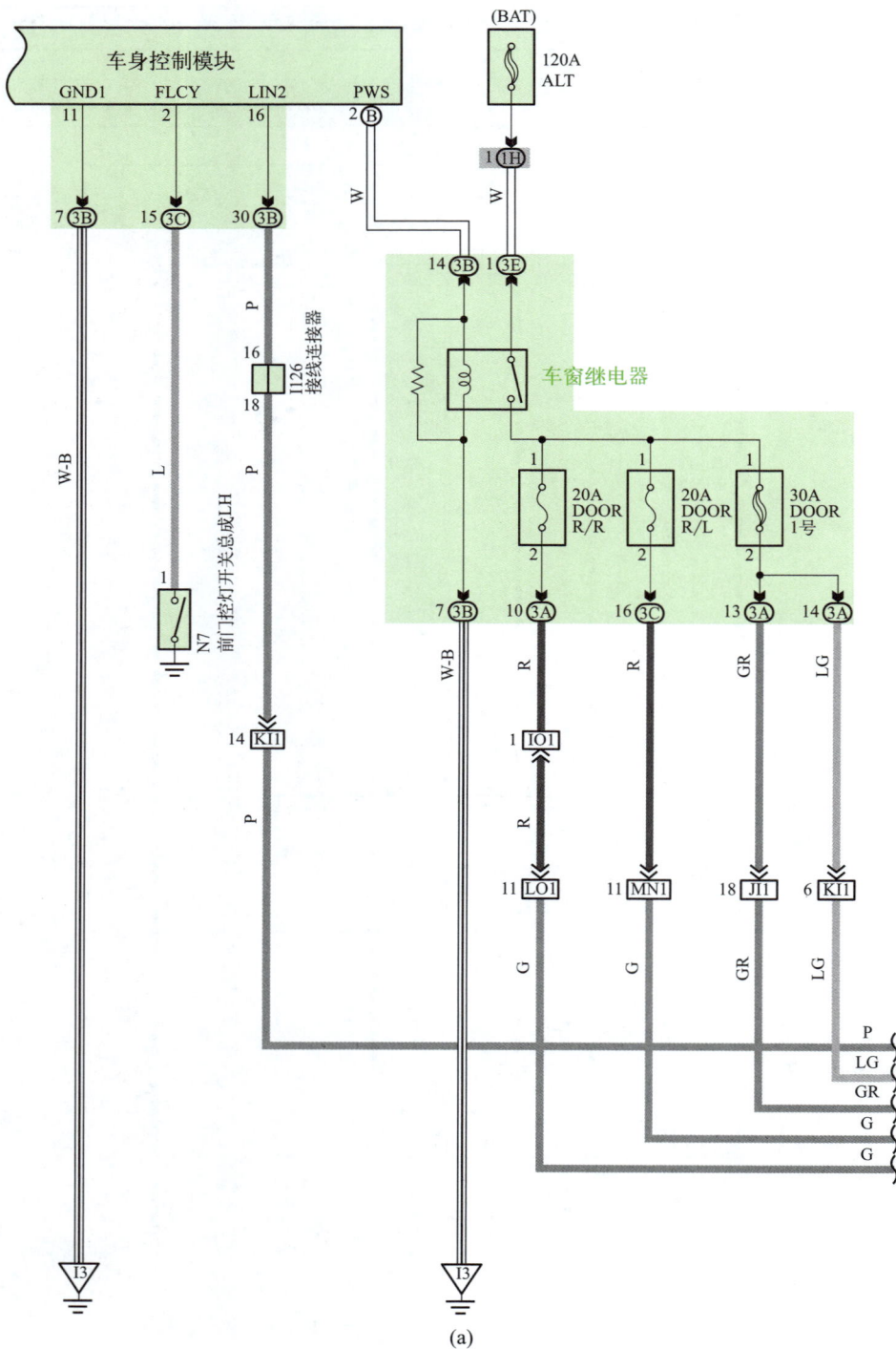

(a)

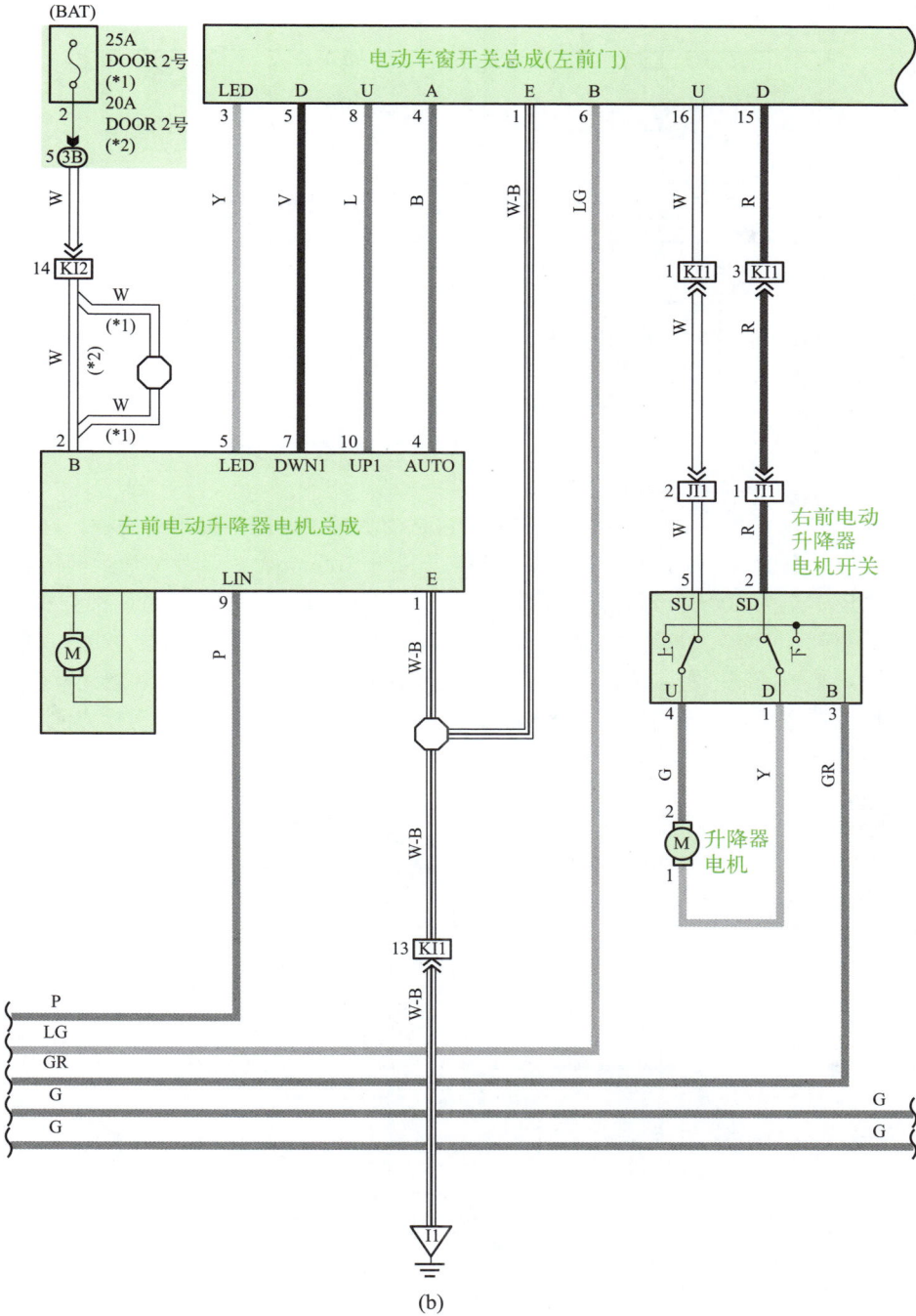

图 3.3-32　继电器控制玻璃升降器电路

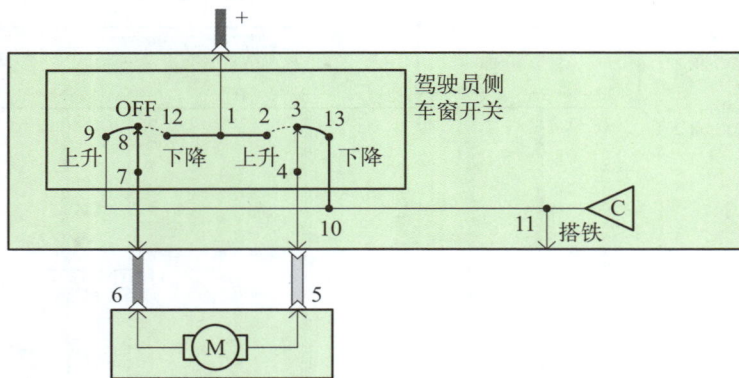

图 3.3-33　玻璃升降器电机升降基本控制

1 ～ 13—触点

（5）电动车窗防夹控制

电动车窗普遍具有防夹功能。当电动窗自动上升时可能会夹到障碍物，这个功能允许电动车窗在安全区域（车窗框顶部向下 4 ～ 200mm）夹到物体后反转。电动车窗会反转至少 200mm 或回到起始位置以下。防夹功能的实现有以下两种方式。

❶ 利用传感器：如图 3.3-34 所示，玻璃升降器电机上带霍尔传感器，通过一个闭合力限制装置控制。霍尔传感器测量获得电机轴的转速。如果车窗玻璃遇到障碍物，霍尔传感器会确定电机转速的变化。然后，车门控制单元改变玻璃的运动方向。

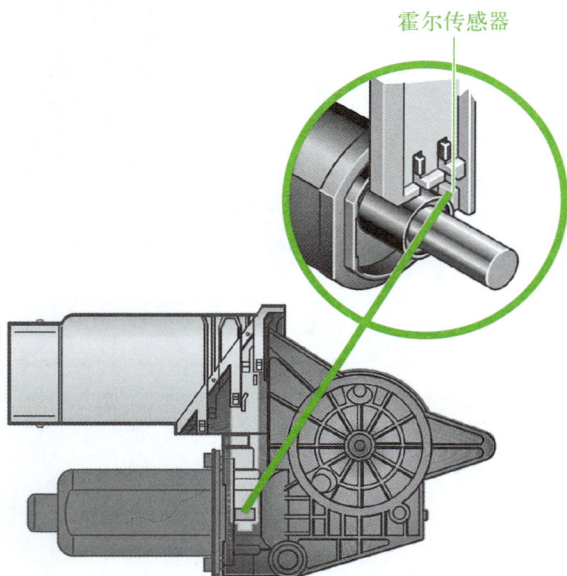

图 3.3-34　玻璃升降器电机上带霍尔传感器

❷ 无传感器：无传感器位置识别系统测量车窗升降器电机的电流谐波含量，并由此确定车窗升降器电机的速度和车窗的实际位置，从而实现防夹功能。

（6）电路检测

如图 3.3-35 所示，这是 2016 年款大众 POLO 左前电动车窗控制电路，该玻璃

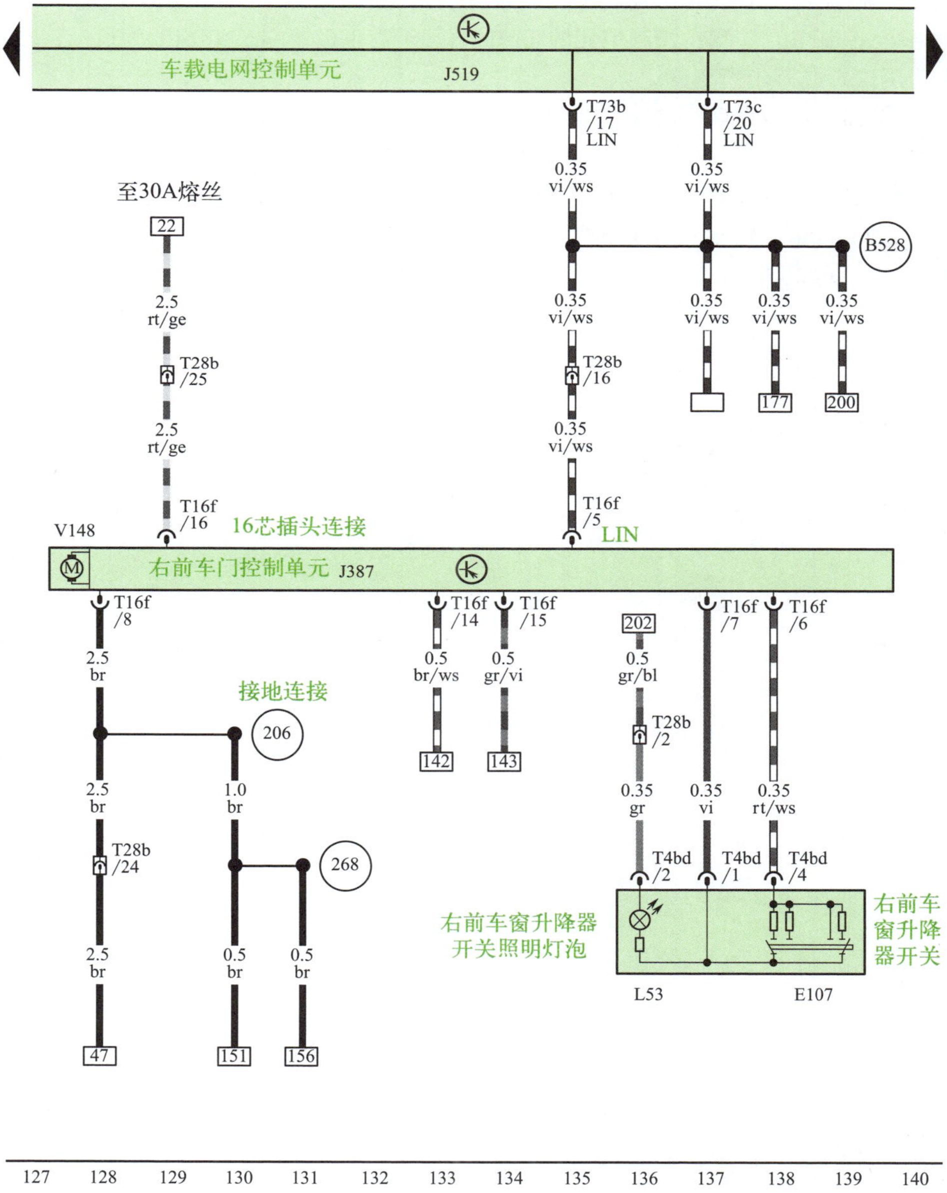

图 3.3-35　右前车窗控制电路

升降器电机与车门控制单元（也就是电机控制单元）集成于一体，车门控制单元J387（下称控制单元）由16针插头连接器的16号端子供电（T16f/16），这个是玻璃升降器电机（下简称电机）的供电电压，为12V，通过电机V148由控制单元8号端子接地（T16f/8）形成回路。LIN总线通过控制单元的5号端子（T16f/5）与车载电网控制单元（BCM车身控制单元）通信。

❶ 控制单元检测：控制单元的T16f/16端子为正极，端子T16f/8为负极，之间电压用试灯或万用表测试。

❷ LIN总线检测：LIN总线通信检测控制单元端子T16f/5与车载电网控制单元J519的17号端子T73b/17之间是否导通。

❸ 升降器开关检测：a.用万用表检测右前门玻璃升降器开关E107的4号端子（T4bd/4）的电压，根据开关动作应有不同的电位变化；b.测量开关E107的4号端子（T4bd/4）与控制单元（T16f/5）之间是否开路（断路）。

第四章

扎根车间
——成就"汽修工匠"

一、CAN 总线

1. 汽车上的总线

为什么使用总线呢？控制器局域网络总线就是人们经常说的 CAN 总线。大量的电子装置被应用在汽车上，如果仍然采用与过去每一个电子控制信号都由各自专属的电路来传输的方式，将会使车辆上的电路随着电子装置的使用而大量增加。

车辆的电子控制系统大多会根据其功能性，而使用不同的控制模块来执行控制，因此便需要参考传感器的信号来决定系统中执行器的作动时机，有时一个传感器的信号可以提供给车辆上不同电子系统的控制模块来使用；如果使用过去的信号传输方式，随着信号数量的增加，电路的数量也会跟着增加，控制器局域网络总线就解决了这个问题。

CAN 总线采用多路，如果传感器的信号能够先传输到一个控制模块，接着通过车辆上各个控制模块之间所连接的数据传输电路，而将此传感器的信号与其他有需要的控制模块共享，如此便可节省传感器与电路的使用，而达到降低车重与成本等效果。另外，除了传感器的信号可共享之外，执行器的工作要求信号也能够通过数据传输电路来传递。

135

维修提示

如图 4.1-1 所示，CAN 数据总线可以比作公共汽车。公共汽车可以运输大量乘客，CAN 数据总线包含大量的数据信息。

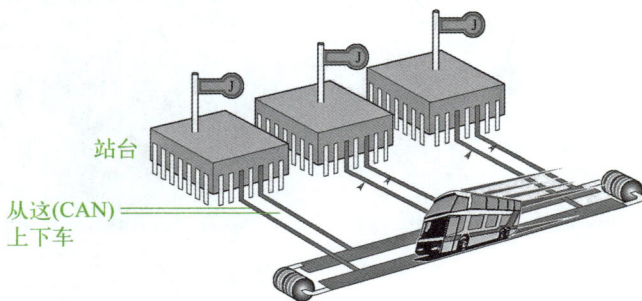

站台
从这(CAN)
上下车

图 4.1-1　CAN 通信示意

系统模块之间通信与数据传输所依据的规则称为"通信协议"，也就是电脑语言。如果同时采用两个拥有不同数据速率的通信系统，不同的电脑语言会因为数据传输速率而变化。因此，需要配备网关控制模块，来针对不同的通信协议的数据信号进行转换调整，以适应车辆上不同网络协议的通信。

根据车辆配置情况，同一辆车上可能会同时采用两个或以上的车用网络通信系统，以 CAN 总线为例，高速 CAN 常用于发动机、自动变速箱、ABS 等需要快速即时传输信号的主要控制模块之间；而中速 CAN，则用于其他控制系统。高速 CAN 的数据传输速度约在 500kbit/s，而中速 CAN 的传输速度在 100kbit/s 左右。如果要在拥有不同数据传输速率的通信系统间互相传递信号，则必须通过网关控制模块来作为连接不同数据传输系统的"中介"装置。

2. CAN 总线特点

如图 4.1-2 所示，CAN 总线的通信介质是双绞线，其中高速 CAN 总线的通信速率为 500kbit/s。

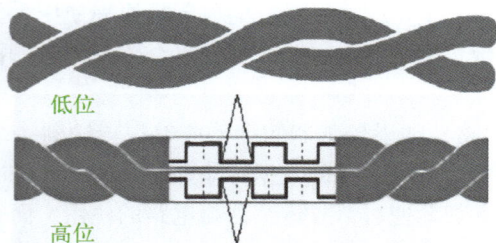

低位

高位

图 4.1-2　CAN 总线（双绞线）

这里所说的双绞总线，通俗地讲，就是一根线传输正信号，一根线传输负信号。正信号减去负信号，得到两倍强度的有用信号。而两根线路上的干扰信号是一样的，相减之后就是零干扰。车载 CAN 总线本身其实就是一种差分总线，总线值是由双绞线的两根线的电势差来决定的，总线值有显性和隐性两种状态。

CAN 通信系统的两条通信电路中，一条为 CAN-H，另一条则为 CAN-L。例如，某车的 CAN 中，CAN-H 的信号电压转换范围是 2.5 ～ 3.6V，而 CAN-L 的信号电压转换范围是 1.4 ～ 2.5V。

维修提示

CAN 总线的检测基本常识：无论是什么 CAN 总线，其 CAN-H 和 CAN-L 的电压相加始终是 5V。这是汽车维修中检测总线故障的一个重要依据，也是 GB/T 36048—2018 中的技术要求。

维修提示

双绞线具有防止对外干扰的特性，切忌对故障的电路进行旁通跨接（图 4.1-3），否则 CAN 通信系统电路将会失去双绞线的特性。

3. 终端电阻

汽车上采用 CAN 总线通信，分别为动力 CAN、底盘 CAN、信息娱乐 CAN、车身 CAN、诊断 CAN。而数据通信系统当中的控制器及诊断接口都是通过车身网关模块连接的，每个控制器都集成了 CAN 控制器和收发器。同样为了及时吸收信号传输过程中产生的电平信号，避免对下次信号传输产生影响，在每套 CAN 网络中都设置了相应的固定电阻，称为终端电阻（图 4.1-4）。

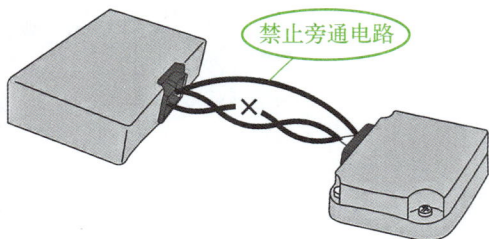

图 4.1-3　错误跨接

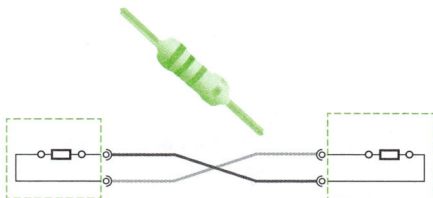

图 4.1-4　终端电阻

除诊断 CAN 系统中终端电阻为 60Ω 外（图 4.1-5，用万用表测量诊断接头 6 和

14 之间的电阻值为 60Ω 左右），其余 CAN 系统中终端电阻均为 120Ω。

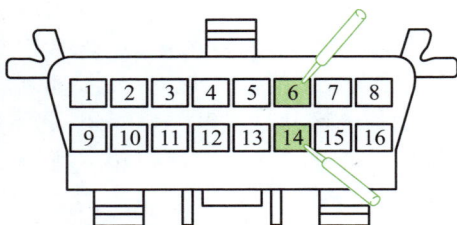

图 4.1-5　电阻检测

维修提示

　　终端电阻的作用是避免数据传输终了反射回来，产生反射波而使数据遭到破坏。

　　根据车辆的不同，终端电阻安装的位置也不同。有的车型尤其是高配的车型，动力 CAN 终端电阻位置在车身网关模块与发动机管理模块中，有些车型的动力 CAN 终端电阻在电子稳定控制模块与 EMS 发动机管理模块中；底盘 CAN 终端电阻位置通常在电子稳定控制模块与安全气囊模块中；信息娱乐 CAN 终端电阻位置通常在车身网关模块与多媒体主机模块中；车身 CAN 终端电阻位置通常在车身网关模块与组合仪表模块中；诊断 CAN 终端位置通常在车身网关模块中。CAN 总线拓扑见图 4.1-6，动力总成系统 CAN 网络拓扑见图 4.1-7。

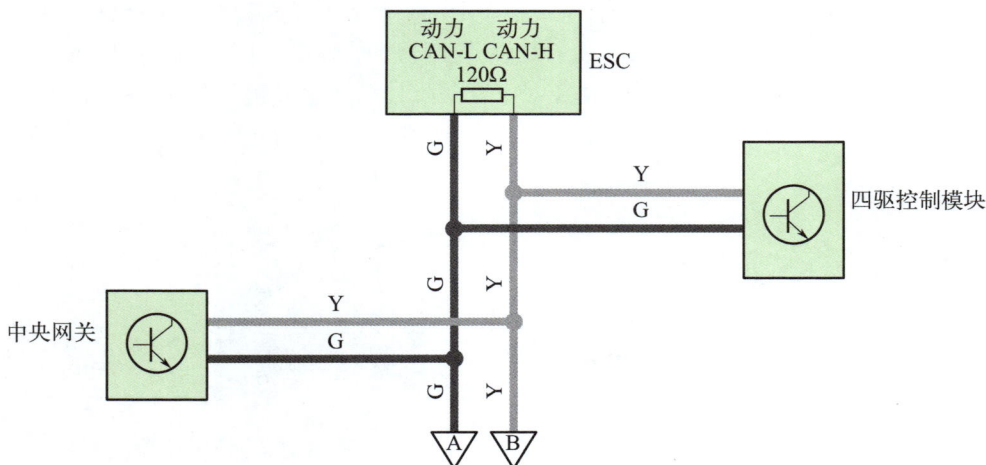

图 4.1-6　CAN 总线拓扑

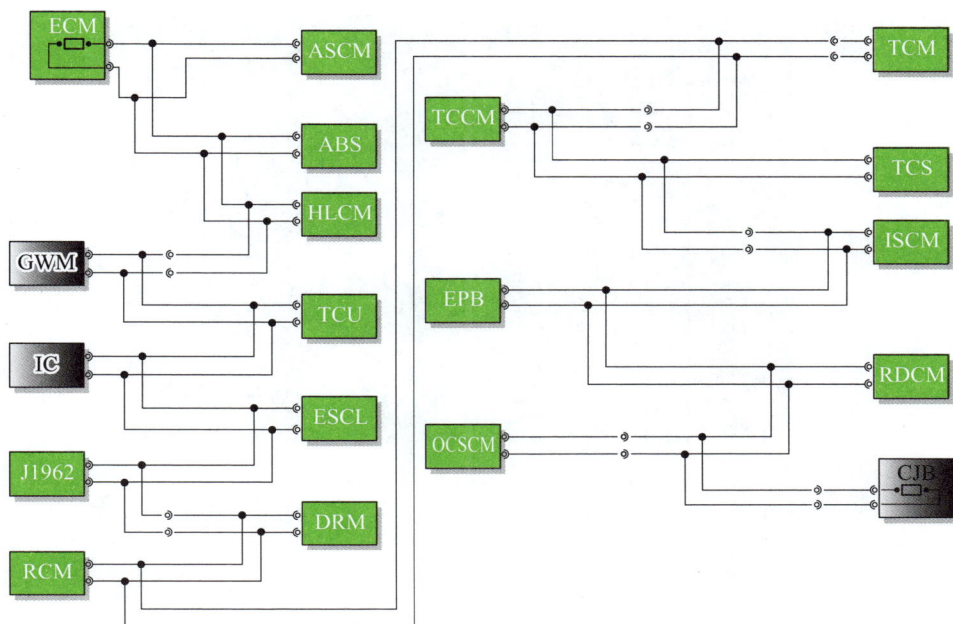

图 4.1-7　动力总成系统 CAN 网络拓扑

ECM—发动机控制模块；ABS—防抱死制动系统；HLCM—前照灯调平控制模块；TCU—远程通信控制模块；RDCM—后差速器控制模块；J1962—诊断接头；RCM—约束控制模块；ASCM—自适应速度控制模块；TCCM—分动箱控制模块；ISCM—集成式悬架控制模块；EPB—电子驻车制动器模块；ESCL—电动转向柱锁模块；DRM—动态响应控制模块；TCM—变速器控制模块；TCS—变速器控制开关；GWM—网关模块；IC—仪表盘；OCSCM—乘员分类传感器控制模块；CJB—中央接线盒

　　例如，从如图 4.1-6 所示某款路虎动力 CAN 网络拓扑图中可以看到，终端电阻在中央接线盒和发动机控制单元中。

4. CAN 波形

　　CH1（1 通道）接诊断口 6 号（CAN-H），CH2（2 通道）接诊断口 14 号（CAN-L），示波器探头的鳄鱼夹接共同的车身地。正常的 CAN 波形如图 4.1-8 所示。

　　正常波形的特点如下。

　　❶ 总是利用两条线的电压差确认数据。当 CAN-H 的电压值上升时，相应 CAN-L 的电压值下降。矩形波形，波形对称。

　　❷ 正如示波器显示所示，CAN 总线只能有两种工作状态。在隐性电压电位时，两个电压值很接近。在显性电压电位时，两个电压差值标准为 2.0V。

　　❸ 实测电压值和标准值比较，大约有 100mV 的差值。

　　❹ 通信时，CAN 工作电压范围见表 4.1-1。无信号传递即 CAN 总线空闲时发射隐性信号，新的信息以显性开始。

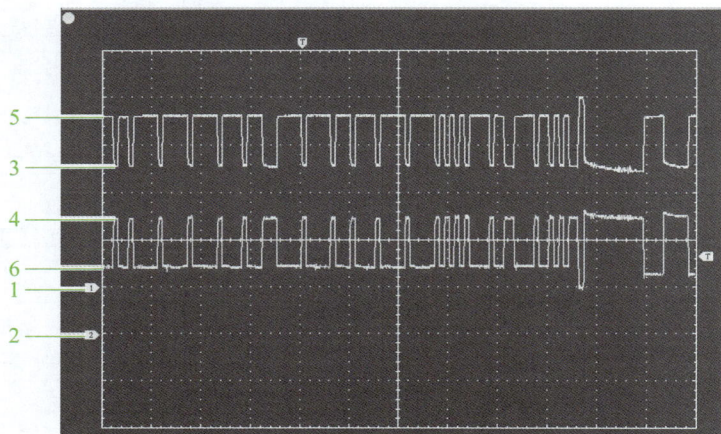

图 4.1-8　正常的 CAN 波形

1—CAN-H 的零电位；2—CAN-L 的零电位；3—CAN-H 的隐性电压电位大约为 2.6V（逻辑值 1）；4—CAN-L 的隐性电压电位大约为 2.5V（逻辑值 1）；5—CAN-H 的显性电压电位大约为 3.6V（逻辑值 0）；6—CAN—L 的显性电压电位大约为 1.4V（逻辑值 0）

表 4.1-1　CAN 工作电压范围　　　　　　　　　单位：V

CAN	显性	隐性
CAN-H	2.75 ～ 4.5	2 ～ 3
CAN-L	0.5 ～ 2.25	2 ～ 3

二、LIN 总线

1. LIN 总线特征

LIN 总线可以说是局域网的子系统总线，是一条传输速率较低的单线，有标志色，无须屏蔽，用于在主控制模块和提供支持功能的其他智能设备之间交换信息（如车窗控制、后视镜控制等舒适系统）。对 LIN 总线容量或速度没有要求，因此相对比较简单。

车门控制单元和 BCM 中央控制单元是通过舒适 CAN 总线和 LIN 数据线进行通信的，见图 4.1-9 和图 4.1-10。

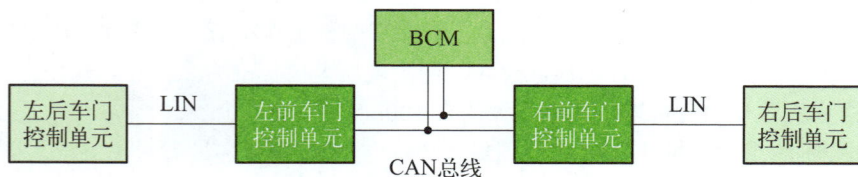

图 4.1-9　车门控制单元通信控制

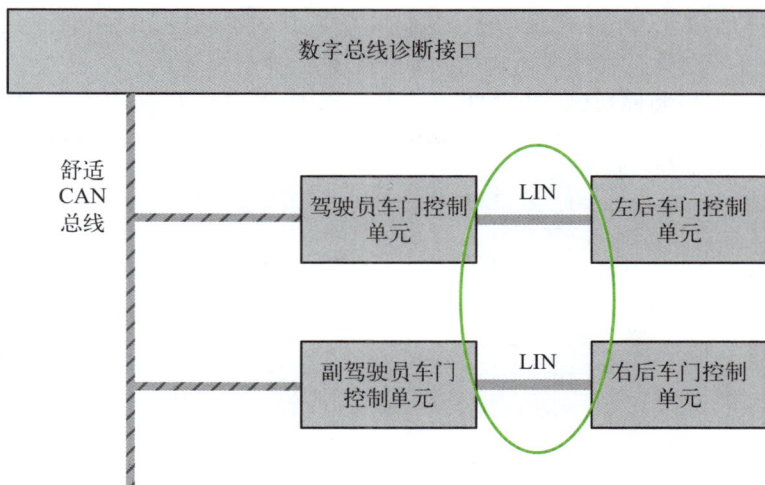

图 4.1-10　LIN 总线控制

LIN 主控制单元在 LIN 数据总线系统的 LIN 总线控制单元与 CAN 总线之间可以通信，它是 LIN 总线系统中唯一与 CAN 数据总线相连的控制单元（图 4.1-11）。

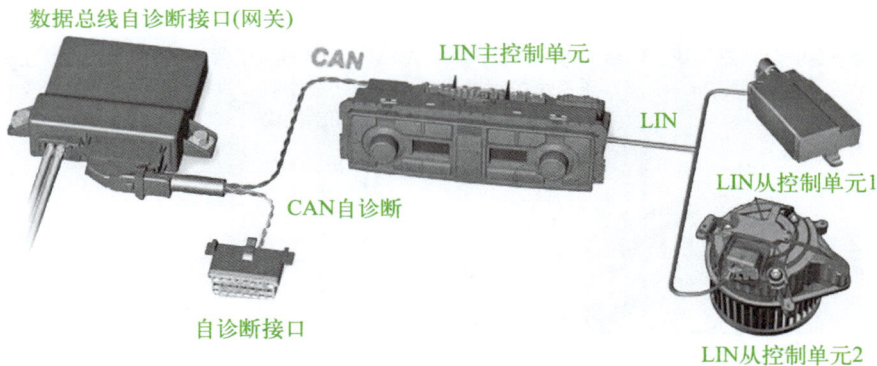

图 4.1-11　LIN 主控制单元实现 LIN 总线与 CAN 总线之间的连接

2. LIN 总线逻辑

❶ LIN 总线以单线为通信介质。传输信号时其电压在 0V 和 12V 之间切换，12V 代表逻辑"1"；0V 代表逻辑"0"。

❷ LIN 总线在休眠状态（关闭点火开关）时为 12V；唤醒（数据通信）时为 9V。

三、MOST 总线

MOST 总线是光纤数据总线，是用于多媒体信息娱乐系统数据交换的总线，其数据传输速率很快，可达 21.2Mbit/s。

车载 MOST 总线上的控制模块之间有两根光纤，这两根光纤用插接器连接，构成了整个环形结构。在环形结构中，MOST 总线控制模块由一个发光二极管发射光线，由接收控制模块的光电二极管接收，这样光信号传输至下一个控制单元，见图 4.1-12～图 4.1-14。

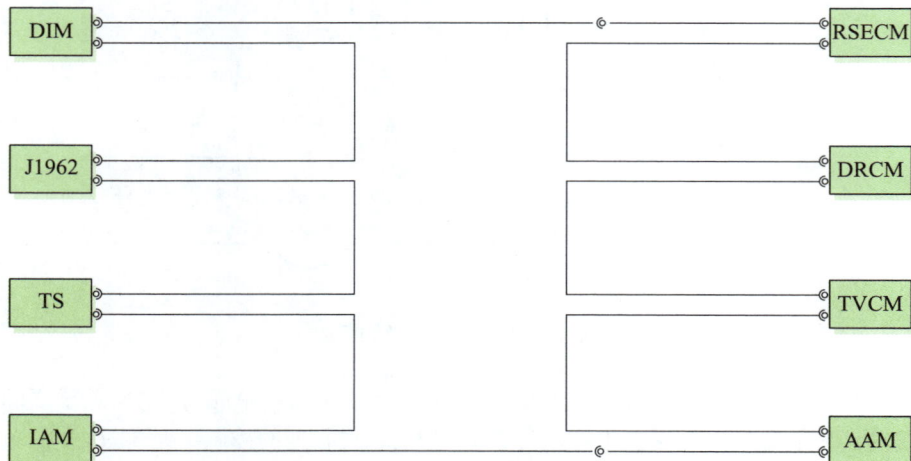

图 4.1-12　MOST 总线环形拓扑

DIM—驾驶员信息模块；IAM—集成语音模块；AAM—音频放大器模块；J1962—诊断接头；
RSECM—后座娱乐系统控制模块；DRCM—数字收音机控制模块；
TS—触摸屏；TVCM—TV 控制模块

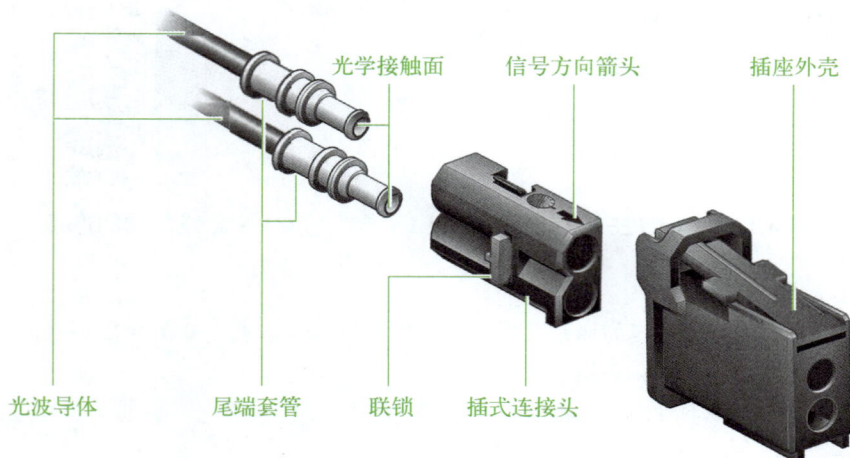

光学接触面　信号方向箭头　插座外壳

光波导体　尾端套管　联锁　插式连接头

图 4.1-13　MOST 总线插头

在 MOST 总线上的这些控制单元用一根断环诊断线彼此连接在一起，该线仅用于 MOST 通信出现故障时做断环诊断。控制单元之间的数据传输与断环诊断线是无关的。

在 MOST 闭环的回路中，如果光纤回路出现断路，那么整个 MOST 总线通信就会瘫痪，闭环中的所有系统（设备）将不能正常工作。

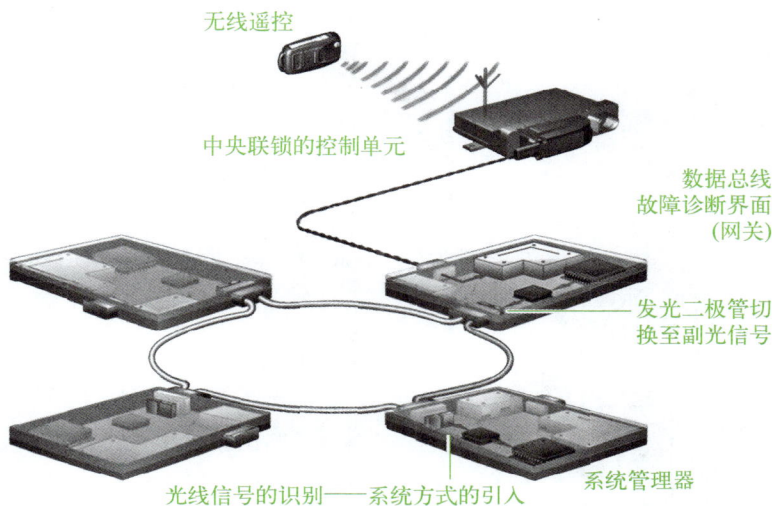

无线遥控

中央联锁的控制单元

数据总线
故障诊断界面
（网关）

发光二极管切
换至副光信号

系统管理器

光线信号的识别——系统方式的引入

图 4.1-14　光纤数据传输示意

四、网关

网关用于连接不同类型的总线系统。通过网关可连接具有不同逻辑和物理性能的总线系统。因此，尽管各个总线系统的传输速率不同，但仍能保证数据交换。网关可以是独立的部件，也可以与相关控制模块集成在一起。网关连接及模块见图 4.1-15 和图 4.1-16。

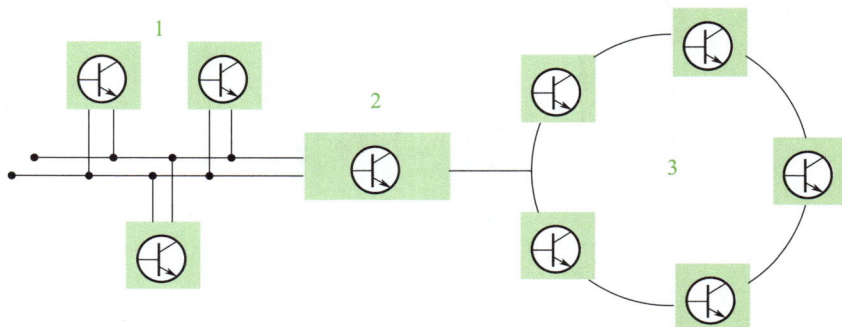

图 4.1-15　网关连接

1—CAN 总线；2—网关；3—MOST 总线

J285 (K)

T18/11　T18/15　T18/14

0.35 br/bl　0.35 vi/sw　0.35 vi/ws

T5za/2　T5za/3　T5za/4

M G6　G

T5za/5　T5za/1　GX1

108　109

480

1.0 bl　1.0 sw　0.5 sw/br　1.0 rt/bl　1.0 br　2.5 br

T5ax/2　T5ax/1　T5ax/5　T5ax/3　T5ax/4

J538

720

229　230　231　232　233　234

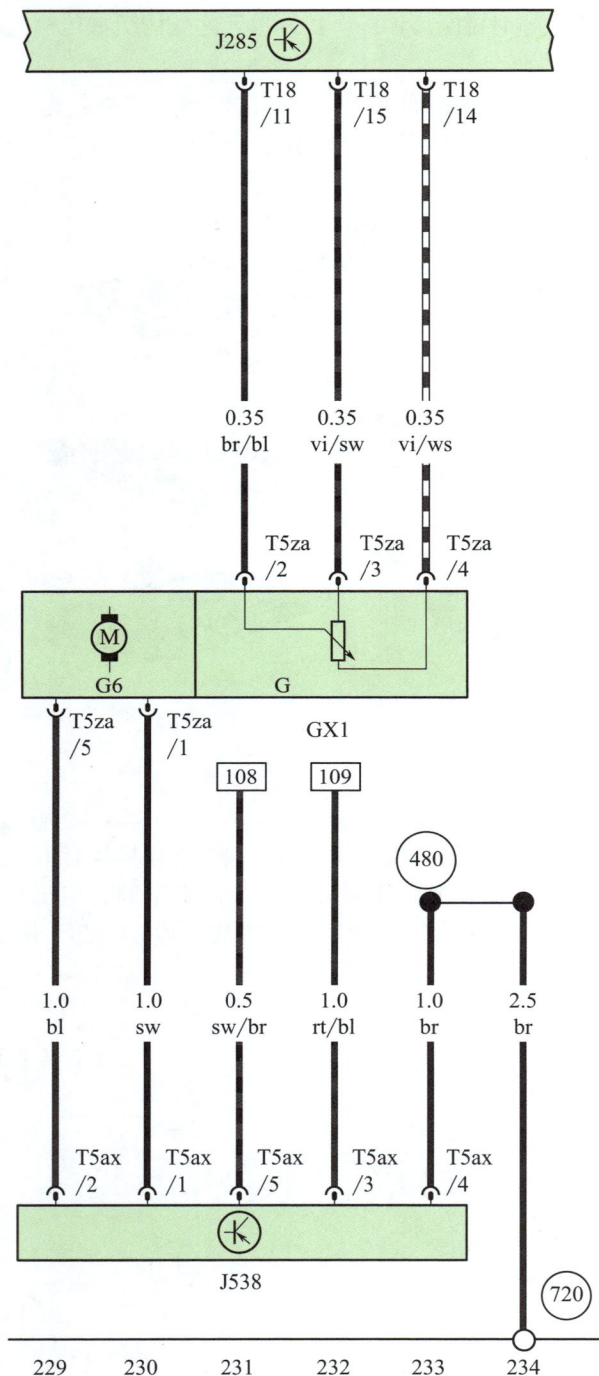

图 4.1-16　网关模块

144

发动机控制系统维修

一、发动机电脑结构

发动机电子控制系统的控制部件核心是发动机控制单元（模块），也就是所谓的发动机电脑（图 4.2-1 和图 4.2-2）。

图 4.2-1　发动机电脑

(a) 正面　　　　　　　　　　　　　　　　　(b) 背面

图 4.2-2　发动机电脑内部

发动机电子控制系统由传感器、发动机控制模块、执行器三部分组成。传感器、执行器和发动机控制模块（ECM 或者 ECU）通过线束连接，发动机电控系统组成见图 4.2-3。ECM 处理来自传感器的输入信号并输出控制信号驱动执行器工作。

扫一扫

视频讲解

扫一扫

视频讲解

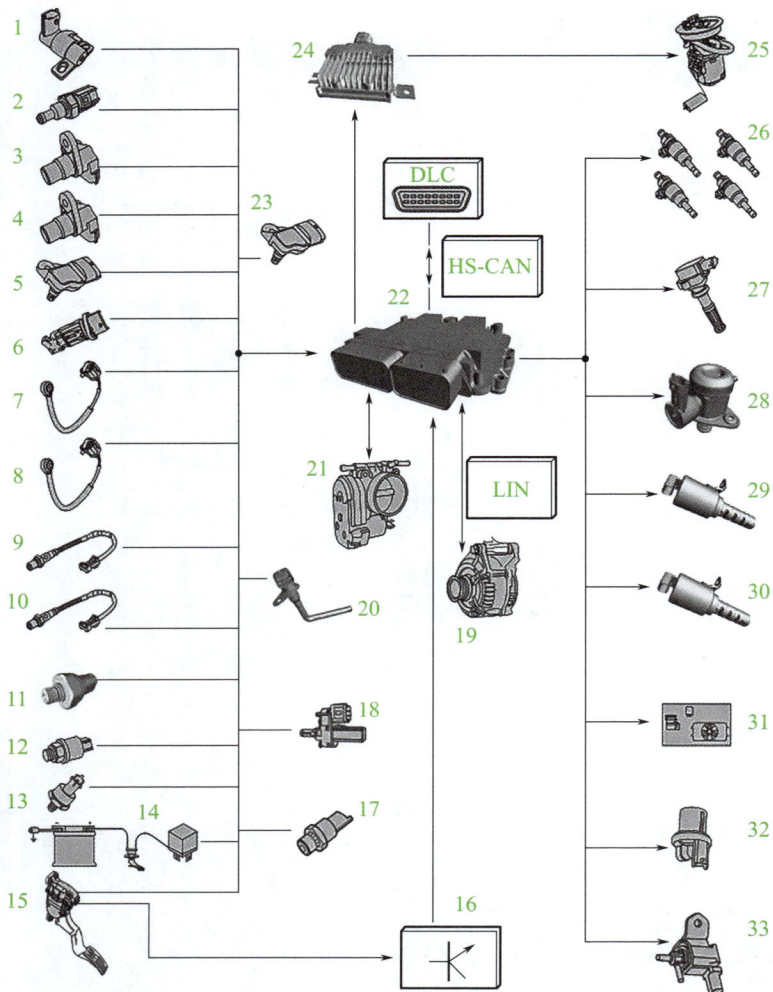

图 4.2-3　发动机电控系统组成

1—CKP 传感器；2—ECT 传感器；3—CMP 传感器（进气凸轮轴）；4—CMP 传感器（排气凸轮轴）；5—MAP 传感器（进气歧管）；6—MAFT 传感器；7—KS 传感器（气缸 1 和 2）；8—KS 传感器（气缸 3 和 4）；9—上游的氧传感器；10—下游的氧传感器；11—油压传感器（低压电路）；12—PSP（动力转向压力）开关；13—油压传感器（高压电路）；14—蓄电池、点火开关和电源继电器；15—APP 传感器；16—网关；17—EOP 开关；18—CPP 开关；19—交流发电机；20—发动机机油液位传感器；21—电子节气门；22—PCM；23—MAPT 传感器；24—FPDM（燃油泵驱动器模块）；25—燃油加注液位传感器；26—喷油器；27—点火线圈；28—燃油计量阀；29—电磁阀 VCT（进气可变凸轮轴正时）；30—电磁阀 VCT（排气凸轮轴）；31—冷却风扇控制和空调压缩机；32—EVAP 电磁阀；33—增压压力控制阀

维修提示

　　发动机启动，主供电继电器闭合，ECM 接收通电信号，ECM 由 12V 电压降低为 5V 给传感器以及控制单元供电。

　　一般传感器有效信号电压范围是 0.2 ~ 4.8V，如果超过 4.8V，发动机电脑就会报信号电压过高的故障码；假如传感器电压为 5V，通常发动机电脑就会生成信号电压过高的故障码并储存。这种故障通常是传感器的负极线路开路，或对信号线正极短路，或传感器本身故障。同样，如果传感器报电压过低故障，那么也是通过这个原理分析和排除故障。

二、节气门维修

1. 节气门的作用

　　节气门的主要功能是根据驾驶员的驾驶意图，调节进气通道面积，从而控制进气量，满足发动机不同工况下的进气需求，同时将节气门阀板的位置信号反馈给控制单元，从而实现精确控制，以达到控制发动机转速的目的。

2. 节气门的组成

　　节气门主要由节气门位置传感器（TPS）、直流电机、传动机构和节气门阀板等组成。节气门及其内部构造见图 4.2-4 和图 4.2-5。

（1）节气门电机

　　节气门电机为直流电机，它能够按照所提供的直流电流方向而变换电机的旋转方向，通过传动齿轮驱动节气门阀板开启和关闭（图 4.2-6）。

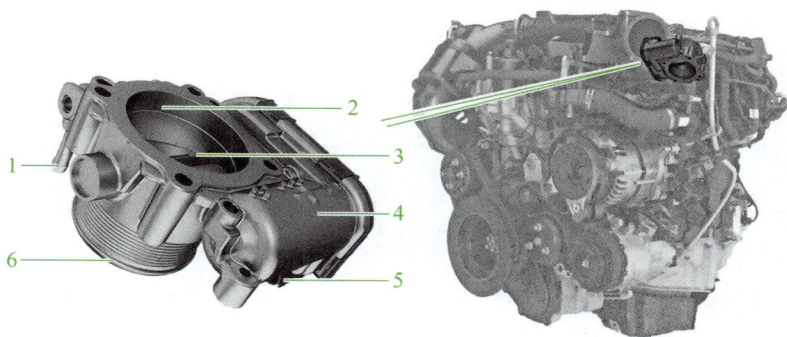

图 4.2-4　节气门

1—冷却液连接；2—空气出口；3—阀板；4—直流电机；
5—电气接头；6—来自增压空气冷却器的进气

147

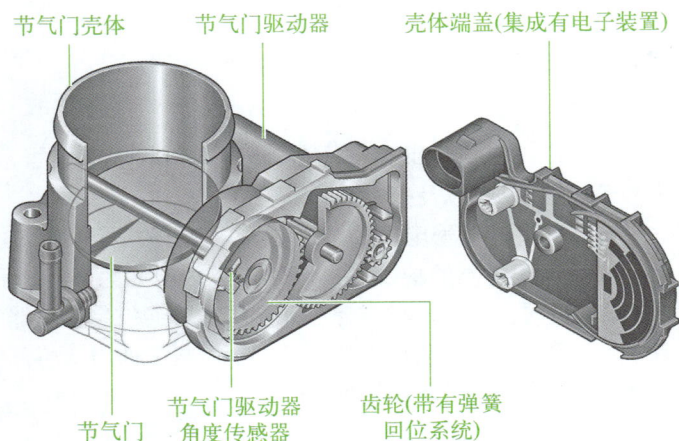

节气门壳体　节气门驱动器　壳体端盖(集成有电子装置)

节气门　节气门驱动器角度传感器　齿轮(带有弹簧回位系统)

图 4.2-5　节气门内部构造

扫一扫

视频讲解

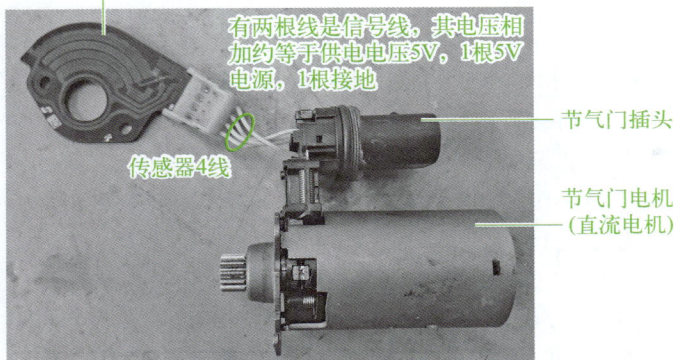

节气门位置传感器

有两根线是信号线，其电压相加约等于供电电压5V，1根5V电源，1根接地

传感器4线

节气门插头

节气门电机(直流电机)

图 4.2-6　节气门电机（节气门内部）

扫一扫

视频讲解

（2）节气门位置传感器

节气门反馈模块采用两路冗余结构。两个节气门位置传感器（TPS1 与 TPS2）都是一种电位计，可将节气门位置转换成输出电压，并发送电压信号给发动机控制单元 ECM。

3. 节气门工作原理

节气门位置传感器由碳膜电阻和滑动指针构成，是一个具有线性输出的角度传感器，由两个圆弧形的滑触电阻和两个滑触臂组成。滑触臂的转轴与节气门轴连接在同一根轴线上。滑触电阻的两端加上 5V 的电源电压。

当节气门转动时，滑触臂跟着转动，同时在滑触电阻上移动，并且将触点的电位作为输出电压引出。所以它实际上是一个转角电位计，电位计输出与节气门位置成比例的电压信号。节气门电机是一台微型电机，该电机驱动一套特殊的齿轮减速机构及一根双向弹簧，在系统断电状态下，由该机构保证节气门阀片的开度并维持在大于怠速又不能过高的一个安全位置，保证车辆具有继续行驶的能力。如果发动机电控系统进入该故障模式后，踩加速踏板时，电子节流阀体的阀板将不再动作。节气门工作原理见图 4.2-7。

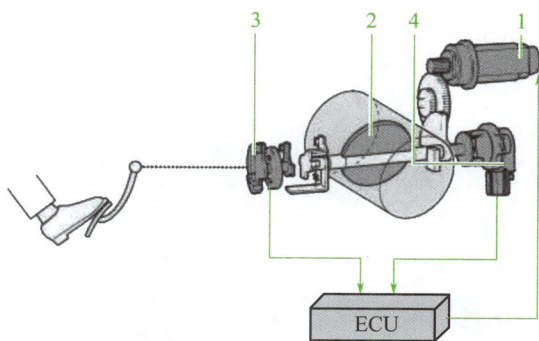

扫一扫

视频讲解

图 4.2-7　节气门工作原理

1—节气门电机；2—节气门阀板；3—加速踏板位置传感器；
4—节气门位置传感器

4. 节气门控制

车辆运行时候，发动机控制单元 ECM 根据油门模块提供的加速踏板位置传感器信号计算出节气门的最佳开度，根据节气门位置传感器反馈的节气门当前位置来控制节气门电机的运转，将节气门阀板开度调整至合适的位置。然后，节气门位置传感器向 ECM 反馈当前节气门位置，ECM 根据这个位置信号再次判断节气门的开度，如果与当前位置不一致，则会记录故障码（图 4.2-8）。

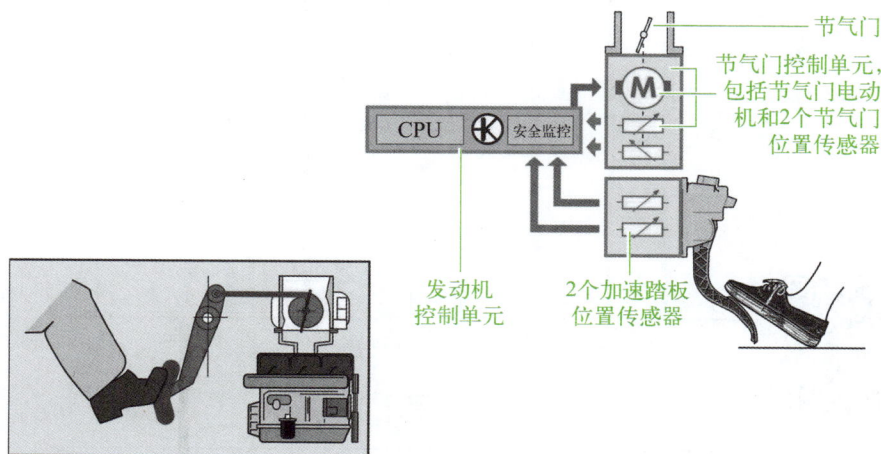

图 4.2-8　节气门控制

5. 节气门线路

节气门位置传感器安装在节气门体上，与节气门轴相连。传感器内部实际上是一个滑动变阻器，由 ECM 提供 5V 参考电源及搭铁。

节气门的电路一般都由 6 根线构成，且均与 ECM 相连接。其中节气门位置传感器有 4 条线路（内部 2 个传感器），节气门位置传感器电源线（5V）、负极接地线、信号线 2 根，直流电机正负极线各 1 根（注意：2 根节气门直流电机线的电压相等，可正反转）。节气门 6 线插头（端子）见图 4.2-9。节气门线路见图 4.2-10。

图 4.2-9 节气门 6 线插头（端子）

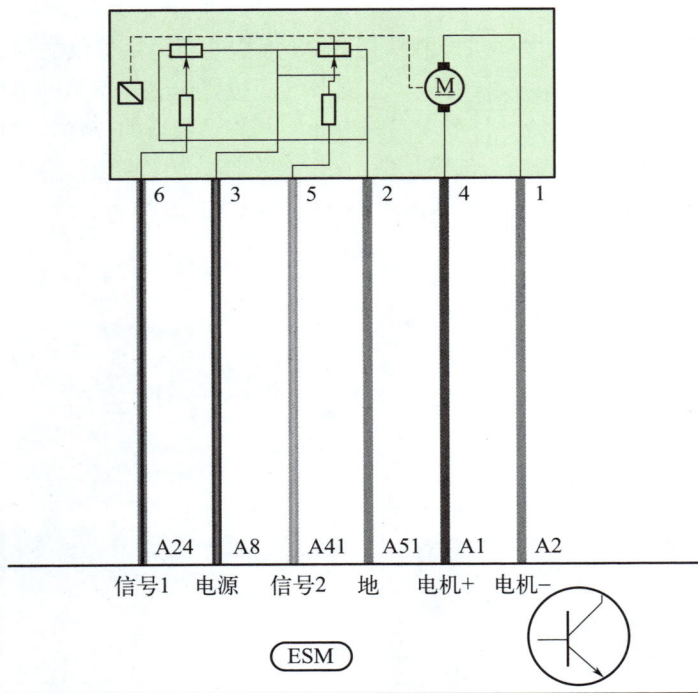

扫一扫

视频讲解

图 4.2-10 节气门线路

6. 节气门诊断

由节气门体本身引起的故障经常是车辆加速无力，节气门阀板频繁回位或卡死，油门踩到底车速上不去等，同时 EPC 灯亮起，有相关故障码。

扫一扫

视频讲解

节气门位置传感器内部设置为双输出节气门位置传感器（TPS1 与 TPS2），如图 4.2-11 所示，一个节气门位置传感器的输出电压信号随着节气门体的开度增加而增加，而另外一个节气门位置传感器的输出电压信号则随节气门体开度的增加而减小。如图 4.2-12 所示，故障诊断仪中数据流的节气门开度用"%"来显示。

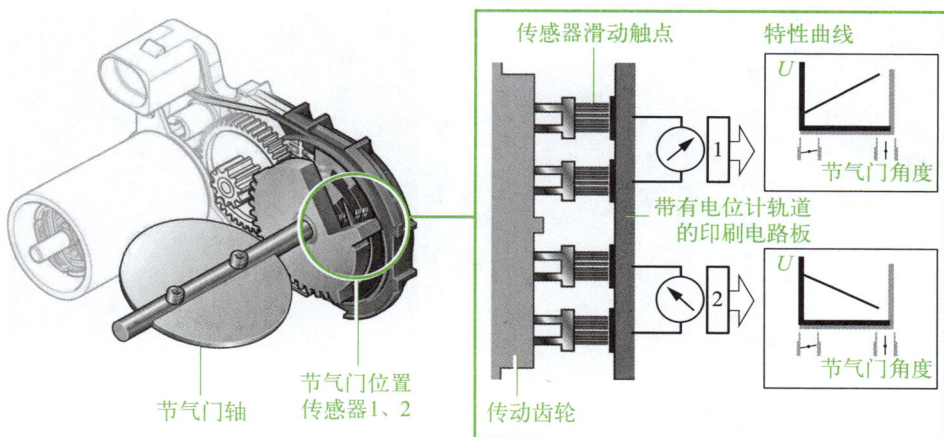

图 4.2-11　双输出节气门位置传感器

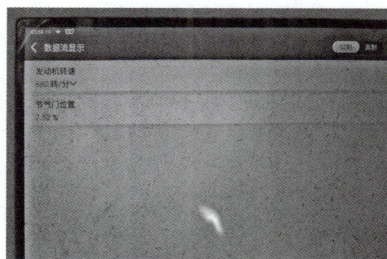

图 4.2-12　数据流

维修提示

节气门位置传感器信号为冗余式设计。如果节气门位置传感器信号 1 用 T_1 表示，信号 2 用 T_2 表示，那么两个位置信号电压的逻辑关系为：$T_1 + T_2 = 5V$。

7.油门踏板位置传感器

油门踏板位置传感器集成在油门踏板总成上（图 4.2-13）。油门踏板位置传感器（APP）也是一个双输出传感器。两个传感器的输出电压信号都随油门踏板的位置增加而增加（图 4.2-14）。

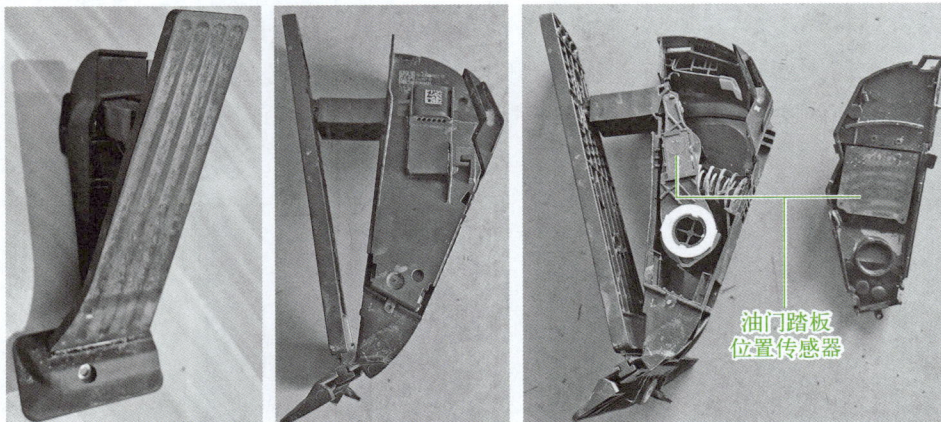

油门踏板
位置传感器

图 4.2-13　油门踏板

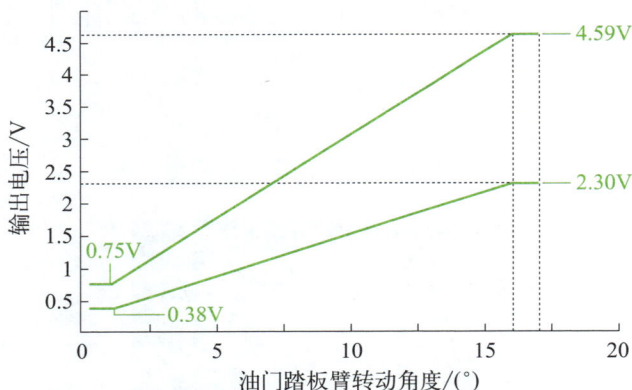

图 4.2-14　油门踏板位置两个传感器踏板角度与电压成正比

如果油门踏板转动某一角度时，输出信号突然为零或者突然下降，多数为油门踏板位置传感器本身故障，需要更换油门踏板总成。

三、空气流量计维修

1.安装位置

空气流量计也称空气流量计传感器（MAF），安装在 L 型发动机进气系统的车辆上，位置在空气滤清器总成与进气软管之间，且离节气门距离长、挨着滤清器的一端（图 4.2-15）。

扫一扫

视频讲解

图 4.2-15 空气流量计安装位置

维修提示

L 型发动机进气系统采用空气流量计直接测量发动机进气量，控制精度要高于 D 型进气系统。而 D 型发动机进气系统是没有空气流量计的，通过进气歧管绝对压力传感器测定出进气歧管的绝对压力，再结合发动机转速间接地确定吸入的空气量。

2. 空气流量计的作用

现在汽车上普遍使用的是热膜式空气流量计（图 4.2-16）。空气流量计是将吸入的空气流量转换成电信号送至发动机电控单元（ECM），作为决定喷油的基本信号之一。电子控制汽油喷射发动机为了在各种运转工况下都能获得最佳浓度的混合气，必须正确地监测每一瞬间吸入发动机的空气量，以此作为 ECM 计算喷油量的主要依据。如果空气流量计或线路出现故障，ECM 得不到正确的进气量信号，就不能正常地进行喷油量的控制，将造成混合气过浓或过稀，使发动机运转不正常。

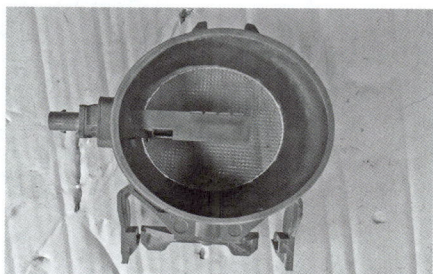

图 4.2-16 热膜式空气流量计

153

3. 空气流量计的工作原理

发动机气门关闭时产生的进气谐波与曲轴箱废气会有回流相关，所以空气流量计的安装位置的设计，就是防止这种回流。即便如此，可能还有一定影响，导致空气回流。

发动机进气门关闭时，吸入的空气受其阻碍由空气软管回流到空气质量计。如果回流未被识别出来，则测量结果就会不够精确，所以回流识别就解决了这个问题。

如图 4.2-17 所示，空气流量计的传感器元件位于发动机吸入的气流中。一部分空气流经空气流量计的旁通气道，旁通气道内有传感器电子装置，该电子装置上集成一个加热电阻和两个温度传感器。如图 4.2-18 所示，这两个温度传感器用于识别空气的流动方向：①吸入的空气首先经过温度传感器 1；②从关闭的气门回流的空气经过温度传感器 2 和加热电阻，发动机控制单元就可计算出吸入空气中的氧含量。

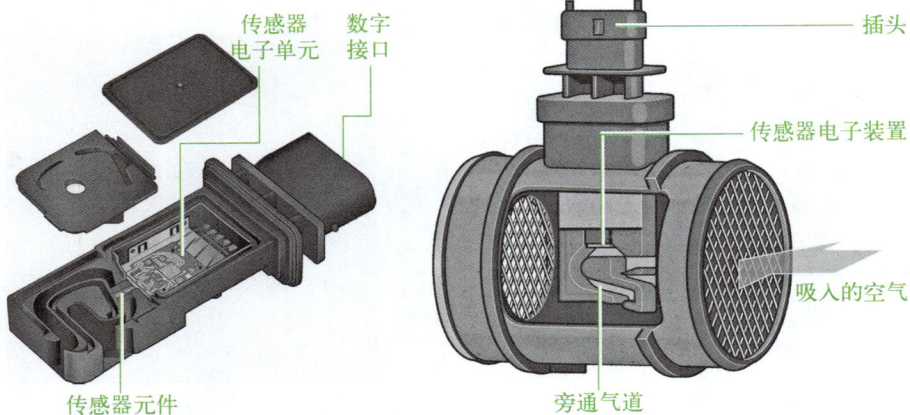

图 4.2-17　空气流量计工作原理（一）

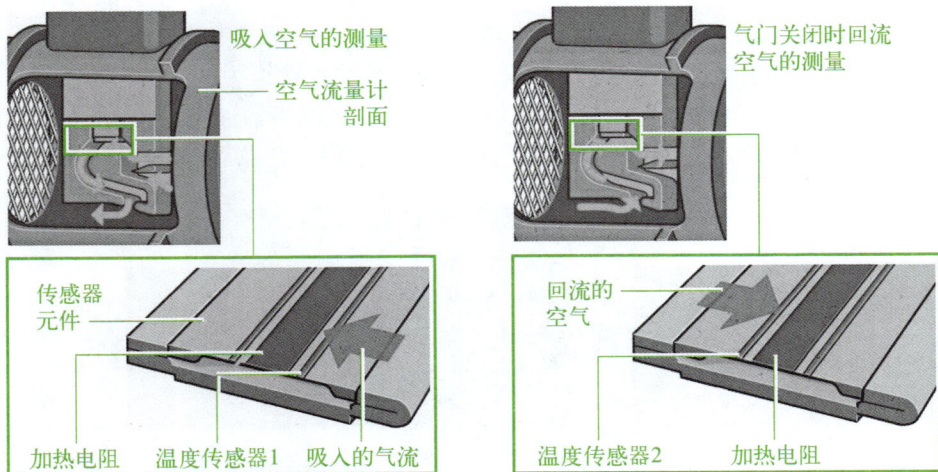

图 4.2-18　空气流量计工作原理（二）

4. 空气流量计信号

（1）电压信号

电压信号就是空气流量计到发动机控制单元的空气质量信号，传递的是电压信号，空气流量计检测的进气流量越大，信号电压就越高；反之信号电压就越低，信号电压范围一般为 0 ～ 5V。

（2）频率信号

频率信号就是空气流量计到发动机控制单元的空气质量信号，传递的是频率信号，空气流量计检测到的进气量越大，信号频率就越高；反之就越低。

（3）占空比信号

空气流量计温度信号输出的占空比，表示空气流量计阀板打开的程度，正常值为 0 ～ 99%。当占空比为 0 时表示空气流量计完全关闭，当占空比为 99% 时表示空气流量计完全打开。

5. 空气流量计线路

空气流量计的电路常见的有三线、四线和五线。电源线通常是 12V 供电。

（1）三线式

三线式空气流量计有一根电源线；一根接地线（发动机控制模块内部搭铁）；一根信号线（发动机控制模块信号线）。

（2）四线式

如图 4.2-19 所示是四线式空气流量计电路。四线式空气流量计是在三线式的基础上多了一根信号线，用于监测进气温度。ECM 通过 K69 接通 C3-8 通知主继电器 87 号端子闭合，通过 C3-16 给空气流量计的 1 号端子供电。

（3）五线式

五线式空气流量计是在四线式的基础上又多了一根信号线，用于监测空气流量。五线式空气流量计有单独的接地线，这样是为了传感器不受干扰。

维修提示

前边讲过这个主继电器供电，如图 4.2-19 所示这个供电逻辑是非常重要的，不仅是在空气流量计控制中，在其他电控中也一样。发动机控制模块 ECM 的电源主要由主继电器供电，主继电器是由 ECM 控制的，这个逻辑一定要弄清楚。

另外，看电路捋线路，千万不能从电源一条线走到黑，中间的环节呢？什么是模块控制？什么是继电器控制？什么又是开关直接控制？"谁给报信儿，给谁下令、谁来执行"，这些逻辑关系要弄得明明白白，解决问题时才能得心应手。

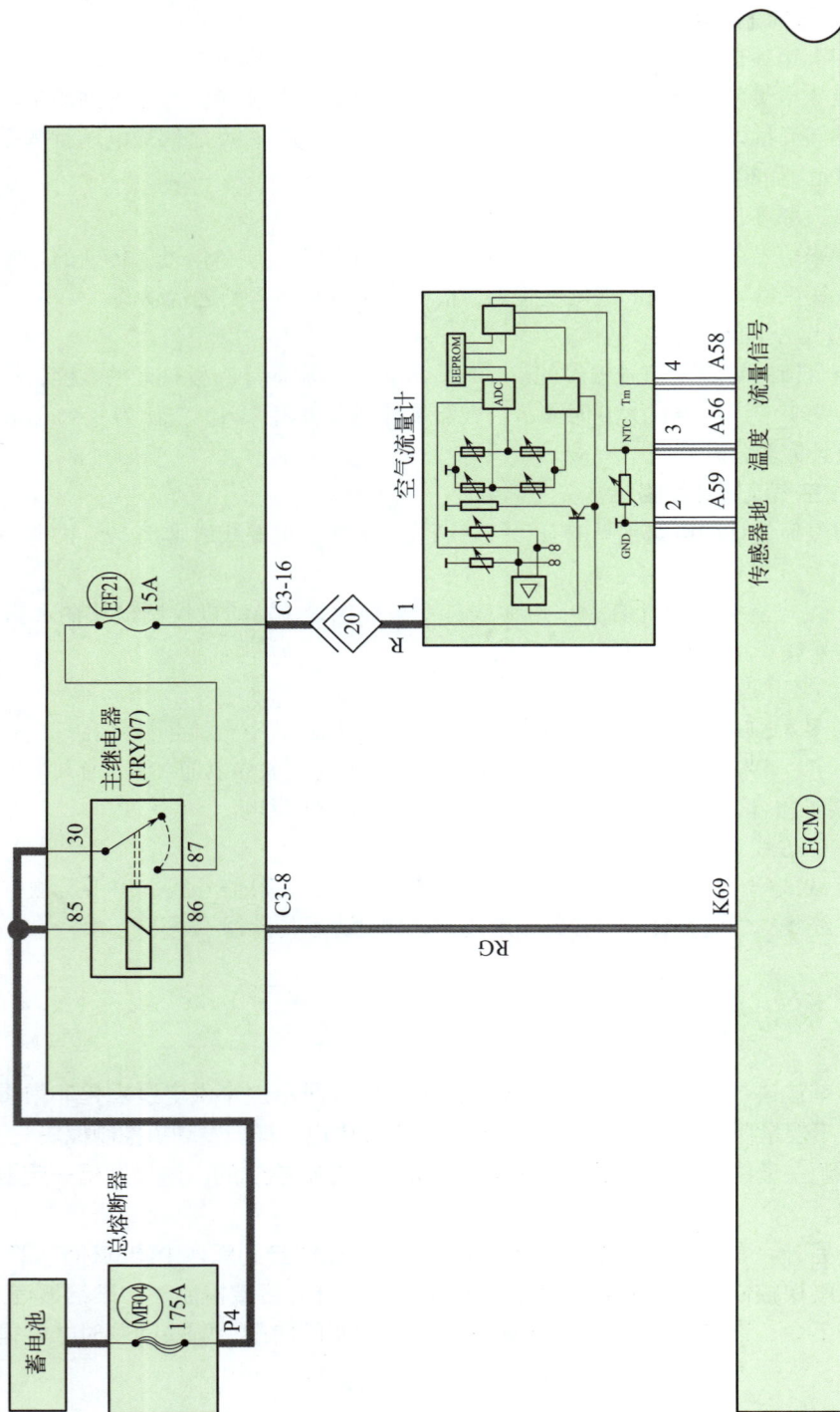

图 4.2-19 空气流量计线路

6. 空气流量计诊断

空气流量计发生故障会生成故障码并存储，通常会显示空气流量计性能故障、空气流量计信号低、空气流量计信号高、空气流量计间歇性故障。这些故障按考虑故障点的优先等级来说，可能依次会是传感器本身故障、线路故障和 ECM 故障。

（1）间歇性故障

如果是间歇性故障，电压突变，通常优先考虑线路接触是否不良。

（2）信号过压故障

如果是空气流量计信号电压过高（或过低）故障，通常优先考虑信号是否对正极短路，或者负极开路；对应着信号电压过低，优先考虑电源故障和信号线开路。

（3）性能故障

空气流量计性能故障：①首先检查一下空气流量计热膜是否严重脏污，如果热膜被脏污覆盖，就会导致传感器失准，反映到混合气过稀；②首先排除非电路方面的管路漏气，漏气是指本应该空气流量计测量到的空气却因为有偏差而直接进入发动机气缸，导致混合气失准，发动机动力不足、运行不稳；③空气流量计本身故障。

四、高低压喷油器维修

喷油器的电插端安装在燃油分配管总成上，另一端置于发动机的进气道（低压喷油器）或直接到气缸燃烧室内（高压喷油器），用于存储和分配燃油。高压喷油系统及其喷油器见图 4.2-20，高压喷油器见图 4.2-21，低压喷油器见图 4.2-22。

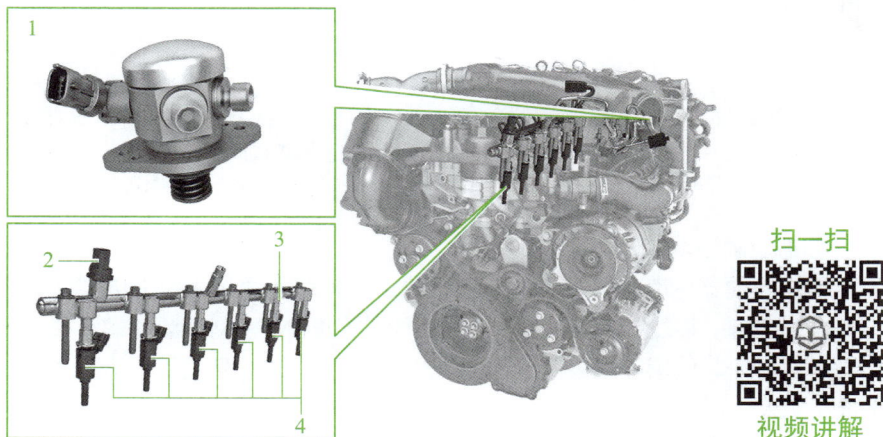

扫一扫

视频讲解

图 4.2-20　高压喷油系统及其喷油器
1—高压泵；2—传感器；3—油轨；4—高压喷油器

燃油分配管总成由燃油分配管和喷油器等组成。燃油分配管通过管接口和供油管连接，接收来自油箱的燃油。喷油器在发动机控制单元的电脉冲控制下，准确地将燃油喷射到发动机中。如果喷油嘴发生故障，发动机将会出现缺火，急速不稳，动力不足。

维修提示

　　高压喷油器位于直接喷射发动机系统中，而这里说的"低压喷油器"是相对于高压喷油器而言的，指非直喷系统发动机的喷油器，这两种喷油器在发动机中的作用一样，但电路控制大不相同。

图 4.2-21　高压喷油器

1—密封圈（油轨）；2—插头；3—喷油器电磁阀（线圈）；4—密封圈（发动机燃烧室）；5—喷嘴

图 4.2-22　低压喷油器

1—密封圈（油轨）；2—插头；3—喷油器电磁阀（线圈）；4—密封圈（进气道）；5—喷嘴

1. 低压喷油器控制电路

　　低压喷油器电路很简单，只有两根线，一根线是通过主机继电器闭合后导通的正极线，还有一根线是 ECM 控制的负极线。当 ECM 控制喷油器的负极线导通时喷油器开始喷油。使用万用表测量图 4.2-23 中的喷油器 A 号端子与车身搭铁，其电压不低于 12V。

2. 高压喷油器控制电路

　　高压喷油器也有两根线，但这两根线都接入 ECM（图 4.2-24）。在控制方式上，ECM 先通过高电压开启喷油器，再使用 12V 电保持喷油器的针阀开启。电磁阀线圈连接到来自 ECM 的电源馈线和接地，ECM 通过一个两级电源操作喷油嘴。如图 4.2-25 所示，ECM 起初为喷油嘴提供 65V 电压①，然后在提升电流达到

11.5A 时，将电源切换到蓄电池电压 ECM ②。当喷油嘴打开时，ECM 将电流控制在 3.1A 左右。ECM 通过调整电磁阀线圈通电的时间来计量喷射到燃烧室中的燃油量。高压燃油系统控制示意见图 4.2-26。

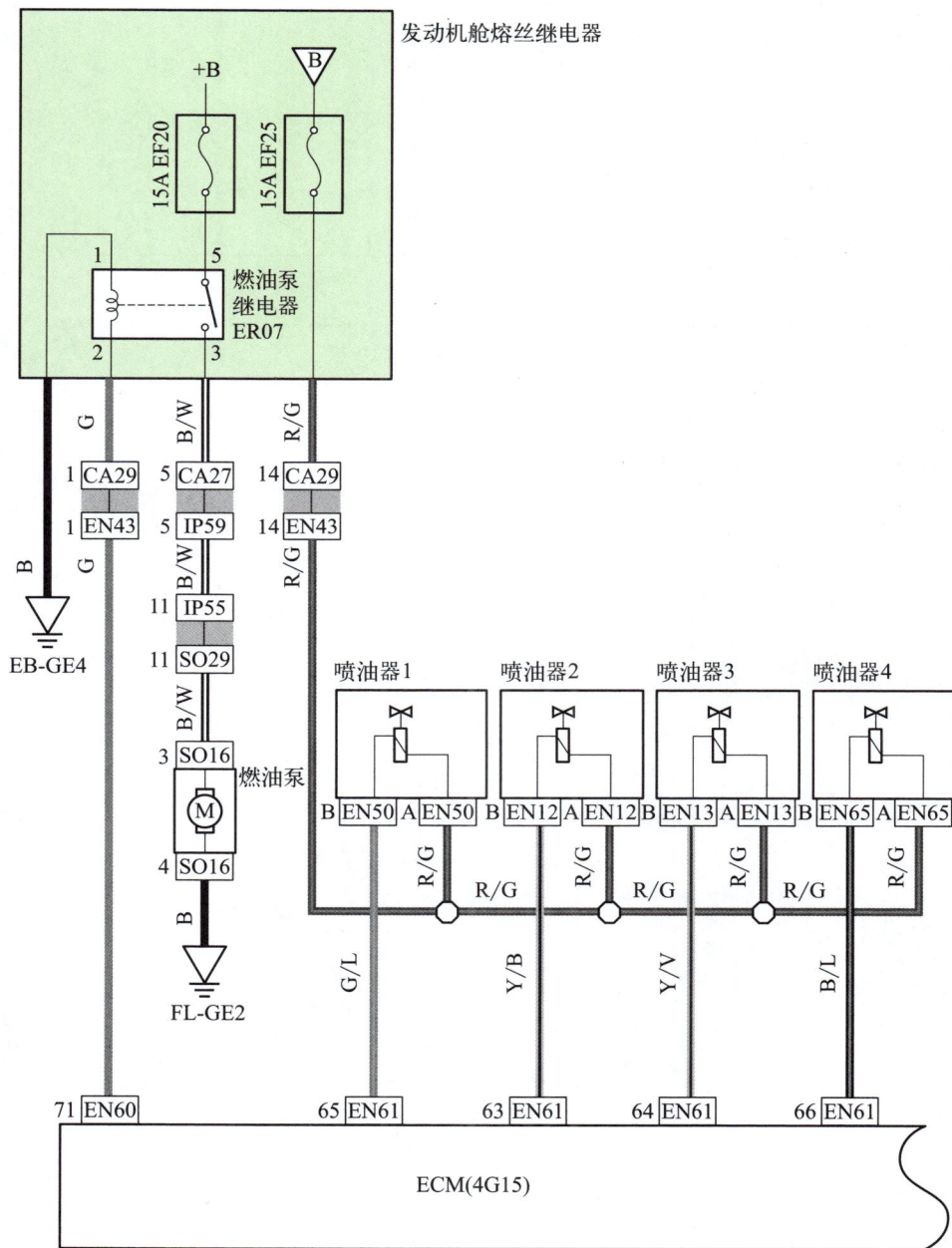

图 4.2-23 喷油器电路

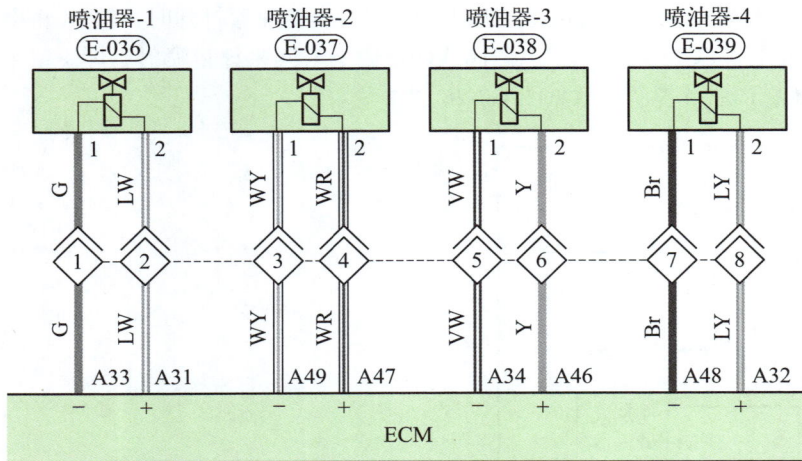

图 4.2-24　高压喷油器电路

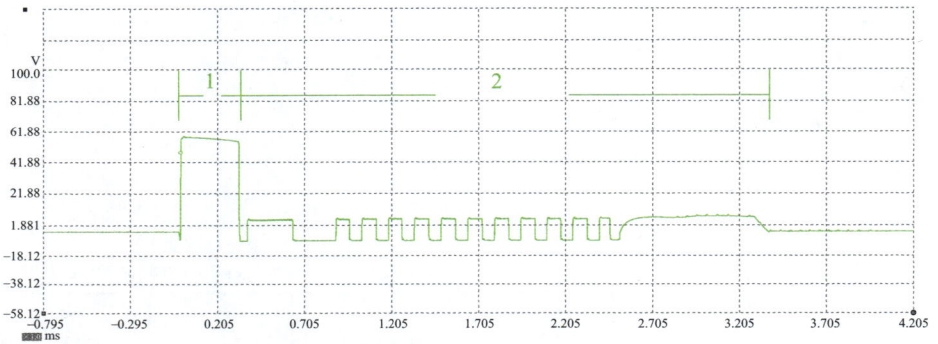

图 4.2-25　高压喷油器控制电压波形

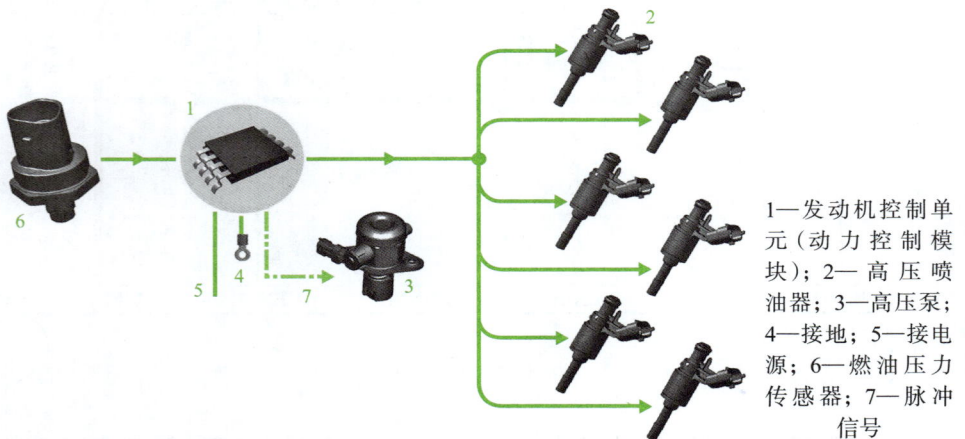

1—发动机控制单元（动力控制模块）；2—高压喷油器；3—高压泵；4—接地；5—接电源；6—燃油压力传感器；7—脉冲信号

图 4.2-26　高压燃油系统控制示意

五、氧传感器维修

1. 氧传感器作用

如图 4.2-27 所示，氧传感器安装在排气管上，其作用是将废气中氧气含量的信号转换成电信号。发动机控制单元 ECM 根据这个电信号计算出上次喷油量是多了还是少了，混合气是浓是稀，以便下次喷油修正。氧传感器及其安装位置见图 4.2-27 ～图 4.2-29。

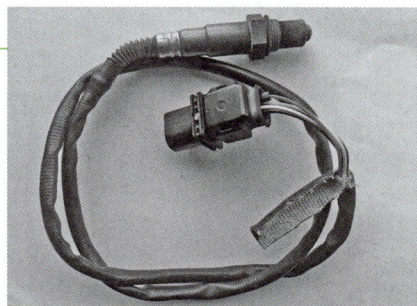

图 4.2-27　氧传感器

排气歧管
涡轮增压器
氧传感器
氧传感器
三元催化器

图 4.2-28　氧传感器安装位置（一）

氧传感器(氧传感器在三元催化器内部，其传感器周围都是废气)

三元催化器

图 4.2-29　氧传感器安装位置

2. 氧传感器的信号电压

（1）混合气最佳信号电压

当发动机的可燃混合气空燃比浓度在理论空燃比 14.7 ：1 时，氧传感器的信号电压约为 0.45V。

（2）混合气浓稀信号电压

可燃混合气浓时，信号电压超过 0.45V；可燃混合气稀时，信号电压低于 0.45V。

3. 氧传感器诊断

怠速情况下，氧传感器信号测得结果应该在 0.3 ～ 0.7V 之间变化，而且每次跃变都通过 0.45V，且这种跃变每 10s 进行 8 次，表明氧传感器正常。

发动机转速在 2000r/min 以上，来回加油门，观察氧传感器电压，如果信号电压能从 0V 到 1V 左右跳变，那么氧传感器为良好；如果在 0V 不跳变，那么可以确定氧传感器已经存在故障，需更换。

4. 氧传感器线路

以四线式氧传感器为例，有三根线和发动机控制模块 ECM 连接。其中两根是氧传感器信号线（A、B 端子）；另一根是加热器线（C 号端子），加热器线受 ECM 控制；剩下一根线是正极（D 端子），与主继电器连接。

用万用表测量氧传感器的 D 端子，与车身搭铁，其电压不低于 12V。四线式氧传感器电路见图 4.2-30。

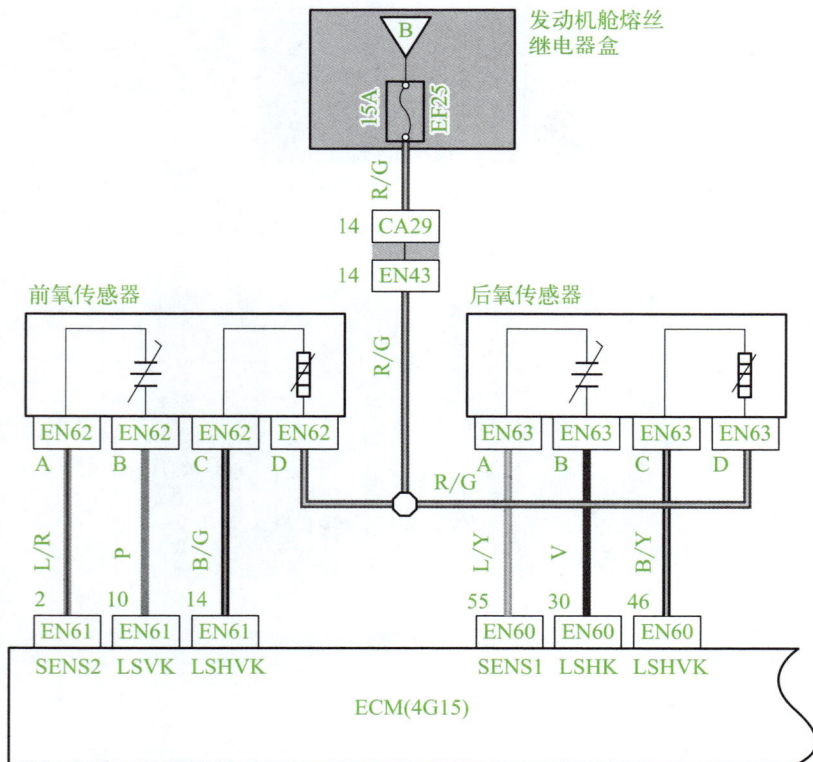

图 4.2-30 四线式氧传感器电路

第三节　车身控制系统维修

一、安全气囊系统维修

1. 安全气囊工作原理

安全气囊系统（SRS）只有通过与座椅安全带配合使用，才能提高保护车辆乘员的安全性。车辆乘员必须佩戴座椅安全带以从辅助约束系统中获取最大的安全保护。

安全气囊是否展开取决于碰撞的角度和严重程度。遭受严重撞击时，碰撞传感器接收到撞击信号，系统中的安全气囊模块向相应安全气囊的充气装置发出指令，以快速展开安全气囊，从而起到保护乘员的作用（图4.3-1）。

为了确保安全气囊能够展开，安全气囊必须在几毫秒内充满一种无害气体，这项任务由气体发生器负责完成。安全气囊的触发需要借助使用燃爆材料的气体发生器或混合式气体发生器，前者将燃爆材料转化为气体，后者将存储的气体压力充入安全气囊，使安全气囊展开实施保护。安全气囊工作原理简图见图4.3-2。

图 4.3-1　安全气囊触发

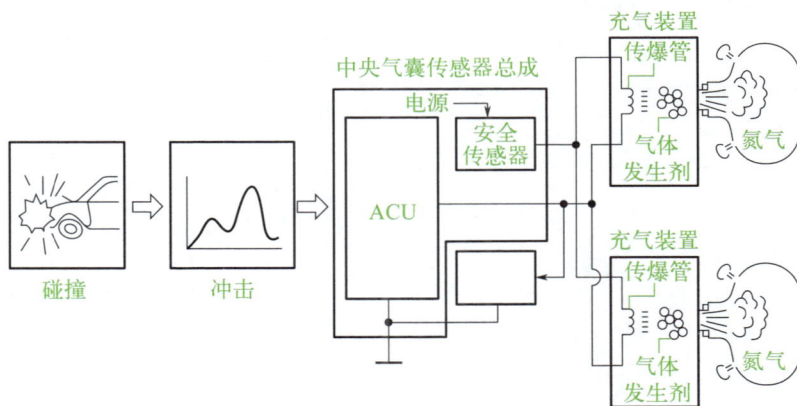

图 4.3-2　安全气囊工作原理简图

2. 安全气囊布局和主要部件

（1）安全气囊

安全气囊系统一般分为正面安全气囊和侧面安全气囊。其中正面安全气囊包括驾驶员安全气囊、前排乘员安全气囊，侧面安全气囊包括前排座椅侧安全气囊和侧帘式安全气囊（图 4.3-3 和图 4.3-4）。

侧帘式安全气囊被安装在车身侧围与顶棚连接处，通常在 A 柱护板、B 柱护板和 C 柱护板上均标有"气帘"字样。

图 4.3-3　安全气囊

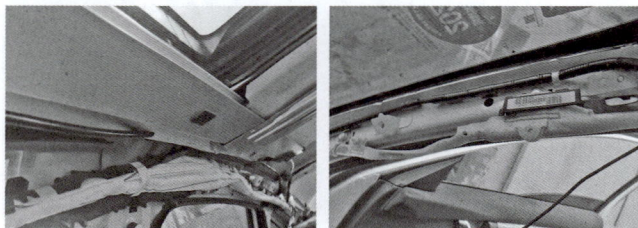

图 4.3-4　侧帘安全气囊

图 4.3-5　主气囊

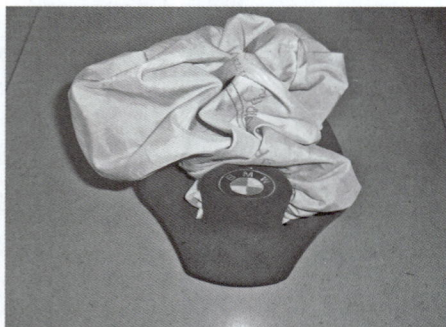

(a) 正面

(b) 背面

图 4.3-6　已触发的主气囊

驾驶员正面安全气囊（一般也称主气囊）见图 4.3-5 和图 4.3-6；副驾驶正面安全气囊（一般也称副气囊）见图 4.3-7。

（2）安全带

如图 4.3-8 所示是人们熟悉的三点式安全带，包括安全带拉紧器和安全带收卷机构。

燃爆式安全带拉紧器的作用是发生碰撞事故时尽可能防止骨盆和肩部区域的安全带松弛，这样可以增强安全带的约束作用。安全带锁扣通过一个钢拉线与拉紧管内的活塞连接。引爆器触发时产生气体压力，该压力使拉紧管内的活塞移动。此时通过拉线将安全带锁扣向下拉，从而使安全带绷紧。燃爆式安全带拉紧器见图 4.3-9。

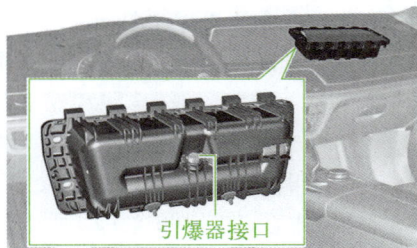

引爆器接口

图 4.3-7　副驾驶正面安全气囊

图 4.3-8　三点式安全带

1—安全带拉紧器；2—侧面安全气囊；
3—安全带收卷机构

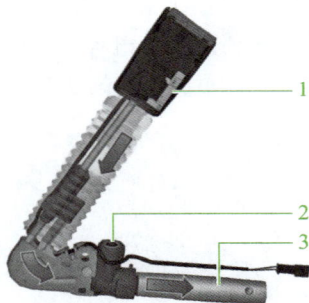

图 4.3-9　爆燃式安全带拉紧器

1—安全带锁扣开关；2—引爆器接口；
3—带有活塞的拉紧管

（3）碰撞传感器（图 4.3-10）

碰撞传感器是安全气囊系统中主控制信号输入装置，在车辆发生碰撞时，由碰撞传感器检测车辆碰撞强度信号，并将信号输入安全气囊控制单元。根据车辆的配置情况，各种车辆的传感器布局有所不同。

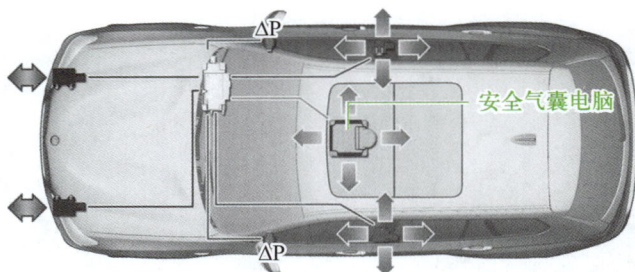

ΔP

安全气囊电脑

ΔP

图 4.3-10　碰撞传感器

（4）安全气囊控制单元

安全气囊控制单元（安全气囊电脑）根据碰撞传感器的信号来判断是否要启用安全气囊，并进行持续监测和控制系统电路。

在配置车辆电子稳定系统中（底盘管理系统），底盘管理系统控制单元 ICM 内集成一个横向和纵向加速度传感器、一个滚动速率传感器、一个垂直加速度传感器。纵向加速度传感器可以测量正加速度和负加速度，借助这些信号可识别正面碰撞或尾部碰撞；借助横向加速度传感器可识别侧面碰撞。在这样的系统中，安全气囊电脑同样共用于底盘管理系统中，其安装布局位置在车辆中轴线上，见图 4.3-10 和图 4.3-11。

（5）座椅占用识别传感器（图 4.3-12）

前乘客座椅的座椅面内有一个测量负荷情况的传感器（垫），即座椅占用识别垫。通过座椅占用识别垫可识别到是否占用了前乘客座椅。如果前乘客未系安全带，则会触发视觉和声音安全带警告。有些车辆上不安装座椅占用识别垫，而是在前乘客座椅内安装电容性内部传感垫（CIS 垫）。CIS 垫识别前乘客座椅上是否有成人或坐在儿童座椅上的儿童。

图 4.3-11　安全气囊电脑

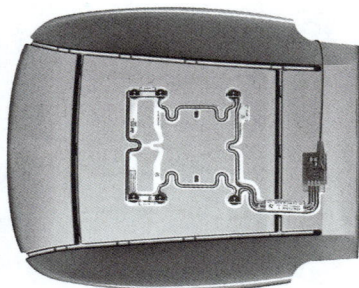

图 4.3-12　座椅占用识别传感器

（6）螺旋电缆（图 4.3-13）

螺旋电缆俗称时钟弹簧或游丝，安装在方向盘下边，是连接主安全气囊和多功能方向盘插件的特殊设计布局的导线。如图 4.3-14 所示，未安装安全气囊时，可看见方向盘上连接螺旋弹簧的导线。

图 4.3-13　螺旋电缆

图 4.3-14　方向盘上与螺旋电缆连接的导线

维修提示

特别注意，螺旋电缆不能随意转动，如果怕不小心弄乱了，可以按如图 4.3-13 所示那样用卡绳固定位置。

3. 安全气囊系统电路

安全气囊系统电路图见图 4.3-15 ～图 4.3-18。安全气囊控制单元接收左、右安全气囊碰撞传感器的信号，同时通过监测 SBR 系统的左前座椅占用识别传感器信号来识别座椅是否被占用。如果没有被占用，在发生碰撞时则不会打开该座椅位置的安全气囊；如果监测到该座椅被占用，则启动引爆安全气囊，同时安全带插锁锁紧。

扫一扫

视频讲解

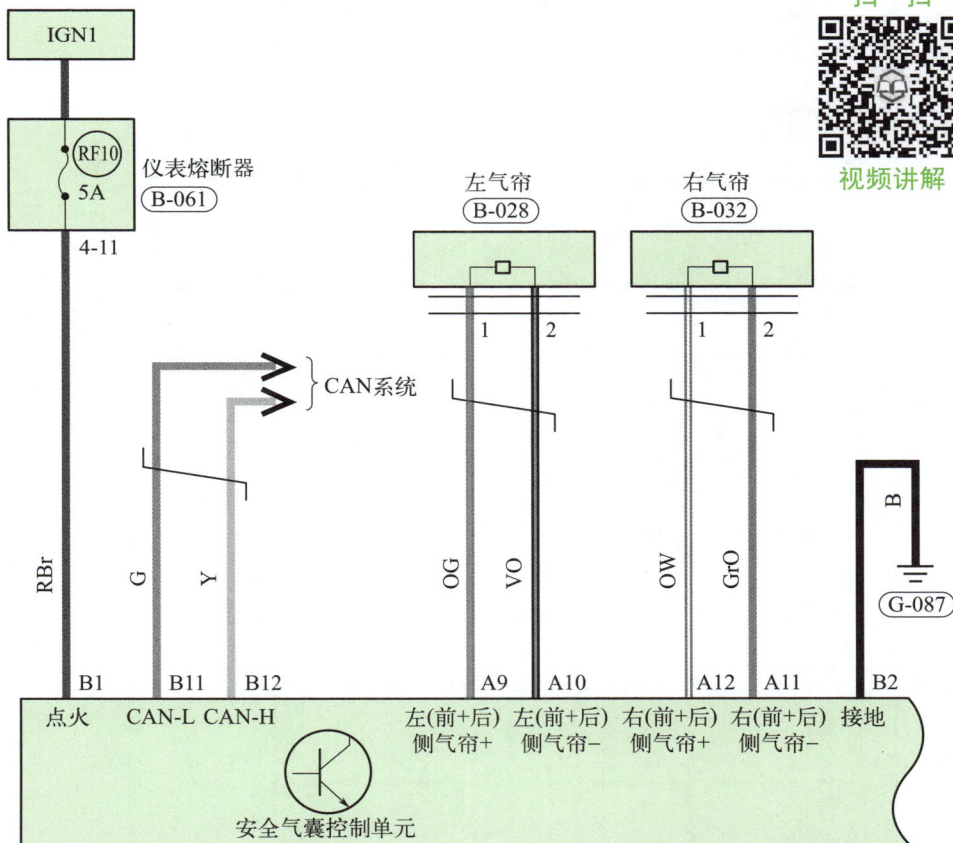

图 4.3-15　安全气囊电路（一）

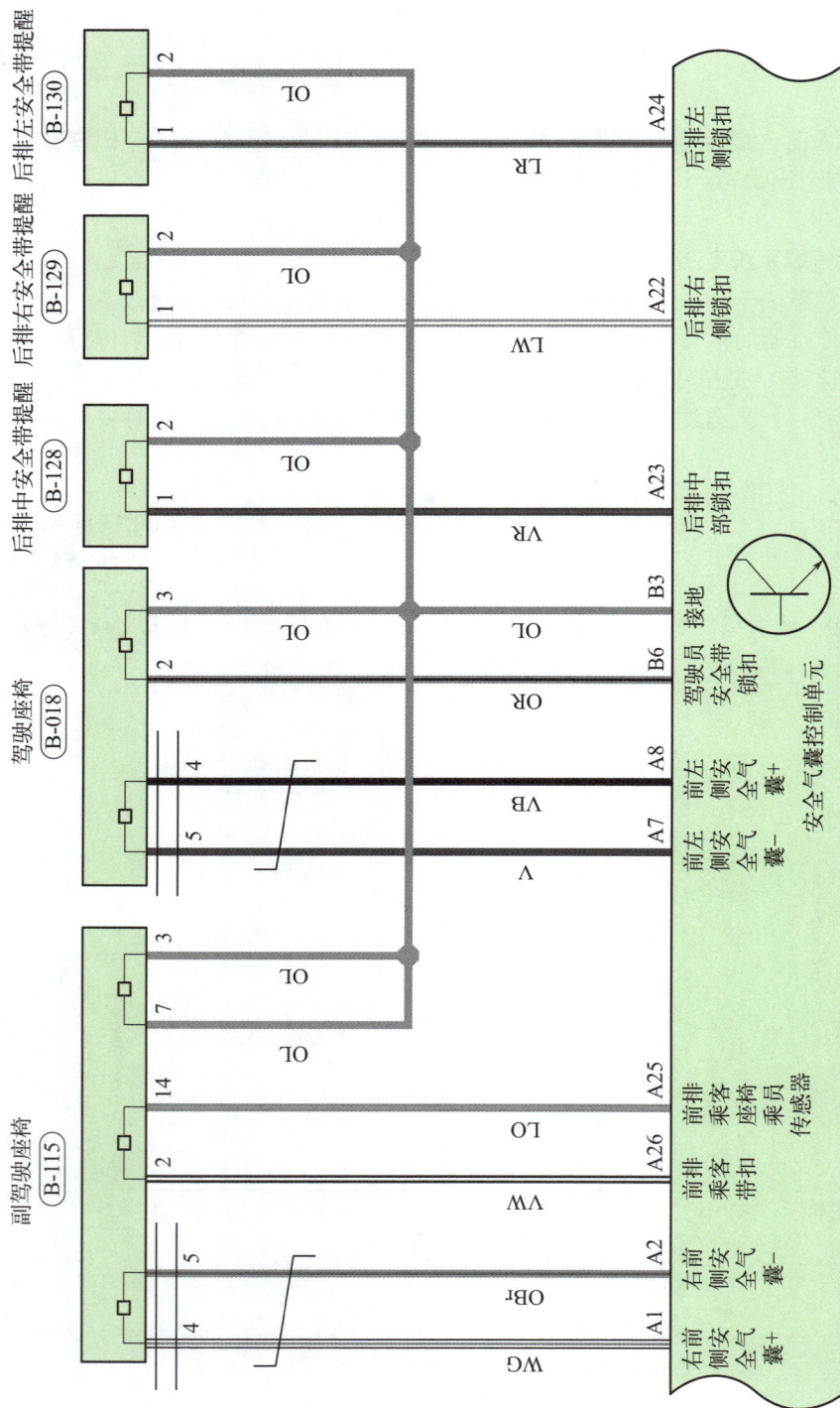

图 4.3-16　安全气囊电路（二）

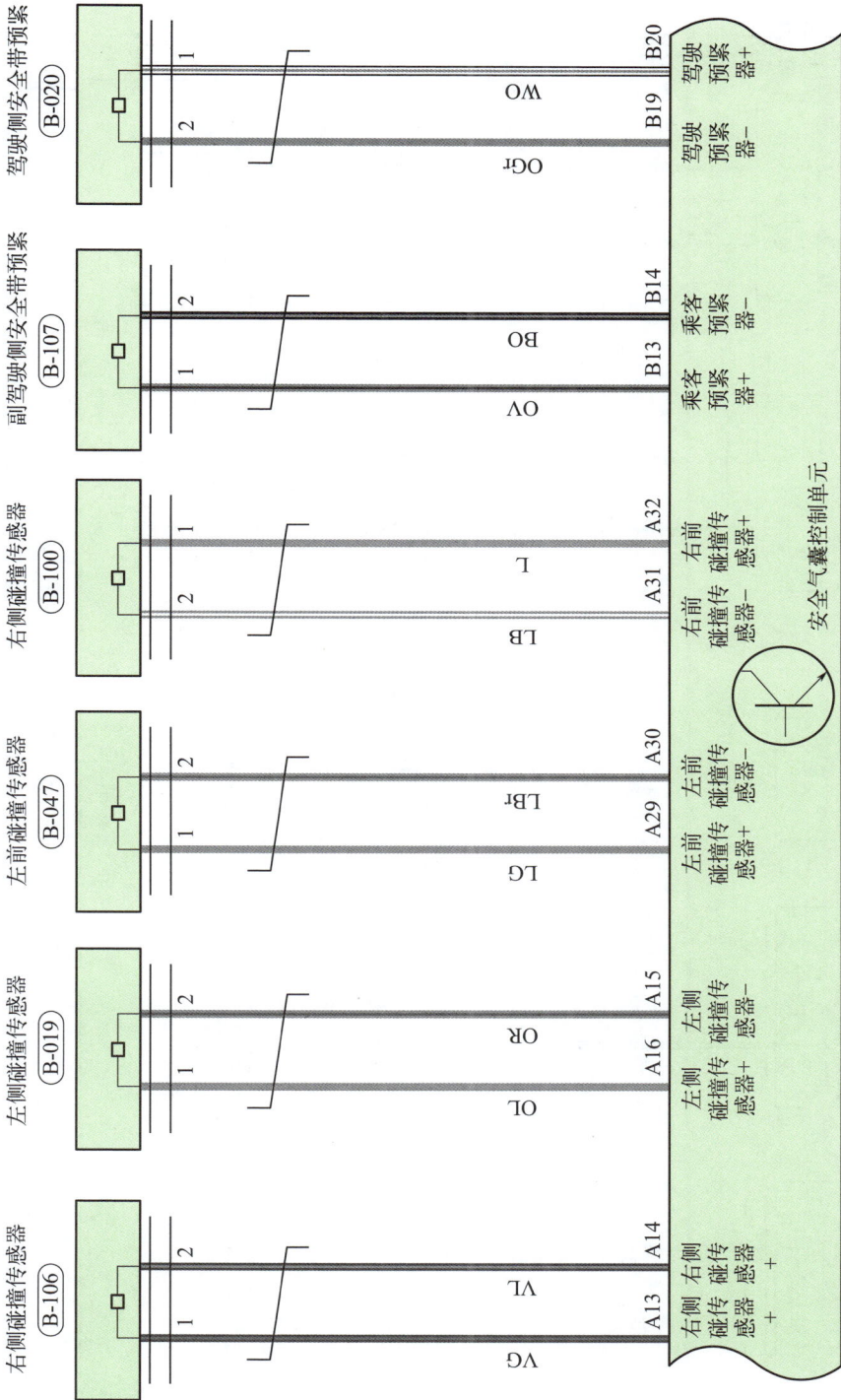

图 4.3-17 安全气囊电路（三）

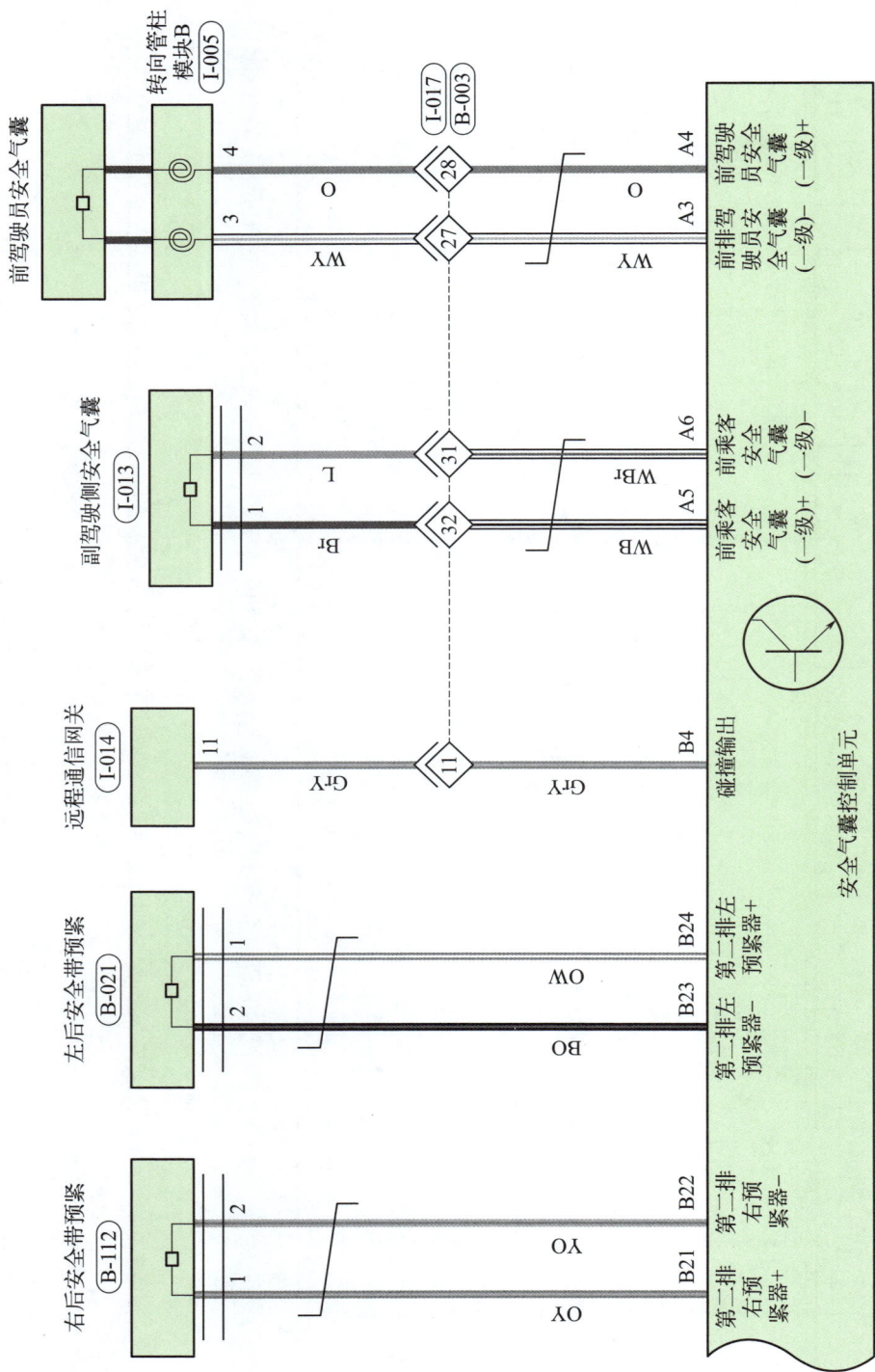

图 4.3-18 安全气囊电路图（四）

4. 安全气囊系统诊断

维修提示

特别注意，安全气囊系统不能使用万用表测量，因为安全气囊是电流触发的，以防引爆触发。

用故障诊断仪检测安全气囊系统，如果系统报"安全气囊高电阻"的故障，那么首先考虑的是其点火部件损坏。维修这类"高电阻"故障时，经常使用 2Ω 的电阻器作为替代部件，串联在气囊的插头中，如果故障码可清除，则可判断安全气囊损坏。使用 3Ω 的电阻器也可以，但再大了就不行了，因为安全气囊系统部件的电阻为 $2\sim3\Omega$。

二、雨刮系统维修

1. 雨刮系统组成部件

雨刮系统由刮水器（雨刮器）电机、连杆、刮水器臂、刮片以及刮水器／洗涤器开关等组成。刮水器电机为 12V 供电，刮水器电路有一个自停止装置，该装置由一个蜗杆齿轮和一个凸轮盘组成，目的是在刮水器／洗涤器开关断开时还能暂时保持电路的完整，直至刮水器臂回到初始位置时才断开电路。刮水器部件见图 4.3-19。

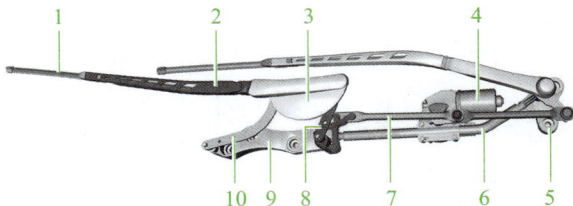

图 4.3-19 刮水器部件

1—刮水片；2—刮水臂；3—四绞点盖板；4—带控制单元的电机；5—左托架；
6—扁平管；7—铰接连杆；8—驱动杆；9—右托架；10—控制杆

2. 刮水器低速控制电路

刮水器低速工作控制电路如图 4.3-20 和图 4.3-21 所示。启停单元是根据来自各种开关的输入／输出信号执行这个系统的控制的，这里可以把启停单元看作是配有车载诊断功能的模块。

❶ 点火开关打开（发动机关闭或打开），挡风玻璃雨刮器开关移到 LO 位置时，启停单元将检测到挡风玻璃雨刮器开关信号（LO）。

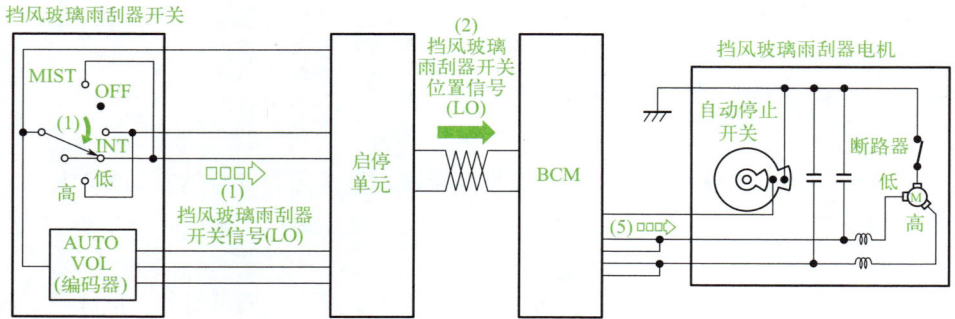

图 4.3-20　刮水器低速工作控制电路简图

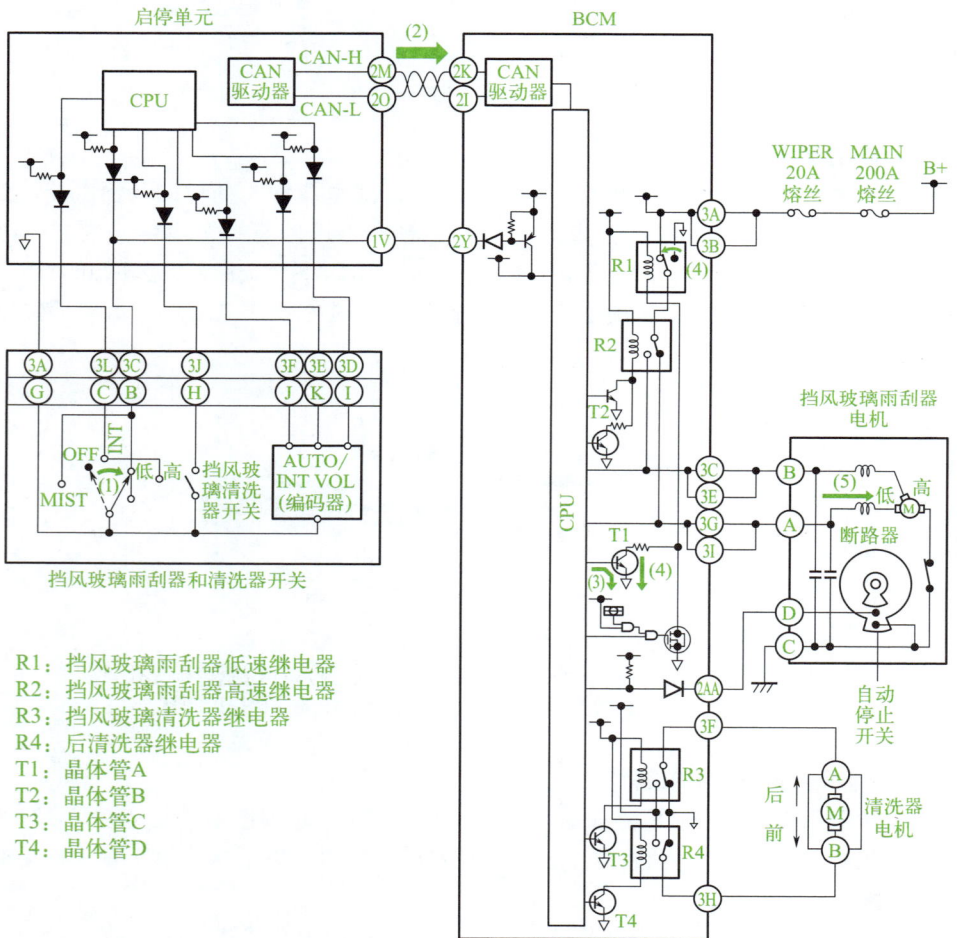

R1：挡风玻璃雨刮器低速继电器
R2：挡风玻璃雨刮器高速继电器
R3：挡风玻璃清洗器继电器
R4：后清洗器继电器
T1：晶体管A
T2：晶体管B
T3：晶体管C
T4：晶体管D

图 4.3-21　刮水器低速电路

❷ 当启停单元检测到挡风玻璃雨刮器开关信号（LO）时，它将以 CAN 信号的形式向车身控制模块（BCM）发送挡风玻璃雨刮器开关位置信号（LO）。

❸ 当车身控制模块（BCM）接收到挡风玻璃雨刮器开关位置信号（LO）时，从内部 CPU 给晶体管 A 提供基本电流并打开晶体管 A。

❹ 当晶体管 A 打开时，集流器电流从内部电源流出，打开挡风玻璃雨刮器低速继电器。

❺ 当挡风玻璃雨刮器低速继电器打开时， 电流从蓄电池流向挡风玻璃雨刮器电机，挡风玻璃雨刮器将连续低速运转。

3. 刮水器高速控制电路

刮水器高速控制电路见图 4.3-22 和图 4.3-23。

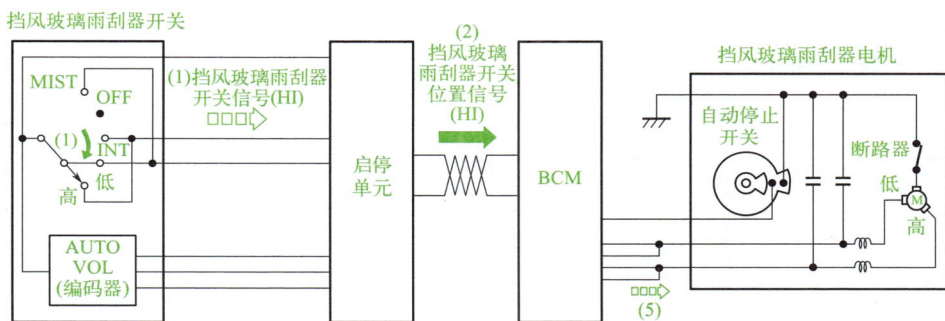

图 4.3-22 刮水器高速工作控制电路简图

❶ 点火开关打开（发动机关闭或打开），挡风玻璃雨刮器开关移到 HI 位置时，启停单元检测挡风玻璃雨刮器开关信号（HI）。

❷ 当启停单元检测到挡风玻璃雨刮器开关信号（HI）时，将以 CAN 信号的形式向车身控制模块（BCM）发送挡风玻璃雨刮器开关位置信号（HI）。

❸ 当前车身控制模块（FBCM）接收到挡风玻璃雨刮器开关位置信号（HI）时，从内部 CPU 给晶体管 A 和 B 提供基本电流并打开晶体管 A 和 B。

❹ 当晶体管 A 和 B 打开时，集流器电流从内部电源流出，打开挡风玻璃雨刮器低速继电器和挡风玻璃雨刮器高速继电器。

❺ 当挡风玻璃雨刮器低速继电器和挡风玻璃雨刮器高速继电器打开时，电流从蓄电池流向挡风玻璃雨刮器电机，挡风玻璃雨刮器将连续高速运转。

4. 刮水器自动停止控制电路

刮水器自动停止控制电路见图 4.3-24。

❶ 根据挡风玻璃雨刮器的动作，挡风玻璃雨刮器电机内的自动停止开关可以有两个位置：挡风玻璃雨刮器停在驻车位置；挡风玻璃雨刮器停在非驻车位置。

❷ 挡风玻璃雨刮器运转期间，自动停止开关关闭，挡风玻璃雨刮器为连续工作状态。

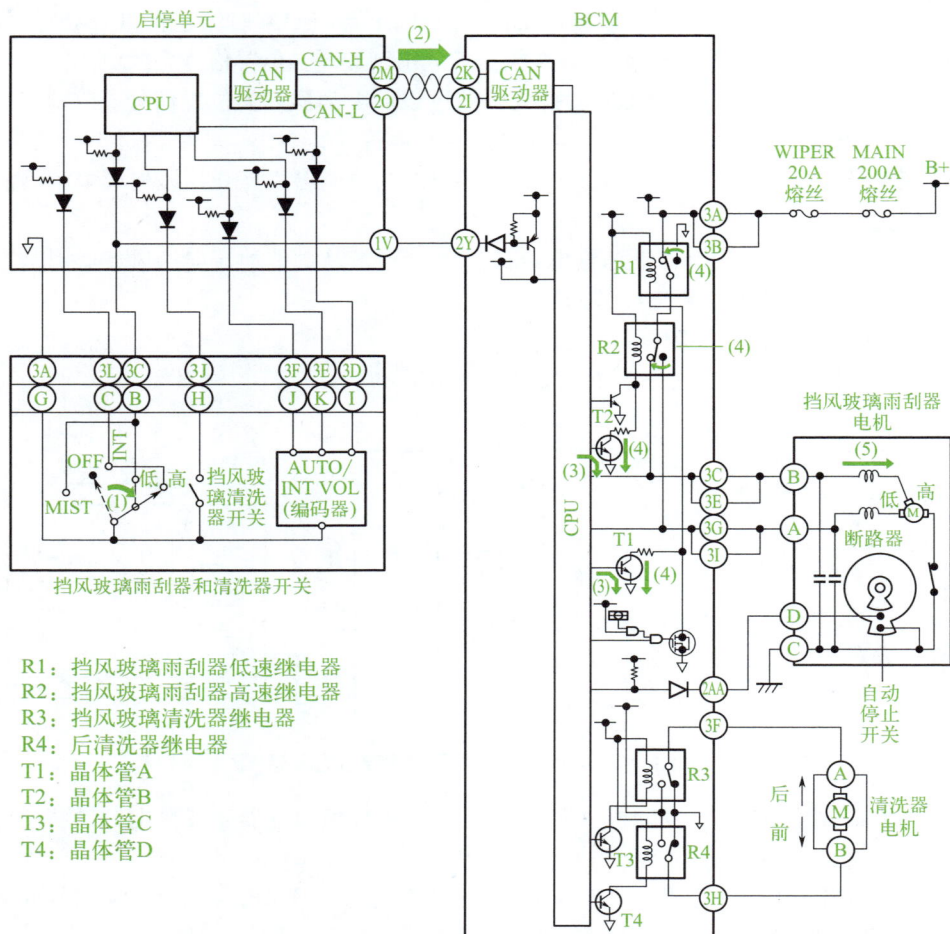

图 4.3-23　刮水器高速电路

❸ 当挡风玻璃雨刮器移到驻车位置时，自动停止开关将开启。

❹ 当车身控制模块（BCM）检测到自动停止开关打开时，将停止给晶体管 A 输送基本电流并关闭晶体管 A。

❺ 当晶体管 A 关闭时，集流器电流停止，挡风玻璃雨刮器低速继电器关闭。

❻ 当挡风玻璃雨刮器低速继电器关闭时，挡风玻璃雨刮器停在驻车位置。

5. 一触点刮控制电路

一触点刮控制电路见图 4.3-25 和图 4.3-26。

❶ 点火开关打开（发动机关闭或打开），挡风玻璃雨刮器开关向上移动时（MIST 位置），启停单元检测挡风玻璃雨刮器开关信号（LO）。

❷ 当启停单元检测到挡风玻璃雨刮器开关信号（LO）时，将以 CAN 信号的形式向车身控制模块（BCM）发送挡风玻璃雨刮器开关位置信号（LO）。

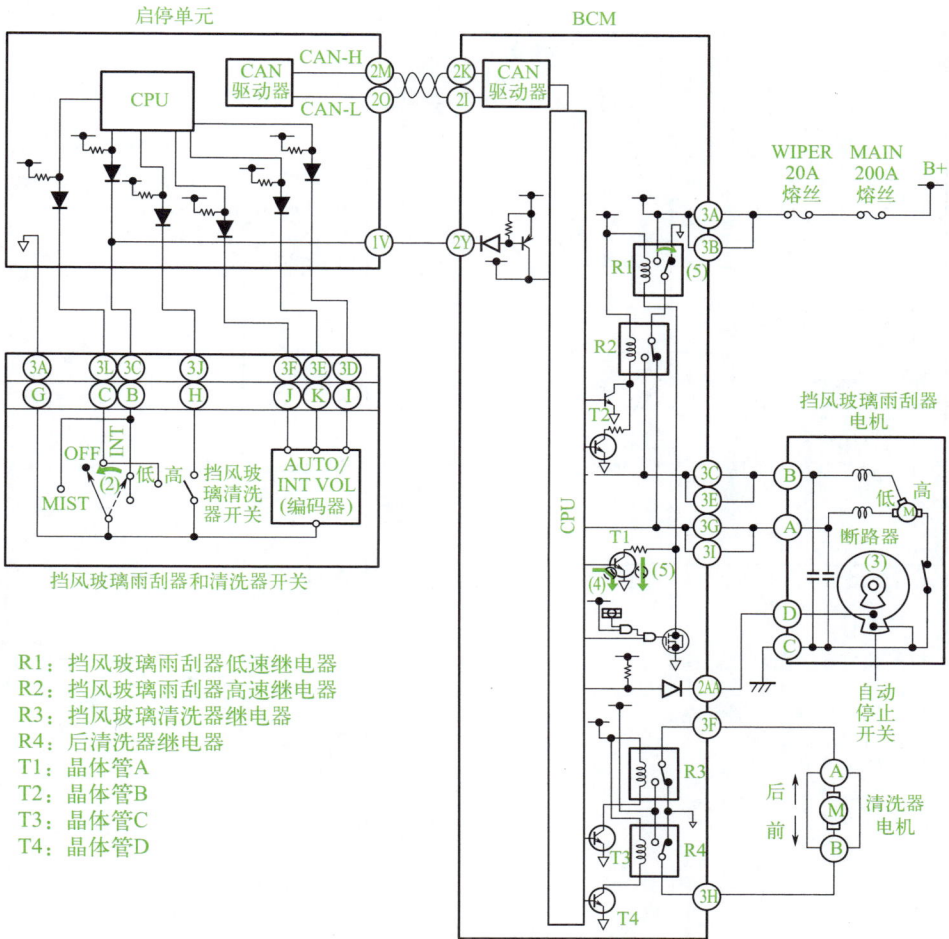

启停单元

BCM

CAN驱动器　CAN-H　CAN-L

CPU

WIPER 20A 熔丝　MAIN 200A 熔丝　B+

CAN驱动器

R1 (5)

R2

T2

挡风玻璃雨刮器电机

CPU

T1 (4) (5)

低　高　断路器

自动停止开关

R3

后　前　清洗器电机

R4

T3

T4

3A 3L 3C 3J 3F 3E 3D
G C B H J K I

OFF INT
MIST (2) 低 高

挡风玻璃清洗器开关

AUTO/INT VOL（编码器）

挡风玻璃雨刮器和清洗器开关

R1：挡风玻璃雨刮器低速继电器
R2：挡风玻璃雨刮器高速继电器
R3：挡风玻璃清洗器继电器
R4：后清洗器继电器
T1：晶体管A
T2：晶体管B
T3：晶体管C
T4：晶体管D

图 4.3-24　刮水器自动停止电路

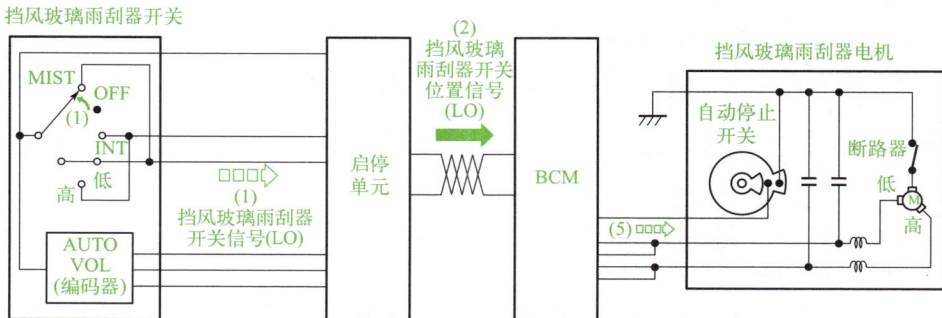

挡风玻璃雨刮器开关

MIST OFF (1)
INT
高 低

挡风玻璃雨刮器开关信号(LO) (1)

AUTO VOL（编码器）

启停单元

(2) 挡风玻璃雨刮器开关位置信号(LO)

BCM

挡风玻璃雨刮器电机

自动停止开关

断路器

低 高

(5)

图 4.3-25　一触点刮控制工作电路简图

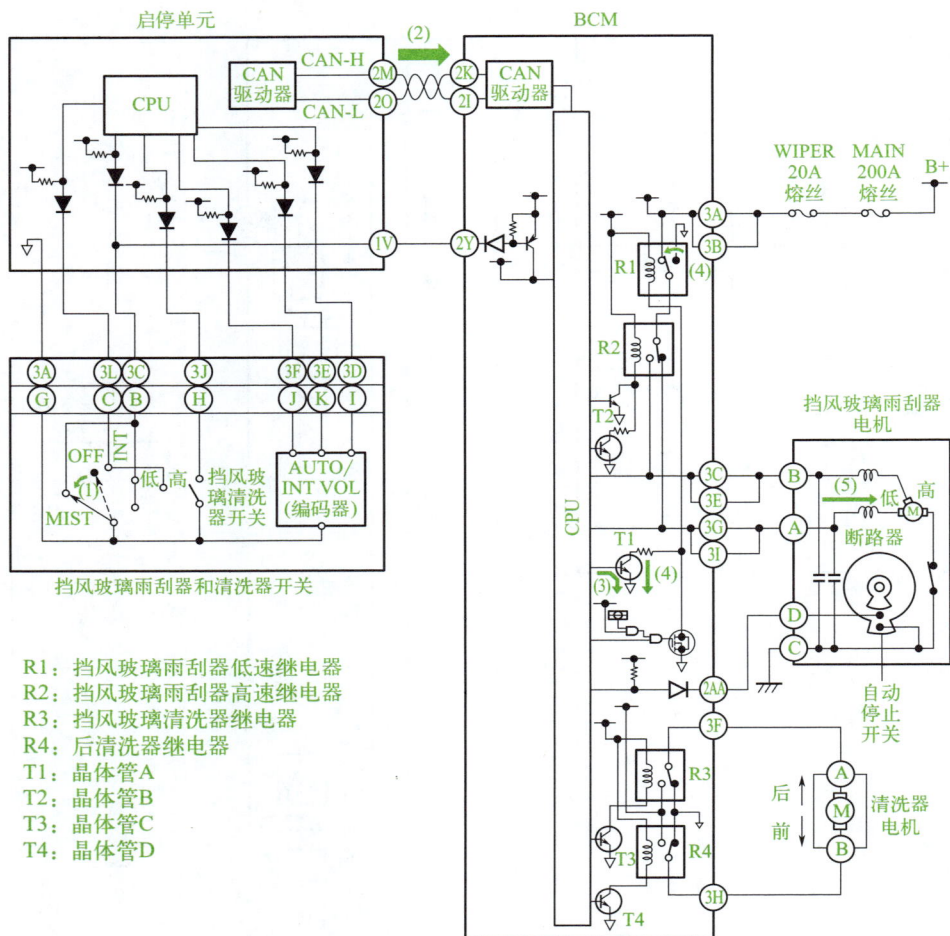

图 4.3-26　一触点刮控制电路

❸ 当车身控制模块（BCM）接收到挡风玻璃雨刮器开关位置信号（LO）时，从内部 CPU 给晶体管 A 提供基本电流并打开晶体管 A。

❹ 当晶体管 A 打开时，集流器电流从内部电源流出，打开挡风玻璃雨刮器低速继电器。

❺ 当挡风玻璃雨刮器低速继电器打开时，电流从蓄电池流向挡风玻璃雨刮器电机，挡风玻璃雨刮器将连续低速运转。

6. 间歇刮水器控制电路

间歇刮水器控制电路见图 4.3-27 和图 4.3-28。

❶ 点火开关打开（发动机关闭或打开），挡风玻璃雨刮器开关移到 INT 位置时，启停单元检测挡风玻璃雨刮器开关信号（INT）。

176

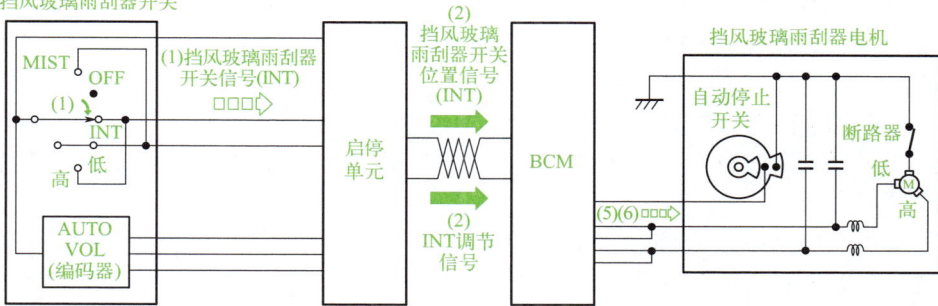

图 4.3-27　间歇刮水器控制工作电路简图

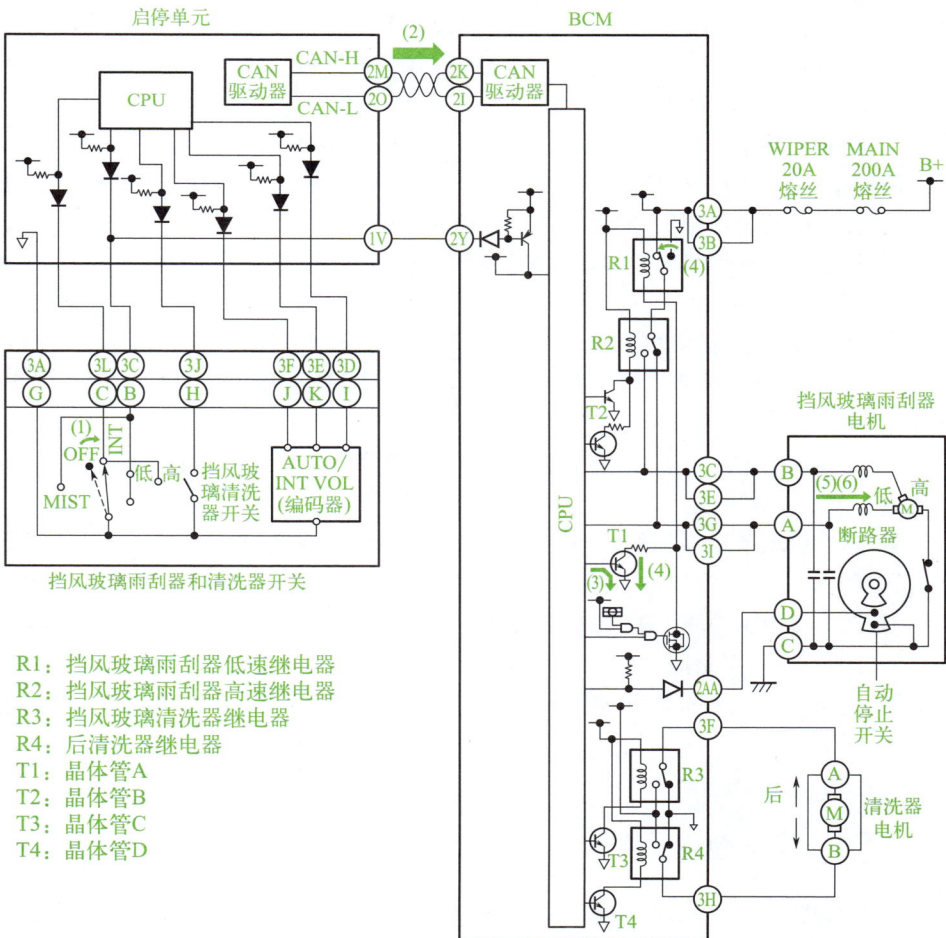

R1：挡风玻璃雨刮器低速继电器
R2：挡风玻璃雨刮器高速继电器
R3：挡风玻璃清洗器继电器
R4：后清洗器继电器
T1：晶体管A
T2：晶体管B
T3：晶体管C
T4：晶体管D

图 4.3-28　间歇刮水器电路

❷ 当启停单元检测到挡风玻璃雨刮器开关信号（INT）时，将以 CAN 信号的形式向车身控制模块（BCM）发送挡风玻璃雨刮器开关位置信号（INT）和 INT 调节信号。

❸ 当前车身控制模块（FBCM）接收到挡风玻璃雨刮器开关位置信号（INT）时，将从内部 CPU 向晶体管 A 提供基础电流，于是集流器电流从内部电源输出，打开晶体管 A。

❹ 当晶体管 A 打开时，集流器电流从内部电源流出，打开挡风玻璃雨刮器低速继电器。

❺ 当挡风玻璃雨刮器低速继电器打开时，电流从蓄电池流向挡风玻璃雨刮器电机，挡风玻璃雨刮器将连续低速运转。

❻ 挡风玻璃雨刮器因自动停止功能启动而停在驻车位置，经过一定时间后（根据 INT 调节信号计算出的时间），车身控制模块（BCM）将以低速控制挡风玻璃雨刮器运转。通过重复上述过程，实现挡风玻璃雨刮器间歇操作。

7. 同步清洗器和刮水器控制电路

同步清洗器和刮水器控制电路见图 4.3-29 和图 4.3-30。

❶ 在点火开关打开（发动机关闭或打开）和挡风玻璃雨刮器不操作状态下，挡风玻璃清洗器开关打开时，启停单元检测挡风玻璃清洗器开关打开信号。

❷ 当启停单元检测到挡风玻璃清洗器开关打开信号时，将以 CAN 信号的形式向车身控制模块（BCM）发送挡风玻璃清洗器开关位置信号（ON）。

❸ 当前车身控制模块（BCM）接收到挡风玻璃雨刮器开关位置信号（ON）时，将从内部 CPU 向晶体管 C 提供基础电流，于是集流器电流从内部电源输出，打开晶体管 C。

❹ 当晶体管 C 打开时，集流器电流从内部电源输出，打开挡风玻璃清洗器继电器。

❺ 当挡风玻璃清洗器继电器打开时，电流从车身控制模块（BCM）内的电源输出到清洗器电机，清洗器电机运转，清洗液从挡风玻璃清洗器喷嘴中喷出。

❻ 当车身控制模块（BCM）接收到挡风玻璃清洗器开关位置信号（ON）并持续一定时间时，将控制挡风玻璃雨刮器以低速运转。

❼ 当挡风玻璃清洗器开关关闭时，挡风玻璃雨刮器再动作 2 次后清洗器停止运转。

维修提示

挡风玻璃雨刮器正在运转过程中如果挡风玻璃清洗器开关打开，则挡风玻璃雨刮器继续运转，挡风玻璃清洗器执行的是 ❸ ～ ❼ 的控制。

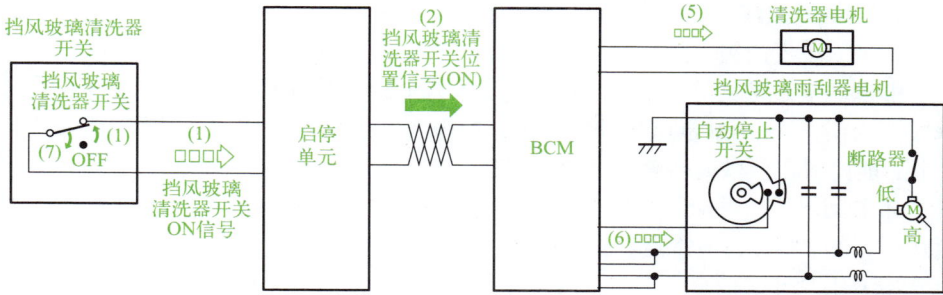

图 4.3-29　同步清洗器和刮水器控制工作电路简图

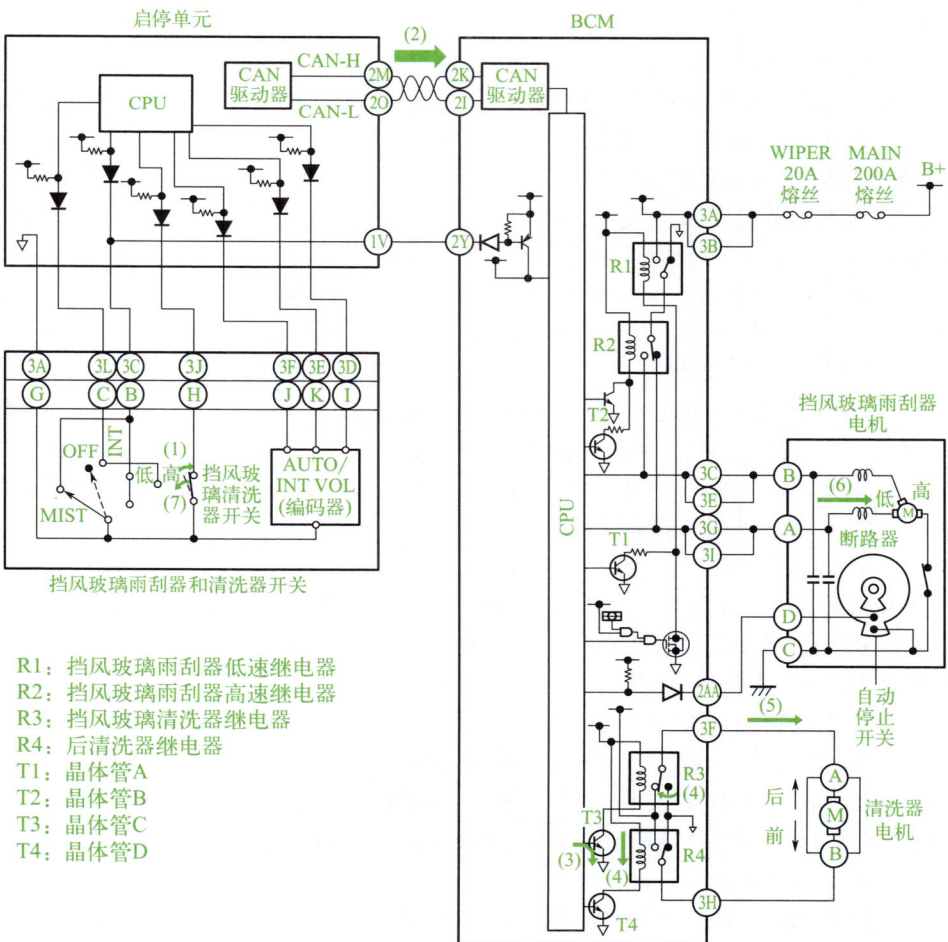

R1：挡风玻璃雨刮器低速继电器
R2：挡风玻璃雨刮器高速继电器
R3：挡风玻璃清洗器继电器
R4：后清洗器继电器
T1：晶体管A
T2：晶体管B
T3：晶体管C
T4：晶体管D

图 4.3-30　同步清洗器和刮水器电路

8. 雨刮器故障

（1）继电器故障

继电器也是常见的一个故障点。刮水器控制模式是刮水器开关→车身控制模块BCM→继电器→刮水器电机动作。雨刮继电器断开后搭铁，目的是使雨刮在停止供电后能停留在挡风玻璃最底部初始位置。

如果刮水器（雨刮器）处于自动挡时无法工作，同时伴有触点不能正常工作，雨刷不能正常归位，应重点检查继电器搭铁。

（2）组合开关检查

组合开关也是一个常见的故障点。如图 4.3-31 所示，检查组合开关在各位置时，测量各端子之间的导通性。如果导通性不良，则更换组合开关。

在图 4.3-31 中，雨刮器系统（雨刮器 / 喷水器）IG2 提供电源，各位置控制如下所述。

❶ 低速 / 高速位置。

当雨刮器开关在低速 / 高速位置或在雨刮器运转期间开关置于 OFF 时，IG2（ON）电源操作电机的路径如下。

a. 雨刮器开关低速位置。

ⓐ 雨刮器开关（10/3 端子）→ BCM［BCM 接收开关信号，BCM 控制前雨刮器继电器（低速）］→前雨刮器继电器（低速）→搭铁。

ⓑ 雨刮器 1（25A）→前雨刮器继电器（低速）（开关 ON）→前雨刮器继电器（高速）（开关 OFF）→雨刮器电机低速（6/5 端子）→搭铁。

b. 雨刮器开关高速位置。

ⓐ 雨刮器开关（10/9 端子）→ BCM［BCM 接收开关信号，BCM 控制继电器（低速），12V 输出控制］；雨刮器继电器（高速）：搭铁控制。

ⓑ 雨刮器 1（25A）→雨刮器继电器（低速）（开关 ON）→雨刮器继电器（高速）（开关 ON）→雨刮器电机高速（4/5 端子）→搭铁。

c. 在雨刮器运转时雨刮器开关 OFF。

雨刮器电机停止开关（2/3 端子）ON →雨刮器继电器（低速）（开关 OFF）→雨刮器继电器（高速）（开关 OFF）→雨刮器电机低速（6/5 端子）→搭铁→雨刮器在正常位置→停止开关 OFF。

❷ 间歇雨刮器位置。

当雨刮器开关在 INT 位置时，BCM 通过端子 18 接收间歇雨刮器 ON 信号。

BCM 通过端子 14 接收根据雨刮器间歇时间调整开关的设定电压，并控制雨刮器继电器（低速），以根据雨刮器间歇时间调整开关的间歇时间设定控制雨刮器的运转。

❸ 雨刮器开关刮雾位置。

雨刮器运转一次。如果刮雾开关杆保持在刮雾位置，则雨刮器持续运转。释放开关杆时，返回到 OFF 位置。如果在雨刮器运转期间开关 OFF，则停止刮雾功能，返回至停止位置，并停止运转。

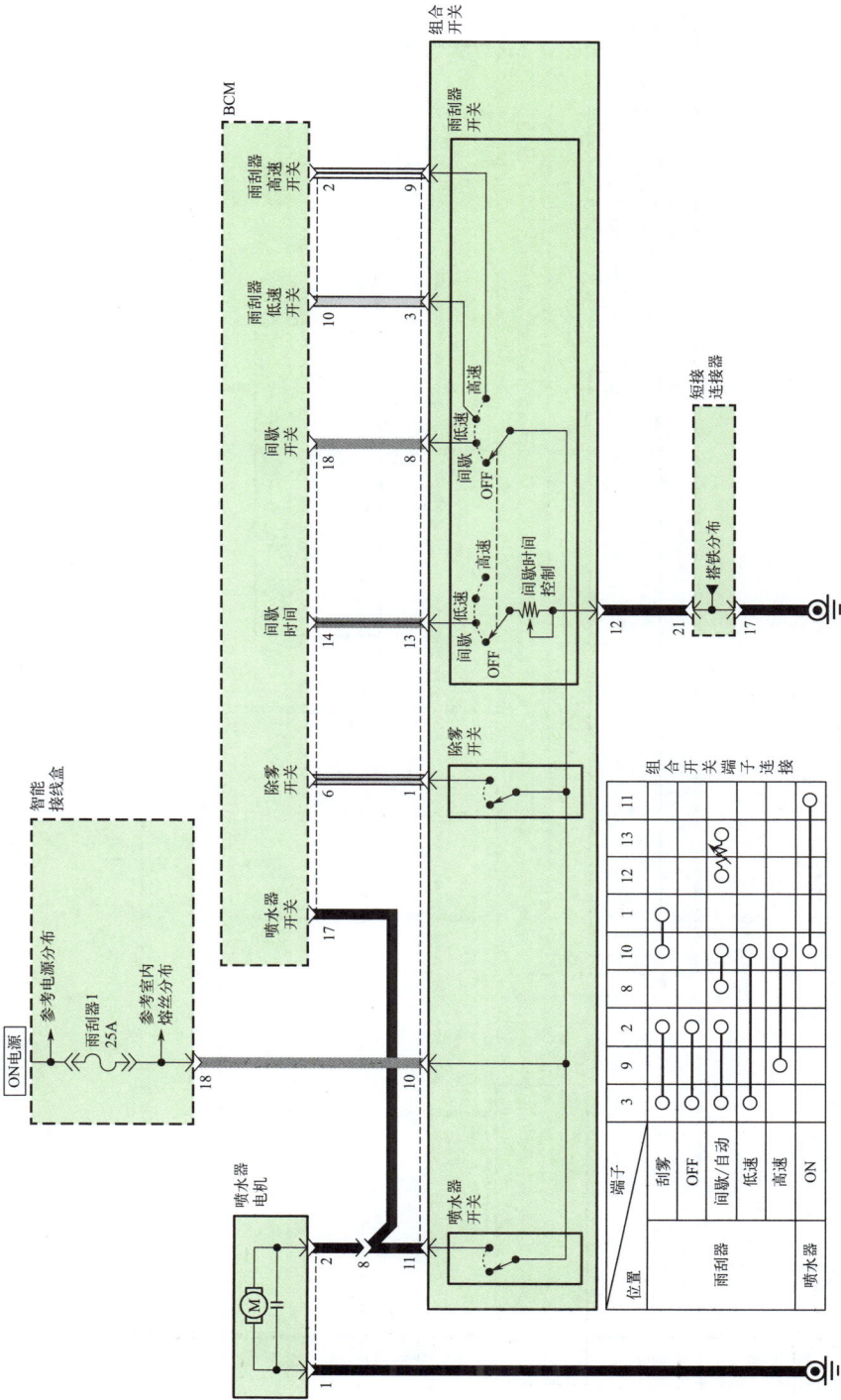

图 **4.3-31**
(a)

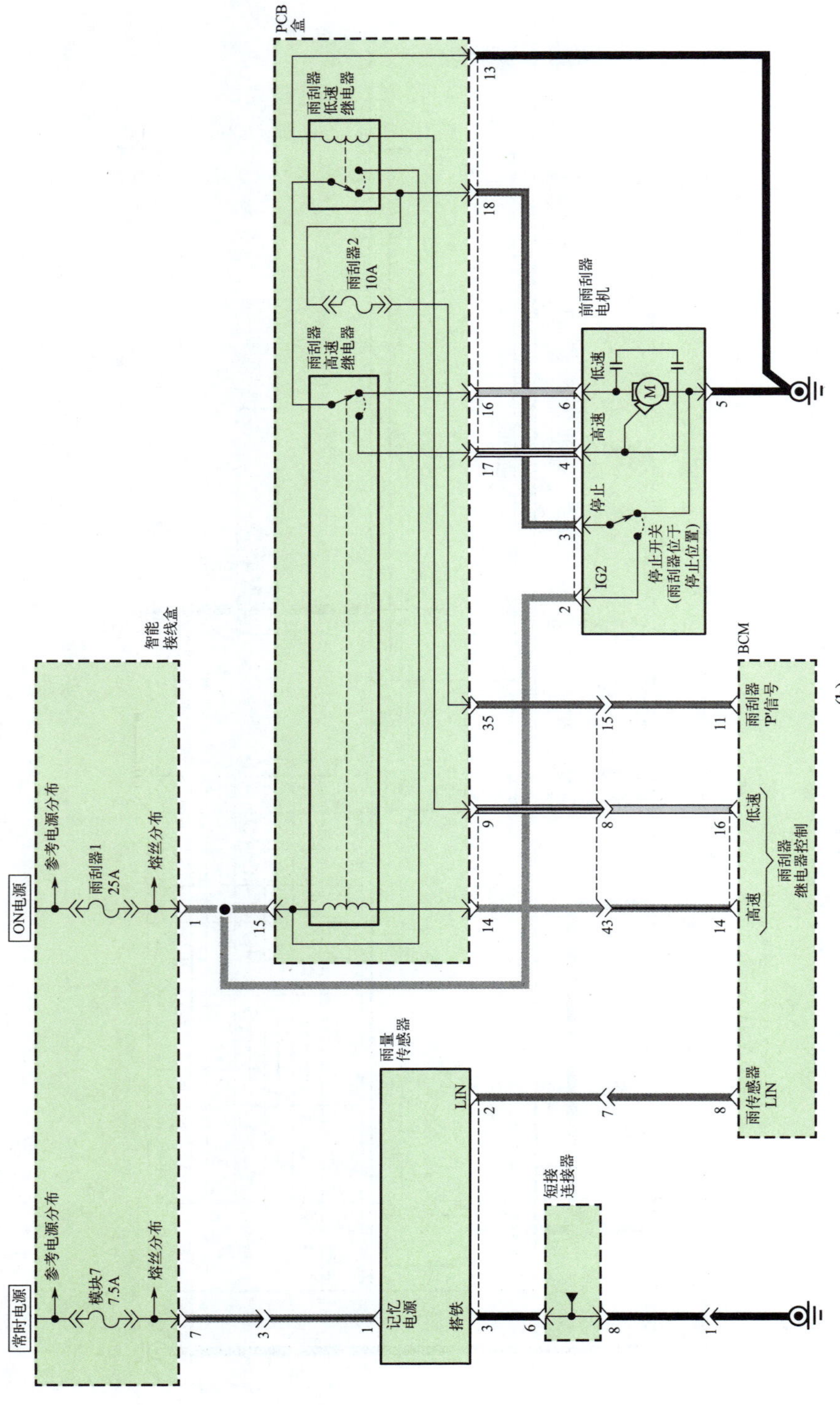

（b） 雨刮系统电路

图 4.3-31 雨刮系统电路

（3）雨刮器控制故障

如图4.3-32所示，有关前雨刮器和清洗器开关状态的信息是通过CAN总线从转向柱模块接收的。BCM应通过硬接线输出控制所有电机和泵。前雨刮器通过两个内部继电器进行控制。一个继电器用于启用雨刮器电源，另一个用于控制其速度。后雨刮器由BCM通过内部继电器控制。雨刮器控制故障见表4.3-1。

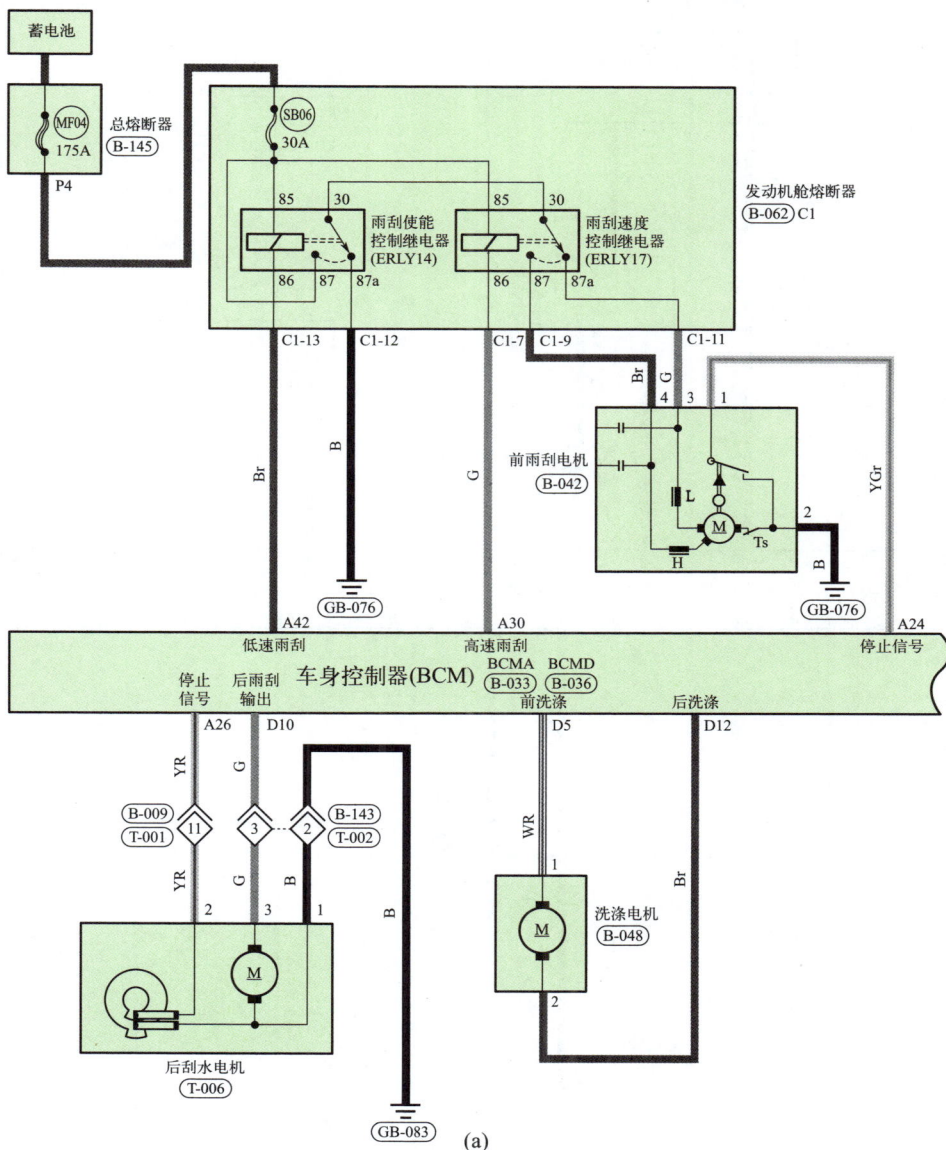

图 4.3-32

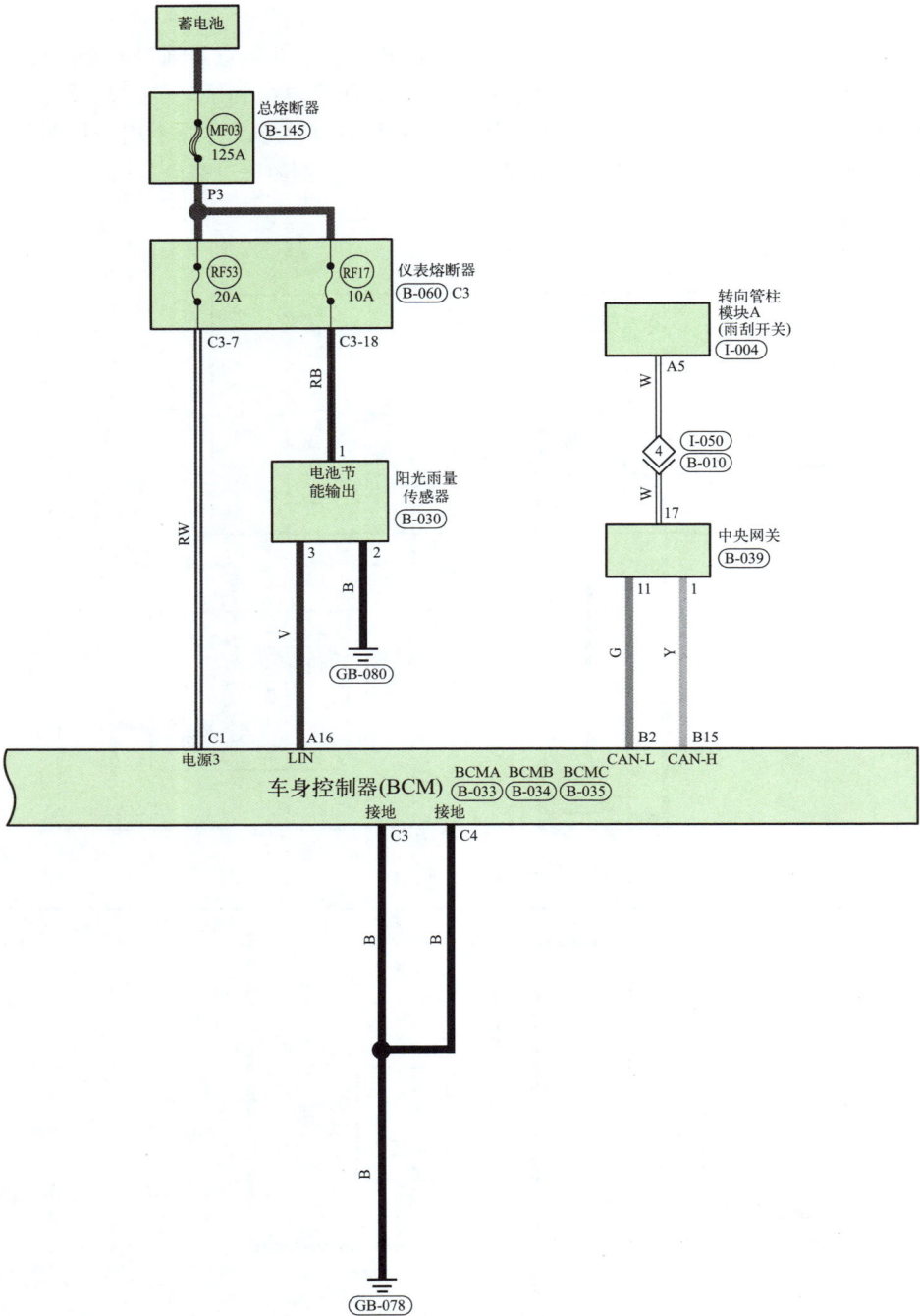

图 4.3-32　雨刮系统电路

(b)

表 4.3-1　雨刮器控制故障

故障症状	排查顺序	可能的故障点
前雨刮器和清洗器系统都不工作	①	熔丝
	②	雨刮开关总成
	③	清洗器泵
	④	BCM
	⑤	线束或连接器
前雨刮器系统在 LO 或 HI 位置不工作	①	雨刮开关总成
	②	前雨刮电机总成
	③	BCM
	④	线束或连接器
前雨刮器系统不工作	①	熔丝
	②	雨刮开关总成
	③	前雨刮电机总成
	④	BCM
	⑤	线束或连接器
前雨刮器开关关闭时，前雨刮臂及前雨刮片未返回初始位置	①	前雨刮电机总成
	②	BCM
	③	线束或连接器
后雨刮器和清洗器系统都不工作	①	熔丝
	②	雨刮开关总成
	③	后雨刮电机总成
	④	清洗器泵
	⑤	BCM
	⑥	线束或连接器
清洗器系统不工作	①	清洗喷嘴总成
	②	雨刮开关总成
	③	清洗器泵
	④	BCM
	⑤	线束或连接器

三、灯光系统维修

1. 大灯结构

现在汽车大灯常见的有卤素灯、气体放电灯（氙气灯）、LED灯等。大灯见图 4.3-33 和图 4.3-34；大灯灯泡见图 4.3-35 和图 4.3-36。

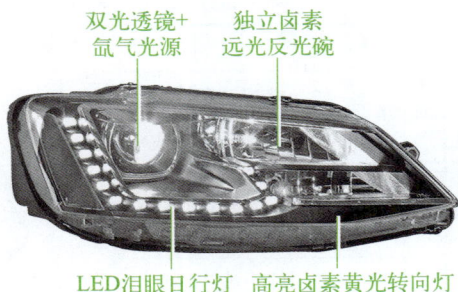

双光透镜+氙气光源　独立卤素远光反光碗

LED泪眼日行灯　高亮卤素黄光转向灯

图 4.3-33　大灯（正面）

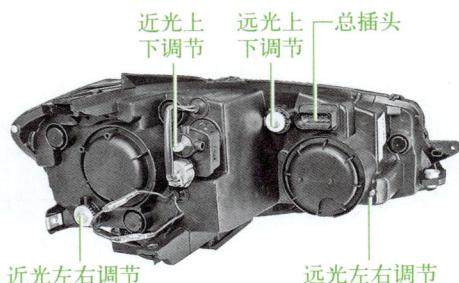

近光上下调节　远光上下调节　总插头

近光左右调节　远光左右调节

图 4.3-34　大灯（背面）

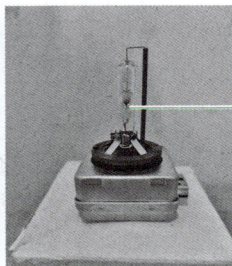

电极(灯泡内有氙气)

图 4.3-35　氙气灯泡

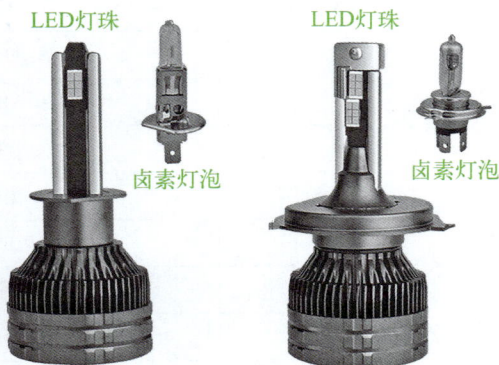

LED灯珠　　LED灯珠

卤素灯泡　　卤素灯泡

图 4.3-36　LED 灯珠和卤素灯泡

2. 氙气灯照明原理

氙气灯内部充满包括氙气在内的惰性气体混合气。氙气灯用包裹在石英管内的高压氙气替代传统的钨丝，提供更高色温、更聚集的照明。由于氙气灯是采用高压电流激活氙气而形成的一束电弧光，因此可在两电极之间持续放电发光。

　　氙气灯需有一个安定器控制模块。安定器的工作原理是当接通电源后，瞬间通过变压器将汽车低压电源升至2万伏以上的高压，高压脉冲激活氙气灯泡中的氙气，进而产生3000～12000K温度的电弧，从而激活氙气灯的照明。氙气灯原理简图见图4.3-37。

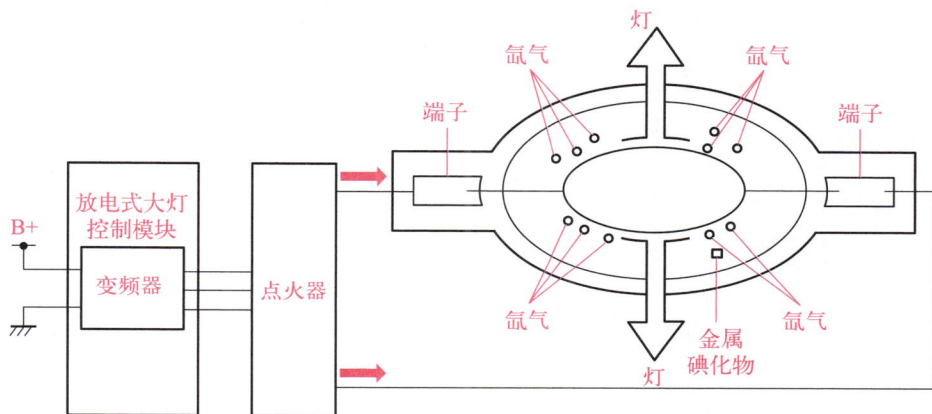

图4.3-37　氙气灯原理简图

3.大灯电路原理

　　打开大灯开关后，电流路径由蓄电池正极→大灯继电器→开关→熔丝→搭铁→蓄电池负极，这样形成一个完整的大灯回路，大灯点亮。这里大灯指的是大灯的远光挡或者近光挡，大灯开关内部有相应的触点，其信号发送至车身控制单元或者其他受车身控制单元控制的单元。

4.转向灯工作原理

　　（1）闪烁控制

　　❶ 转向开关：转向灯系统根据转向开关操作来控制转向灯闪烁。转向灯系统通过CAN与车身控制模块通信（图4.3-38），车身控制模块（BCM）控制如下。

　　a. 接收到的转向开关ON信号持续时间少于0.7s：控制转向灯自动闪烁3次。

　　b. 接收到的转向开关ON信号持续时间大于或等于0.7s：根据接收信号的持续时间控制转向灯的闪烁。

　　❷ 危险报警灯开关。

　　a. 当打开危险报警开关时，启停单元检测到危险报警开关打开信号。

　　b. 启停单元检测到危险报警开关打开信号，向车身控制模块（BCM）以CAN信号形式发送一个危险报警信号。

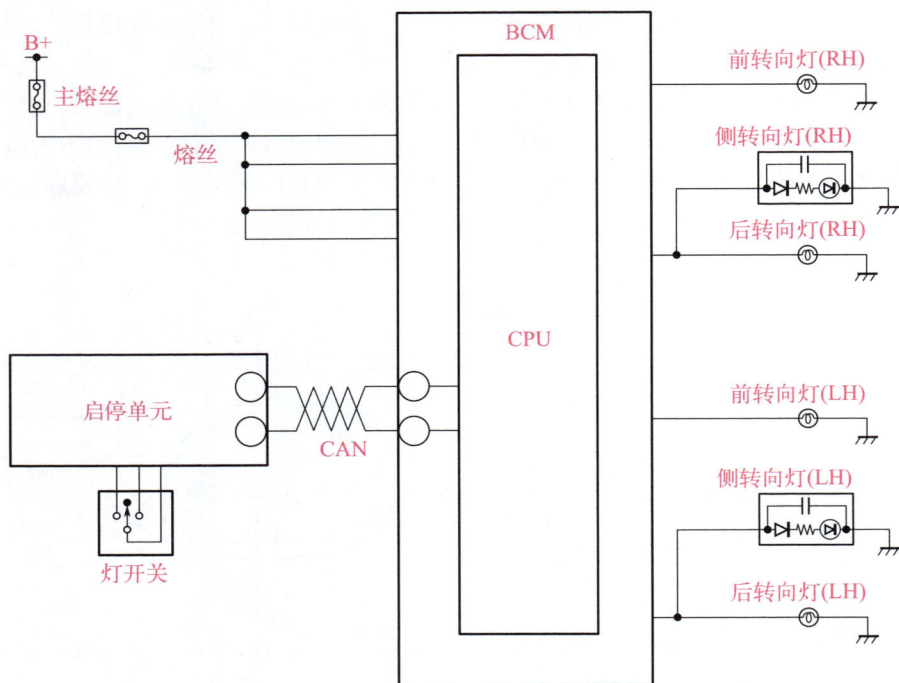

图 4.3-38　转向灯电路

（2）转向灯电路原理

转向灯工作路径如图 4.3-39 中标注的（1）→（2）→（3）所示。

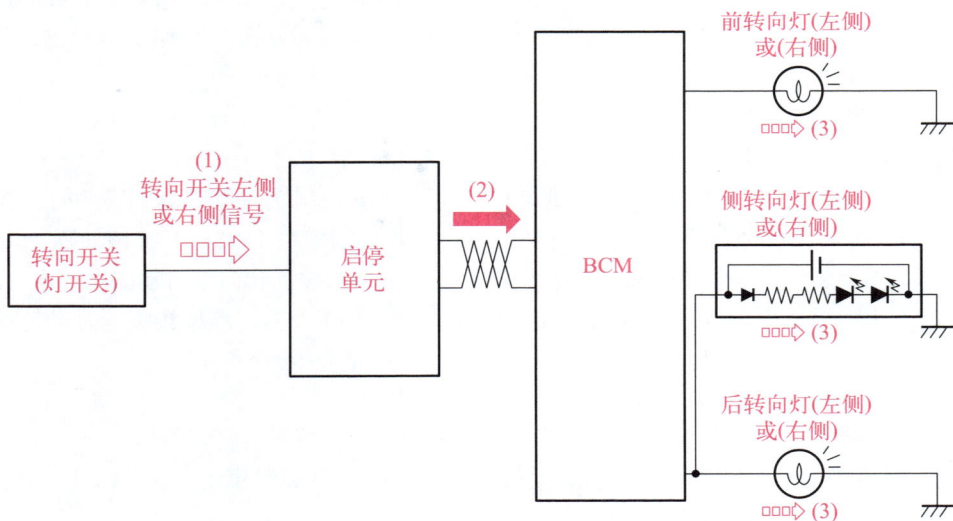

图 4.3-39　转向灯控制原理简图

❶ 当将转向开关切换到 LH 或 RH 位置时，将向启停单元输入转向开关 LH 或 RH 信号。

❷ 启停单元将以 CAN 信号的形式向车身控制模块（BCM）发送转向开关 LH 或 RH 信号。当车身控制模块（BCM）接收到转向开关 LH 或 RH 信号时，转向灯（LH 或 RH）将闪烁。

a. 在点火开关切换（发动机关闭或打开）时，如果车身控制模块（BCM）从启停单元接收转向开关 LH 或 RH 信号的持续时间短于 0.7s，则会控制转向灯（LH 或 RH）自动闪烁 3 次。

b. 在转向灯（LH 或 RH）正在自动闪烁 3 次期间，如果前车身控制模块（FBCM）收到对侧的转向开关开启信号，则会取消当前的自动闪烁。但是，如果收到的对侧转向开关开启信号持续时间大于或等于 0.2s，则会控制与所接收信号同侧的转向灯闪烁。

5. 车身控制模块

车身控制模块 BCM 控制室内灯和外部灯，见图 4.3-40 ～图 4.3-46。

（1）室内灯和电池节能

❶ 前顶灯及后阅读灯。前顶灯由一个带调光功能的集成智能驱动器（PWM 输出）控制。

❷ 由 PWM 控制的背景照明灯。背景照明灯由具有诊断功能的集成智能驱动器控制，它能通过调光开关调节照明水平。

❸ 电池保护程序，用于自动切断前顶灯、梳妆灯和后备厢灯。电池保护程序切断，计时器到期后，节电功能可自动关闭相关灯，通过设置电池保护程序的 AFC 中集成的节电继电器断开灯和 MMC 的连接。

（2）外部灯

BCM 控制车辆系统的外部灯光，包括以下功能（有关制动踏板开关状态的信息通过 BCM 的硬连线输入接收）：日间行车灯（DRL）、位置灯、牌照灯、近光灯、远光灯、制动灯和 CHMSL（用于制动灯和 CHMSL 的独立通道）、倒车灯、前雾灯、后雾灯。除了上述基本功能外，BCM 还应提供以下自动照明功能：伴我回家灯、驻车灯、智能寻车灯、迎宾灯、转向灯。

自动照明开关和闪光开关集成在 SCM 中，有关 SCM 状态的信息通过 CAN 总线接收到 BCM。自动照明功能包括近光灯、位置灯和牌照灯。通过选择 SCM 到自动位置激活自动照明功能，光传感器信号有效，检测黄昏传感器信号在一定时间内低于阈值。伴我回家照明功能包括近光灯、位置灯和牌照灯。车辆搜索灯功能包括近光灯、位置灯和牌照灯。迎宾灯功能包括位置灯等。

对于刹车灯，它还具有来自 EPB 和 EMS 的 CAN 信号输入。刹车灯开关向 EPB 控制模块传送制动信号。

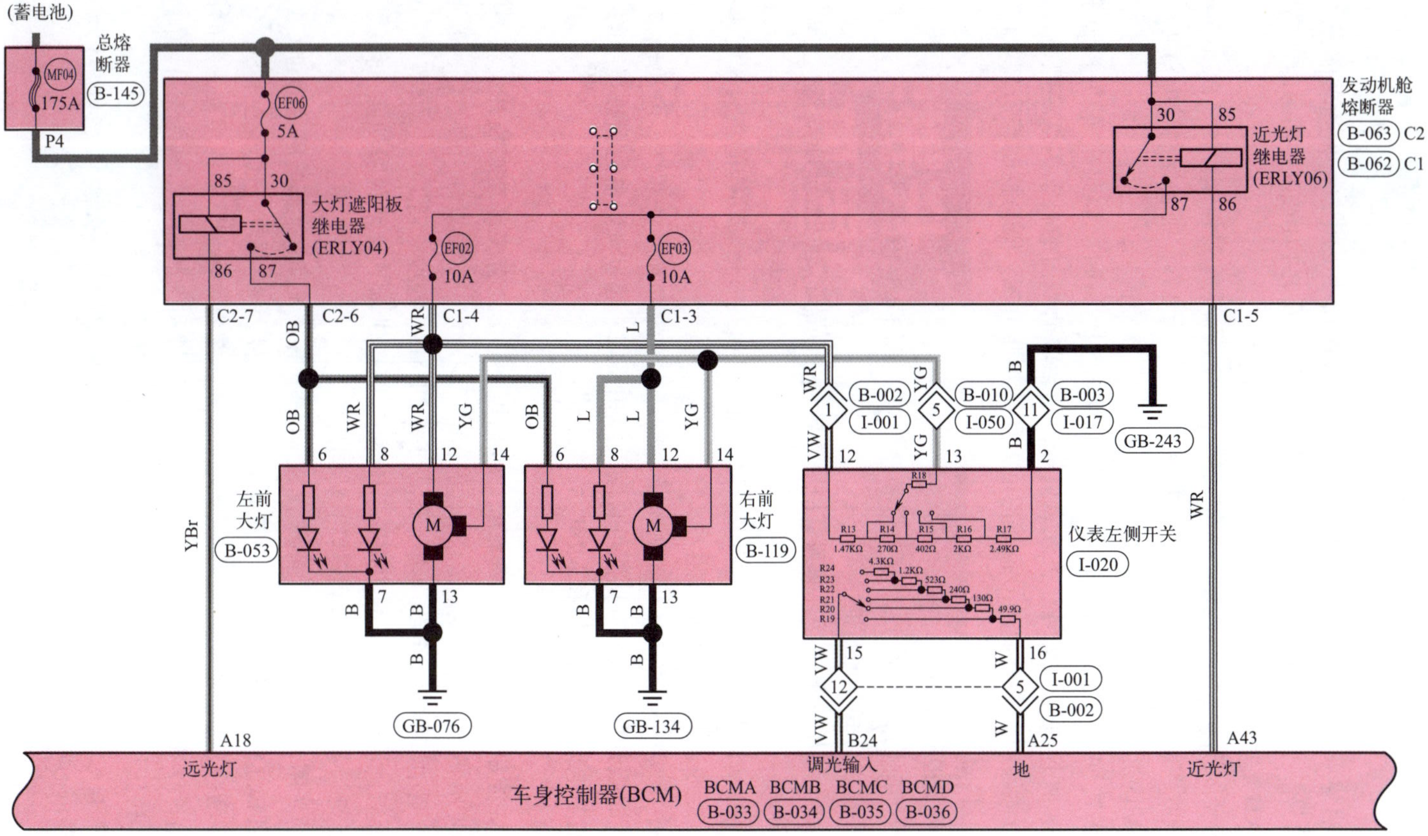

发动机舱熔断器 B-063 C2 B-062 C1

近光灯继电器 (ERLY06)

85 86 30 87

C1-5 WR A43 近光灯

GB-243

B-003 I-017 · B-010 I-050

仪表左侧开关 I-020

B-002 I-001 · B-002 I-001

B-002 I-001 A25 地

2 16 5

11 13 12 15 B24

B YG YA WW WR VW VV

R17 2.49KΩ R16 3KΩ R15 53KΩ 49.9Ω 13Ω 26Ω 39Ω
R14 40Ω R13 27Ω R12 1.47KΩ R11
R24 R23 R21 R20 R19

调光输入

车身控制器 (BCM)

BCMA B-033 BCMB B-034 BCMC B-035 BCMD B-036

右前大灯 B-119

左前大灯 B-053

EF03 10A C1-3

EF02 10A C1-4

EF06 5A

大灯遮阳板继电器 (ERLY04)

30 85 86 87

C2-6 C2-7

14 12 13 8 7 6

YG L OB WR B M

GB-134 GB-076

A18 YBr 远光灯

蓄电池 总熔断器 B-145

MF04 175A P4

图 4.3-40 灯光系统电路 (一)

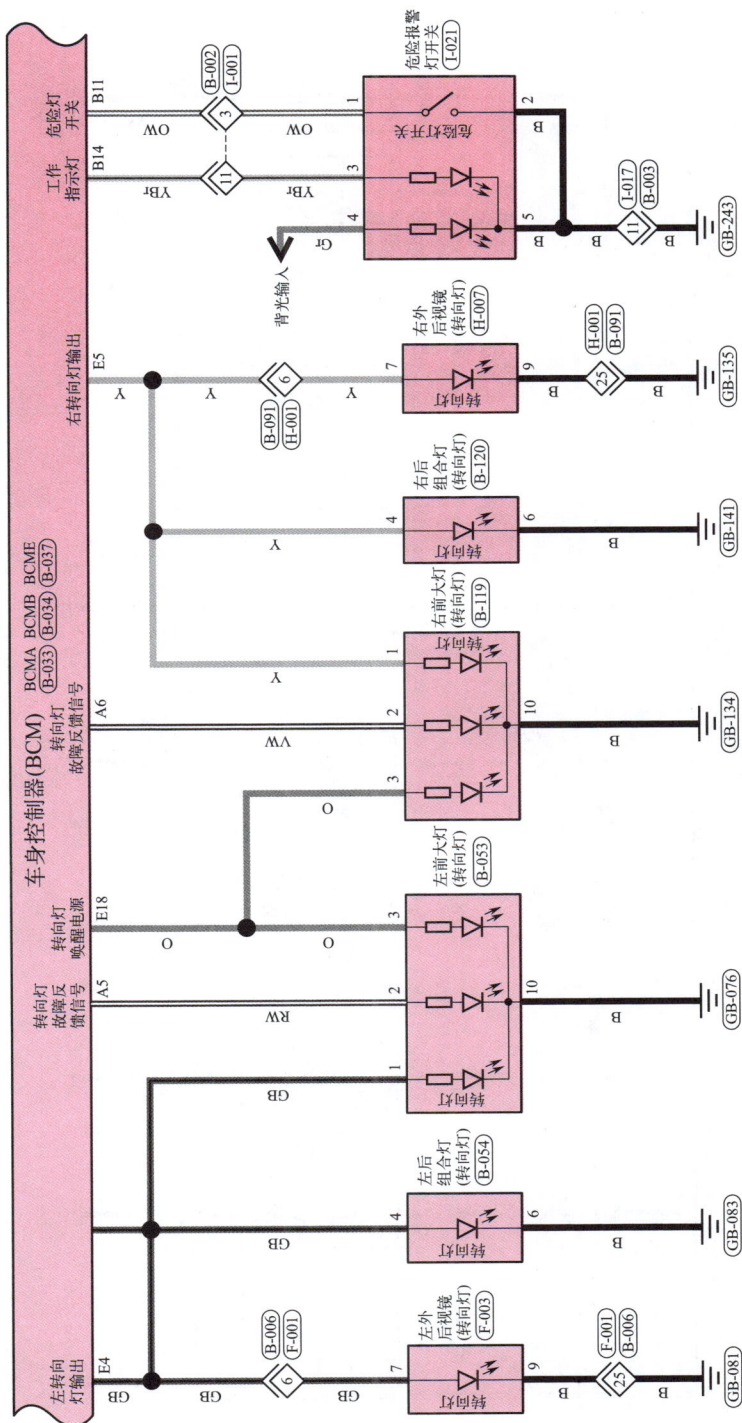

图 4.3-41 灯光系统电路（二）

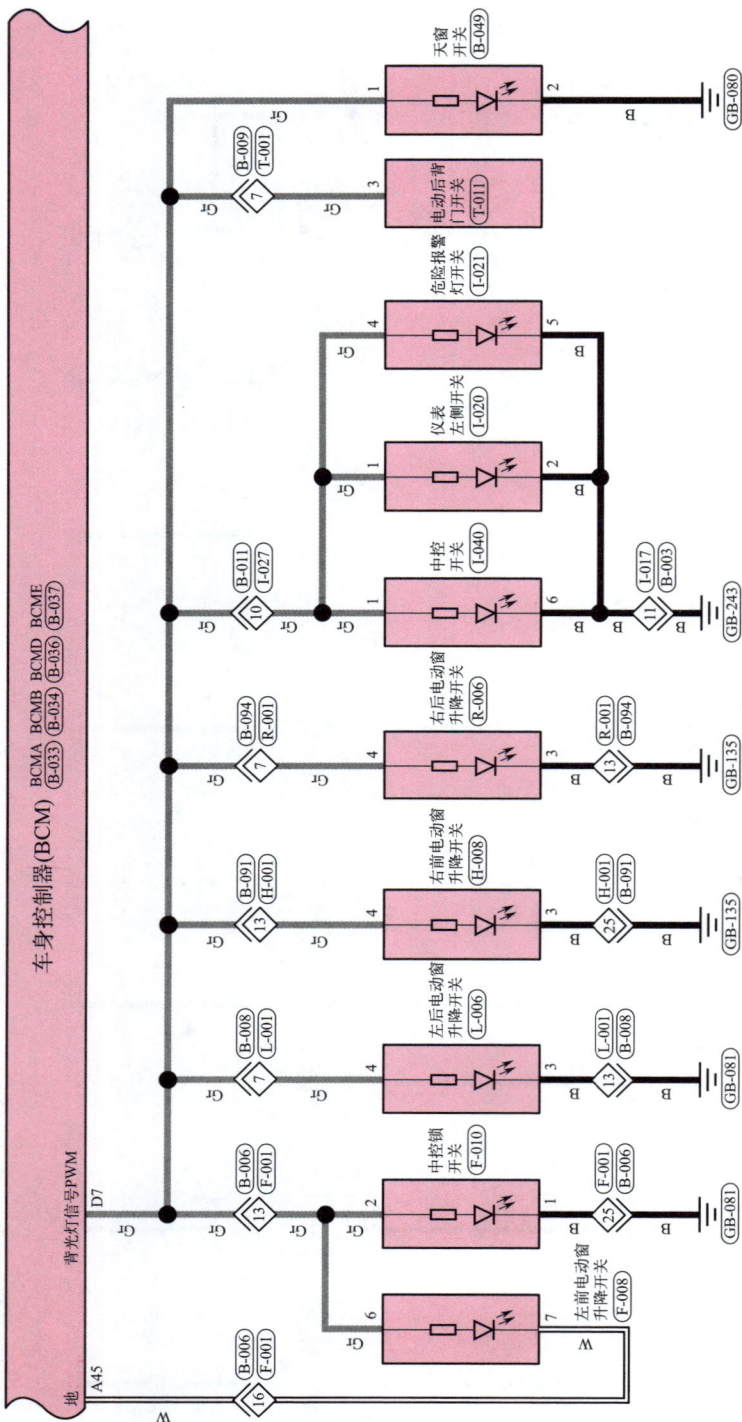

图 4.3-42 灯光系统电路（三）

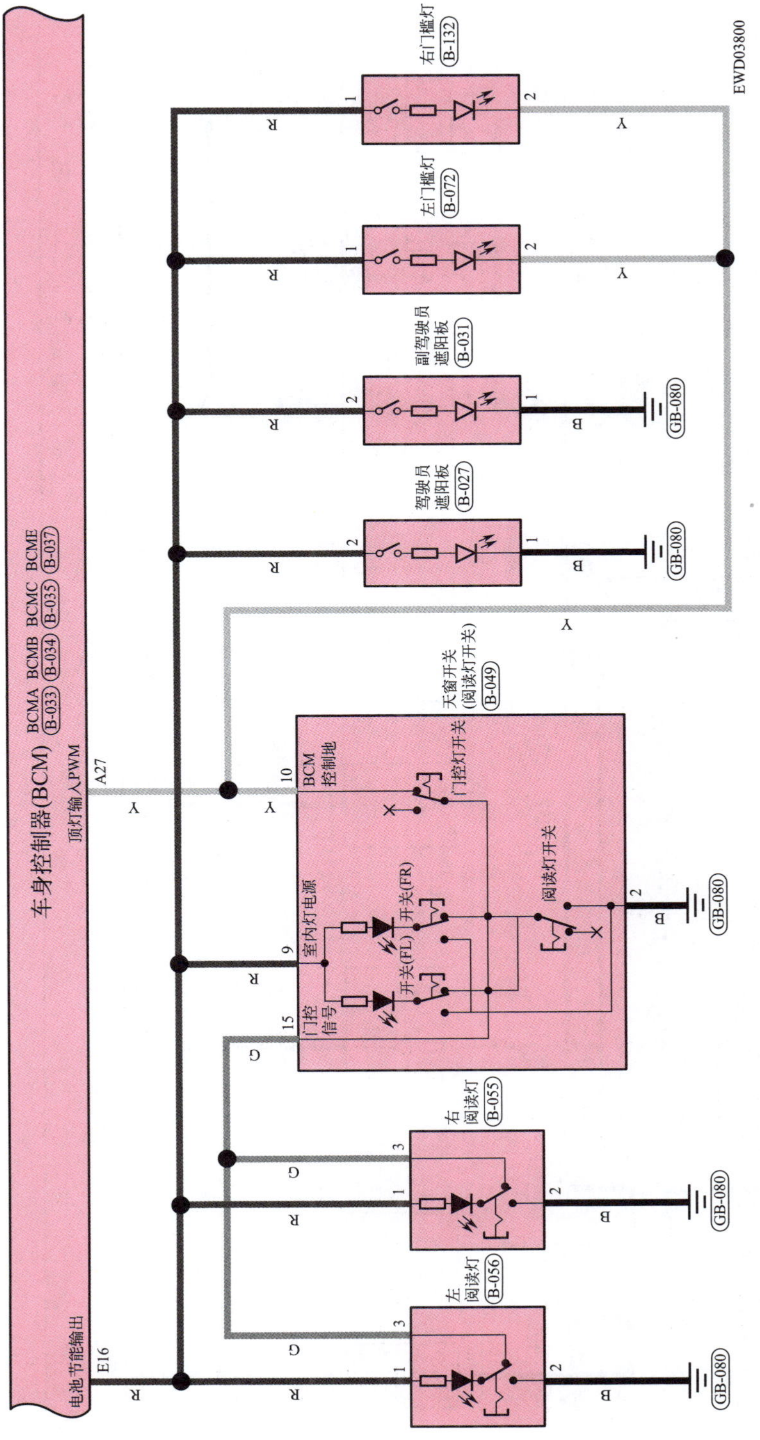

图 4.3-43　灯光系统电路（四）

右门槛灯 (B-132)

左门槛灯 (B-072)

副驾驶员遮阳板 (B-031)

驾驶员遮阳板 (B-027)

天窗开关 (阅读灯开关) (B-049)

BCM 控制地

室内灯电源

门控信号线

开关(FL)

开关(FR)

门控灯开关

阅读灯开关

右阅读灯 (B-055)

左阅读灯 (B-056)

车身控制器 (BCM)　BCMA BCMB BCMC BCME
(B-033)(B-034)(B-035)(B-037)

顶灯输入PWM

电池节能输出

GB-080

EWD03800

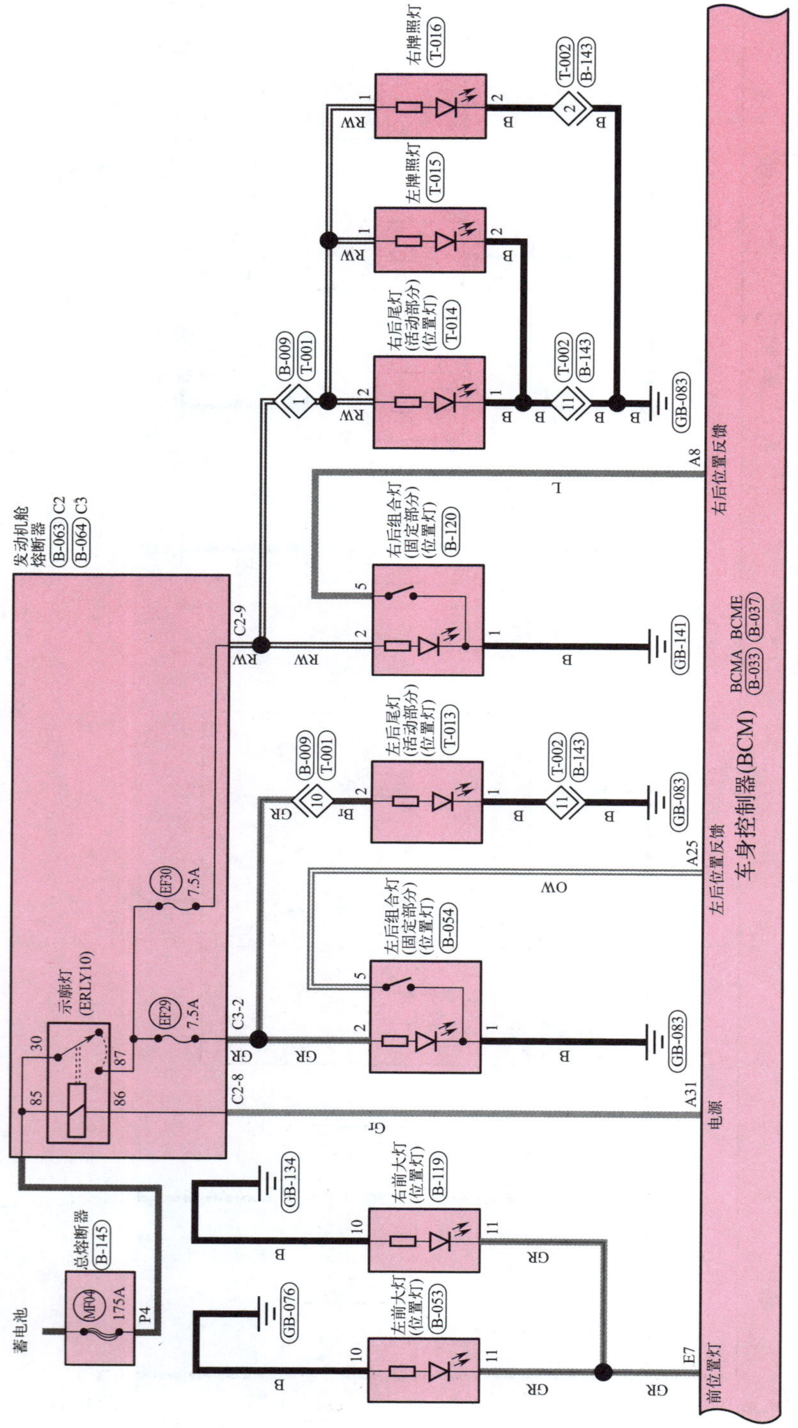

图 4.3-44 灯光系统电路（五）

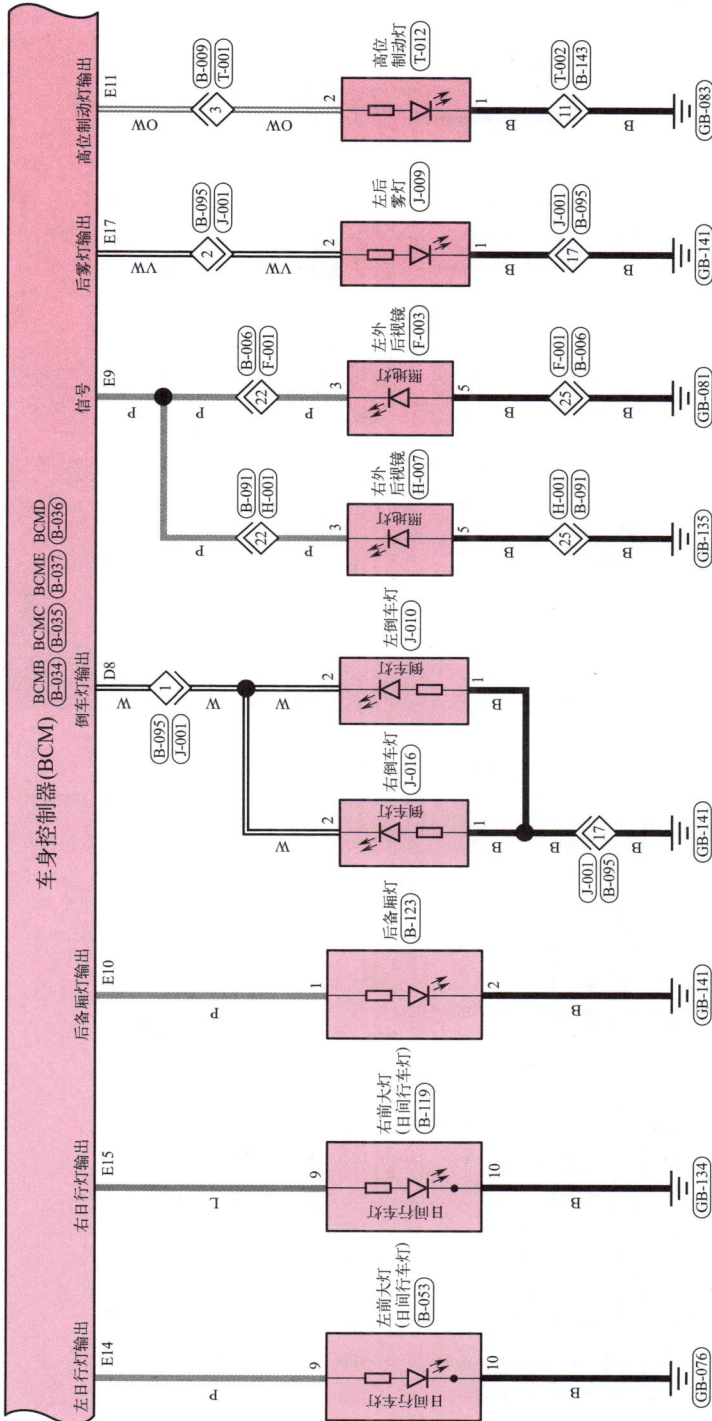

图 4.3-45 灯光系统电路（六）

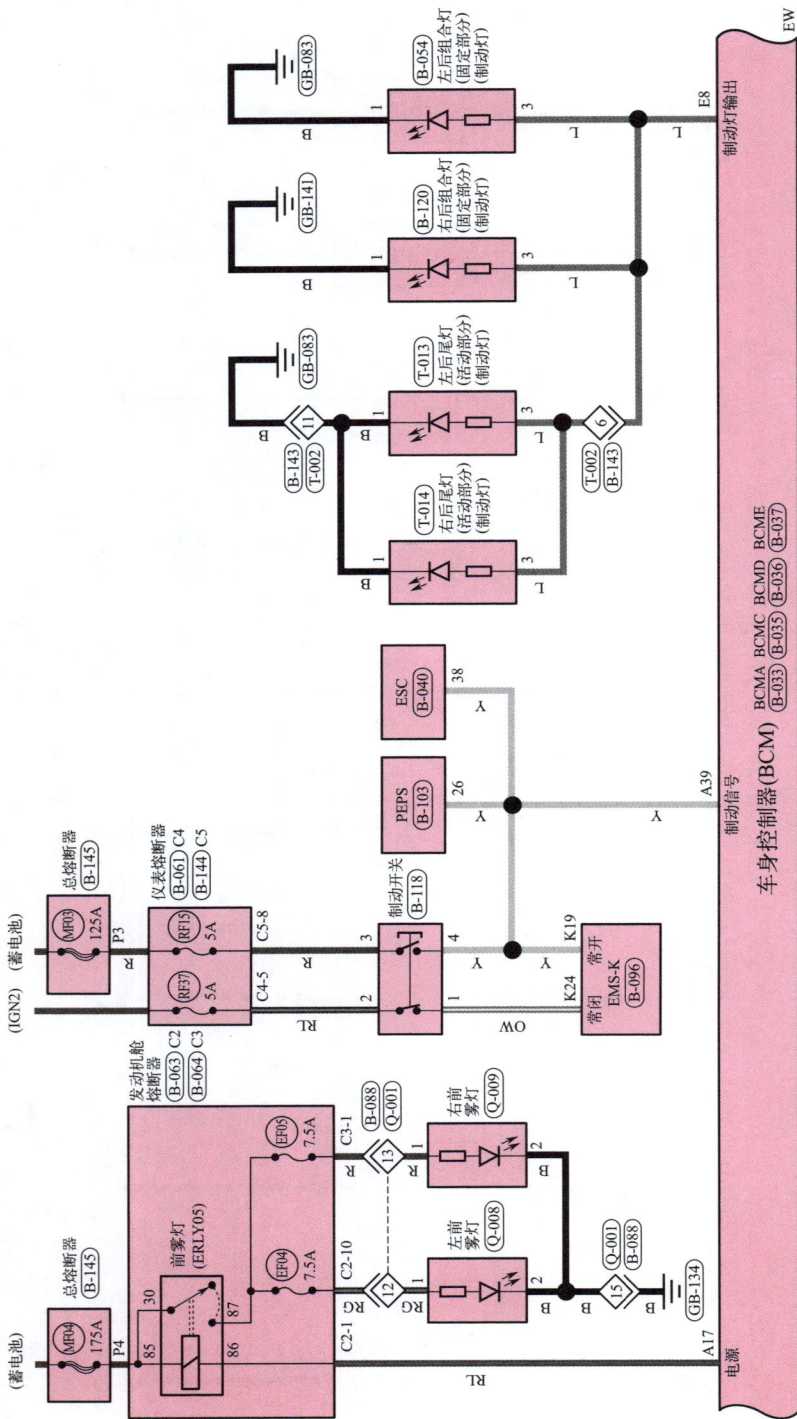

图 4.3-46　灯光系统电路（七）

6.灯光系统诊断（表4.3-2）

表4.3-2　灯光系统故障

故障症状		排查顺序	可能的故障点
大灯	一侧近光灯不亮	①	熔丝
		②	前大灯灯泡
		③	线束或连接器
	左右近光灯都不亮	①	熔丝
		②	前大灯灯泡
		③	组合灯开关总成
		④	近光灯继电器
		⑤	线束或连接器
		⑥	车身控制模块（BCM）
	一侧远光灯不亮	①	熔丝
		②	前大灯灯泡
		③	线束或连接器
	左右远光灯都不亮	①	熔丝
		②	前大灯灯泡
		③	组合灯开关总成
		④	远光继电器
		⑤	线束和连接器
		⑥	车身控制模块（BCM）
	一侧位置灯不亮	①	位置灯灯泡
		②	线束或连接器
	左右位置灯都不亮	①	位置灯灯泡（所有）
		②	线束或连接器
		③	组合灯开关总成
		④	车身控制模块（BCM）
	日间行车灯不亮	①	熔丝
		②	前大灯灯泡
		③	线束或连接器
		④	车身控制模块（BCM）

续表

故障症状		排查顺序	可能的故障点
雾灯	后雾灯不亮	①	熔丝
		②	后雾灯灯泡
		③	组合灯开关
		④	线束或连接器
		⑤	车身控制模块（BCM）
转向信号灯和危险警告灯	危险警告灯和转向信号灯不亮	①	熔丝
		②	灯泡
		③	组合灯开关
		④	线束或连接器
		⑤	车身控制模块（BCM）
		⑥	危险警告灯开关
	危险警告灯不亮（危险警告灯正常）	①	危险警告灯开关
		②	线束或连接器
		③	车身控制模块（BCM）
	转向信号灯不亮（危险警告灯正常）	①	组合灯开关
		②	线束或连接器
		③	车身控制模块（BCM）
牌照灯	牌照灯不亮	①	熔丝
		②	牌照灯灯泡
		③	组合灯开关总成
		④	线束或连接器
		⑤	车身控制模块（BCM）
后备厢灯	后备厢灯不亮	①	熔丝
		②	后备厢灯灯泡
		③	后备厢锁总成
		④	线束或连接器
		⑤	车身控制模块（BCM）
制动灯	制动灯不亮（所有）	①	熔丝
		②	制动灯灯泡（所有）
		③	制动灯开关
		④	线束连接器
		⑤	车身控制模块（BCM）

续表

故障症状		排查顺序	可能的故障点
制动灯	只有一个制动灯不亮	①	制动灯灯泡
		②	危险警告灯开关
		③	线束或连接器
前顶灯	前顶灯不亮	①	熔丝
		②	前顶灯灯泡
		③	线束或连接器
		④	前顶灯总成
		⑤	车身控制模块（BCM）
倒车灯	倒车灯不亮（所有）	①	熔丝
		②	继电器（DCT 车型）
		③	倒车灯灯泡
		④	倒车灯开关（MT）
		⑤	车身控制模块（BCM）
		⑥⑦	线束或连接器
		⑥⑦	挡位开关

四、电动后视镜维修

1. 车外后视镜结构组成

车外后视镜结构组成见图 4.3-47。车外电动后视镜有两种：一种是后视镜折叠和镜片调整都是电动的；一种只有镜片调整是电动的，没有后视镜电动折叠功能。前者有两套驱动电机，一套是折叠电机，一套是上下、左右调整镜片的电机。后视镜镜片调整电机见图 4.3-48，电动后视镜折叠电机见图 4.3-49。

2. 电动后视镜基本的调整原理

每个电动后视镜都有一个独立控制开关，操作电动后视镜开关，可实现上下、左右调整。上下、左右调整

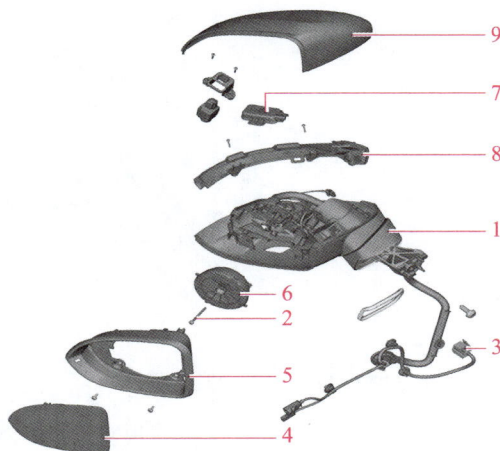

图 4.3-47　车外后视镜结构组成（总成分解）

1—后视镜底座；2—螺栓；3—连接插头；4—后视镜玻璃；5—后视镜框架；6—调节单元（带电机）；7—车外后视镜中的登车照明灯；8—转向信号灯；9—后视镜盖罩

各用一个电机驱动控制。通过改变电机的电流方向，来实现上下、左右方向改变。

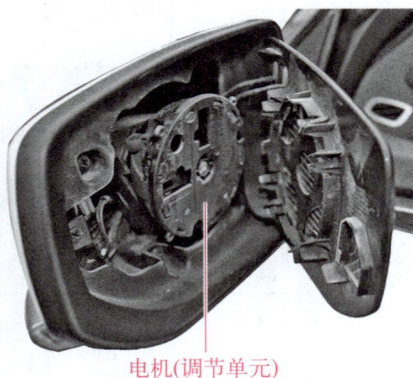

电机(调节单元)

图 4.3-48　后视镜镜片调整电机

图 4.3-49　电动后视镜折叠电机

　　电动后视镜系统电路如图 4.3-50 所示，点火开关在 ACC 以上位置时，可使用后视镜开关调整室外后视镜的角度。要调整后视镜，移动选择开关杆到 R（右）或 L（左）位置，并按动向左 / 向右或向上 / 向下开关进行调整。按下向上或向下开关时，向左或向右开关连接；按下向左或向右开关时，向上或向下开关连接。后视镜调整结束后，移动选择开关杆到中间位置，防止意外调整。在电路图中，电动后视镜内部开关接口及动作见表 4.3-3。

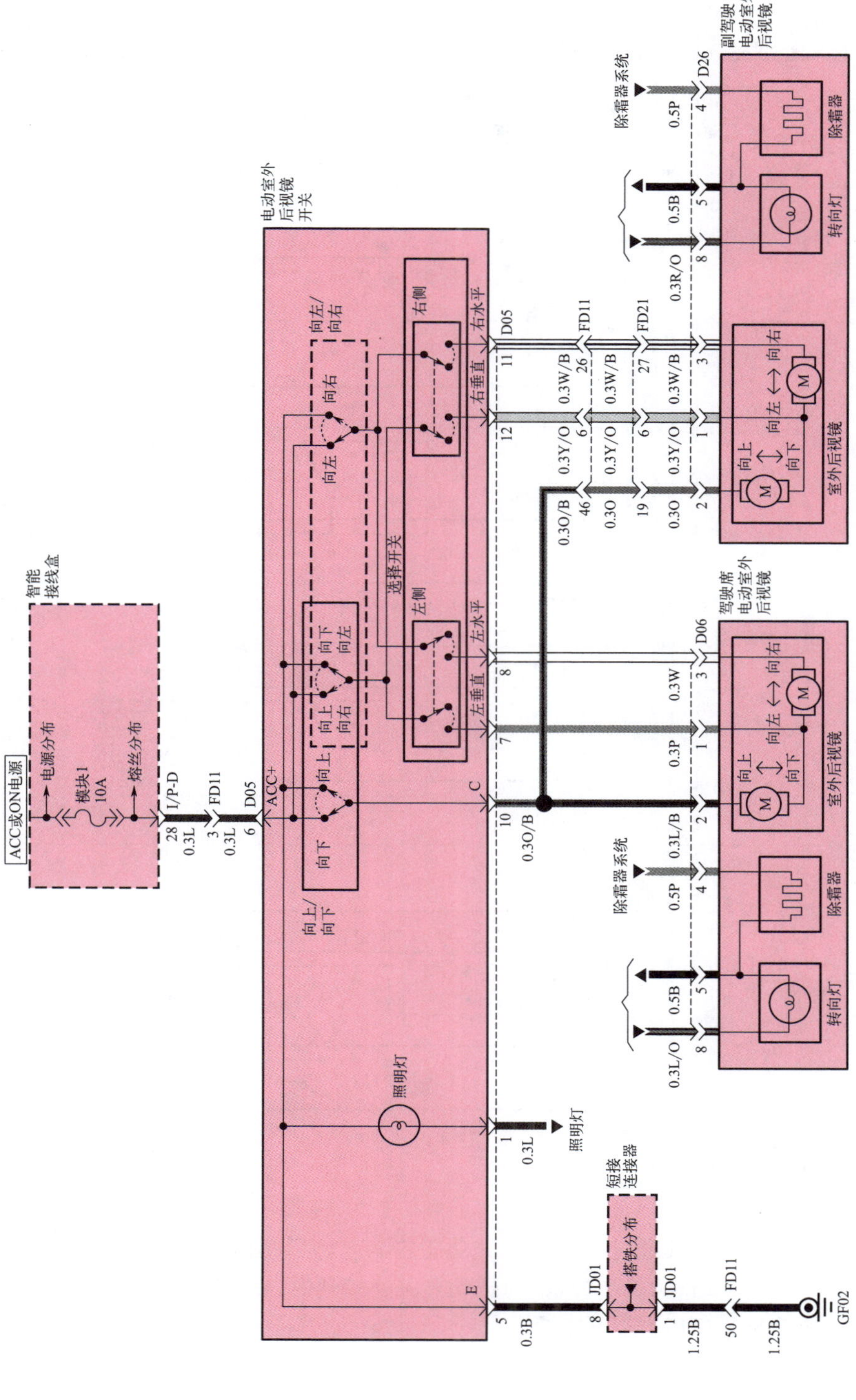

图 4.3-50　电动后视镜系统电路图（无折叠）

表 4.3-3　电动后视镜内部开关接口及动作

调整方向	线路连接	开关动作
后视镜向上开关	ACC：6、7、8（左）/6、11、12（右）搭铁：5、10	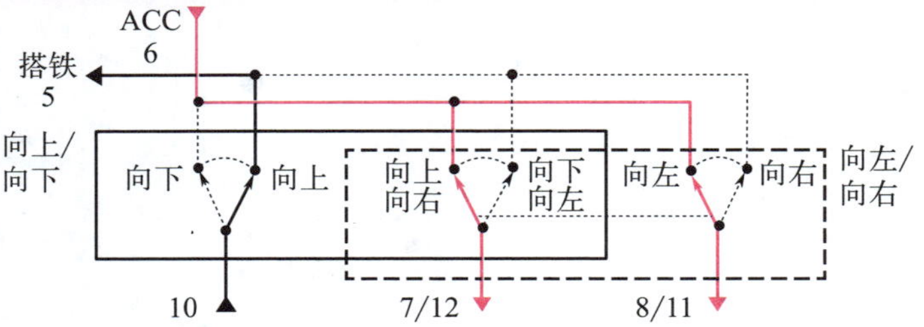
后视镜向下开关	ACC：6.10 搭铁：5、7、8（左）/5、11、12（右）	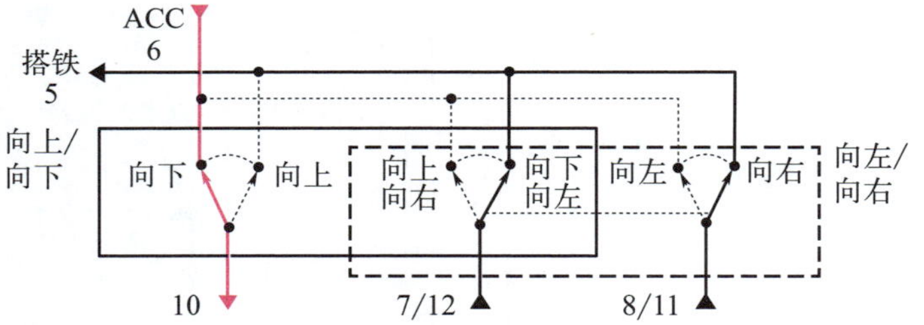
后视镜向左开关	ACC：6、8（左）/6、11（右）搭铁：5、7、10（左）/5、10、12（右）	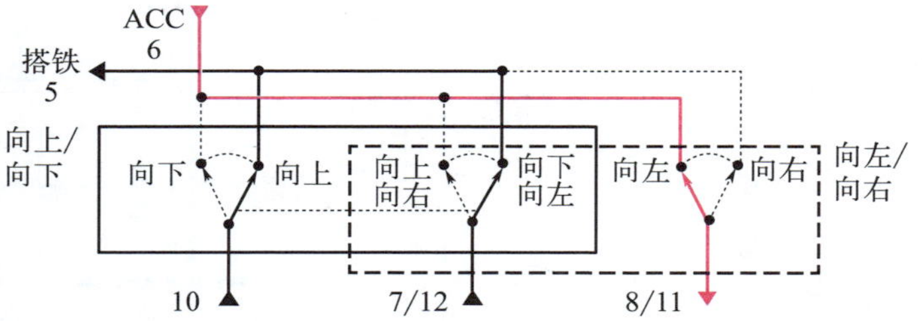
后视镜向右开关	ACC：6、7、10（左）/6、10、12（右）搭铁：5、8（左）/5、11（右）	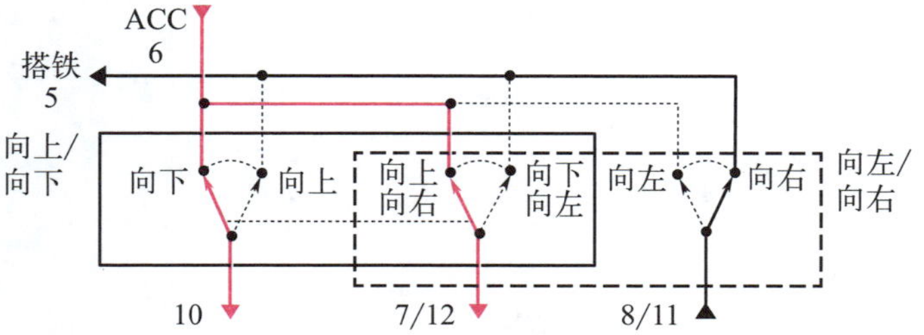

3. 折叠电动后视镜

（1）折叠电动后视镜电路控制

车身控制单元 BCM 通过折叠和展开功能控制电动后视镜。如图 4.3-51 所示，镜像折叠／展开开关通过 LIN 接线作为拨动开关连接到 BCM，BCM 控制镜像折叠电机并通过两个外部继电器展开电机。

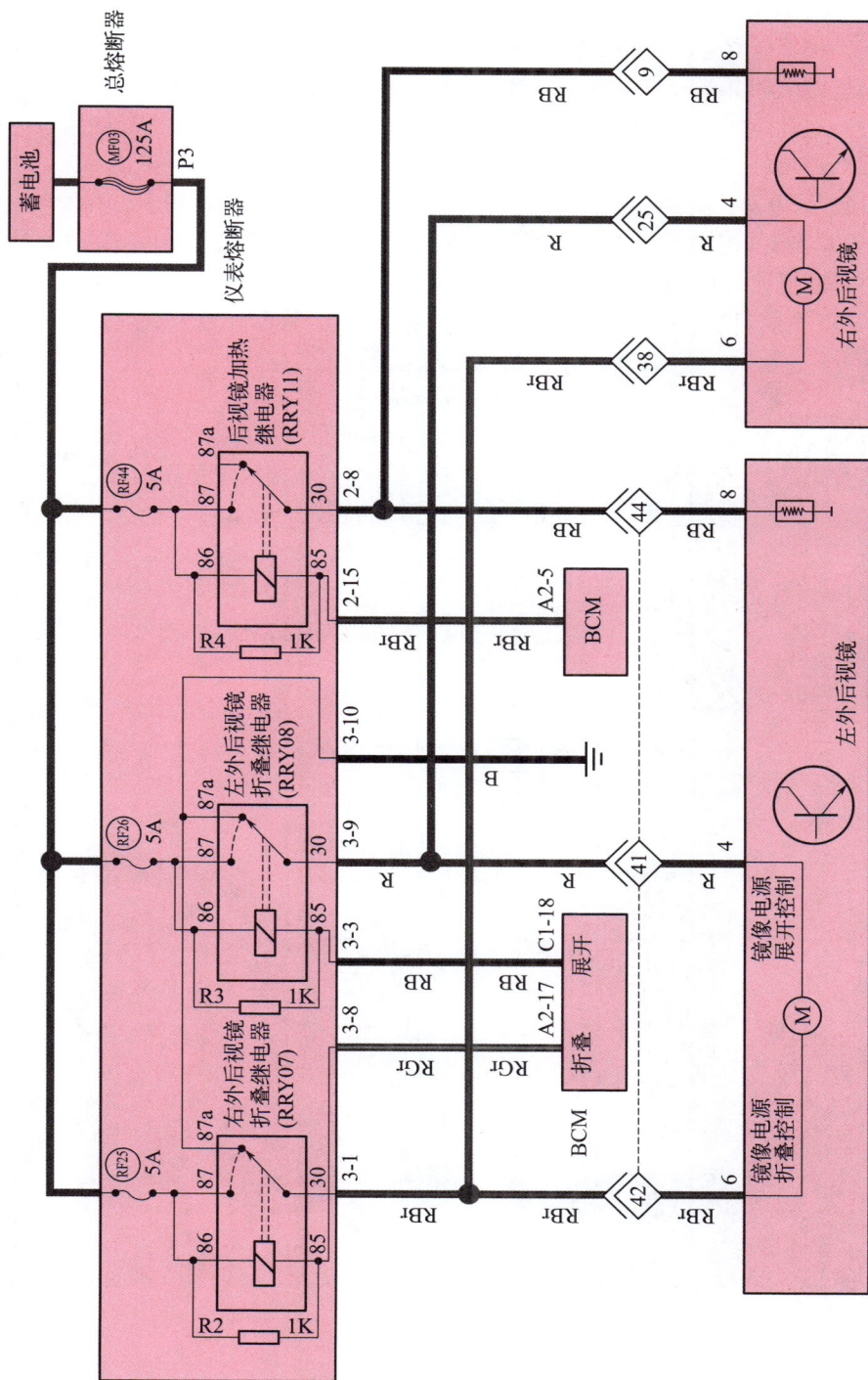

图 4.3-51 折叠电动后视镜控制电路

（2）折叠后视镜故障诊断

折叠后视镜通常会有以下故障并会生成故障码：①外后视镜折叠开关卡滞；②外后视镜折叠继电器开路或对地短路；③外后视镜折叠继电器对电源短路；④外后视镜展开继电器开路或对地短路；⑤外后视镜展开继电器对电源短路；⑥后除霜继电器开路或对地短路；⑦后除霜继电器对电源短路。

❶ 检查继电器：其实电路中基本的故障检测原理是一样的，这里不再赘述。

❷ 检查线束和连接器开路：用万用表分别检测仪表熔断器的 2-8、3-1、3-9 端子到左右外后视镜的 8、6、4 号端子的导通性。正常应导通。

❸ 检查线束和连接器是否对地短路：用万用表分别检测左右外后视镜的三个端子与接地之间电阻，正常应为∞。

4. 后视镜拆装

❶ 如图 4.3-52 所示，拆卸后视镜总成时需拆卸前车门饰板，然后拆卸后视镜固定螺栓。

❷ 如果只拆卸镜片，无须拆卸后视镜总成，如图 4.3-53 所示，用专用工具撬下后视镜镜片，拔下电气插头。将后视镜玻璃居中压到壳体的调整单元，后视镜玻璃卡紧时可以听到响声，说明安装到位。

❸ 如图 4.3-54 所示，拆卸后视镜镜片后，就可以看到带电机的调整单元，拧出螺栓并从后视镜底座上可以取离调整单元，然后拔出插头，取下调整单元。

图 4.3-52　拆卸后视镜总成

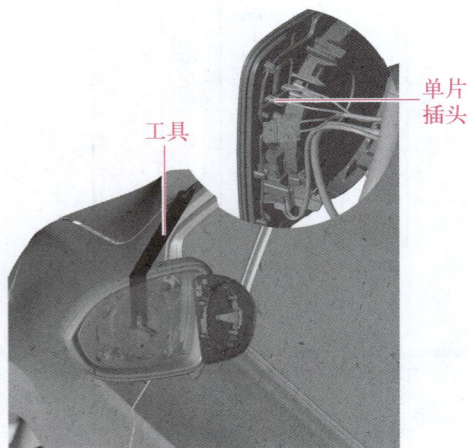

图 4.3-53　拆卸后视镜镜片

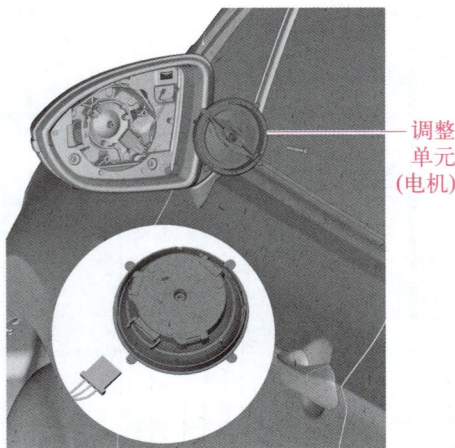

图 4.3-54　拆卸调整单元

五、组合仪表维修

1. 组合仪表组成

组合仪表是高集成度的电子化仪表显示系统，主要由发动机冷却液温度表、转速表、燃油表、车速表、综合信息显示中心及报警指示符号等组成。综合信息显示中心主要显示汽车车辆信息，该信息包括时钟、短程里程、总里程、瞬时油耗等。组合仪表见图 4.3-55 和图 4.3-56。组合仪表电路板见图 4.3-57。

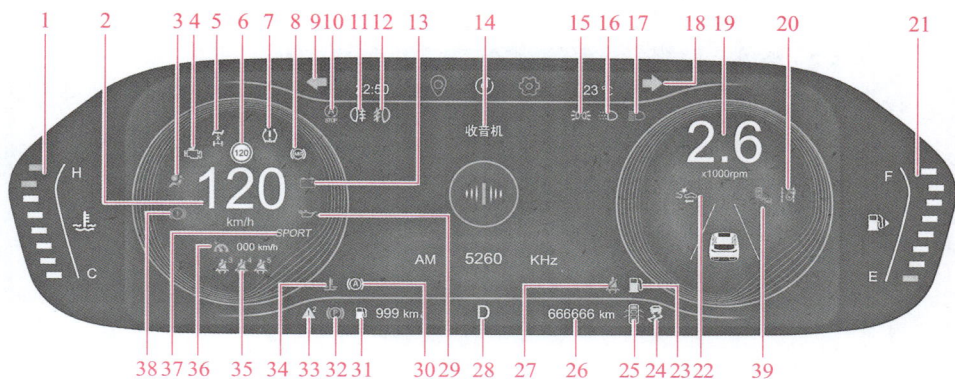

图 4.3-55　液晶仪表

1—水温表；2—车速表；3—SRS 故障指示灯；4—发动机故障指示灯；5—四驱故障指示灯；6—限速标志识别；7—胎压故障指示灯；8—ABS 故障指示灯；9—左转向灯；10—启停系统指示灯；11—后雾灯指示灯；12—前雾灯指示灯；13—充电系统指示灯；14—多功能显示区；15—位置指示灯；16—日间行车灯指示灯；17—远光灯指示灯；18—右转向灯；19—转速表；20—车道偏离指示灯；21—燃油表；22—紧急制动指示灯；23—燃油指示灯；24—ESC 指示灯；25—门开提示指示灯；26—总里程；27—前排座椅安全带指示灯；28—挡位显示；29—机油压力低报警指示灯；30—自动启停系统指示灯；31—续航里程；32—电子驻车指示灯；33—故障信息指示灯；34—水温高报警指示灯；35—后排座椅安全带指示灯；36—定速巡航指示灯 / 主动限速指示灯；37—SPORT 模式指示灯；38—制动系统故障指示灯；39—盲区监测指示灯

图 4.3-56　机械仪表

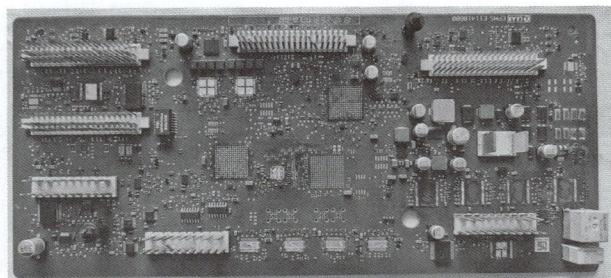

(a) 正面

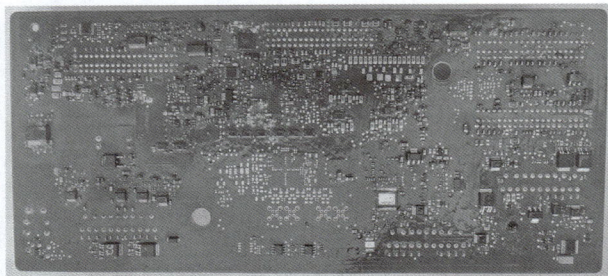

(b) 背面

图 4.3-57　仪表电路板

2. 工作原理

电子控制模块之间的通信基于控制器局域网（CAN）总线（图 4.3-58 和图 4.3-59）。每个电子控制模块都可以通过 CAN 总线传递自己的信息，并可以听来自其他电子控制模块的特定消息。通常，电子控制模块控制发动机的直接燃油喷射和节气门、制动器（ABS）、主动悬架、灯光、动力转向、导航、停车辅助等。根据从不同类型的传感器收集的各种类型的输入数据，每个电子控制模块实现自己的软件控制算法，并将计算结果（输出）应用于受控硬件。输入和输出数据都可以被视为 CAN 报文或包含在这些消息中的信号。组合仪表可以说是一个特定的电子控制模块，它以各种格式向驾驶员显示大量信息，如指示灯、警告灯等。

组合仪表用于随时监视和显示车辆各系统及部件的工作状态。组合仪表接收来自各传感器和开关的信号（根据车型不同，网关可能安装在组合仪表内），通过仪表、多信息显示屏、指示灯和警告灯显示各系统的工作状况，并通过灯光闪烁和声音报警来提醒和警告驾驶员。从而有利于驾驶员及时排除可能发生的故障，有效地避免故障或事故的发生。

3. 仪表故障

仪表更换后需要编程，重新写入 VIN 码、重新写配置码、写入距下次保养的里程及保养时间。如果无以上操作，换仪表后重新上下电，仪表里程显示闪烁，或伴随长鸣报警音，同时可能存在通信故障报警等问题。

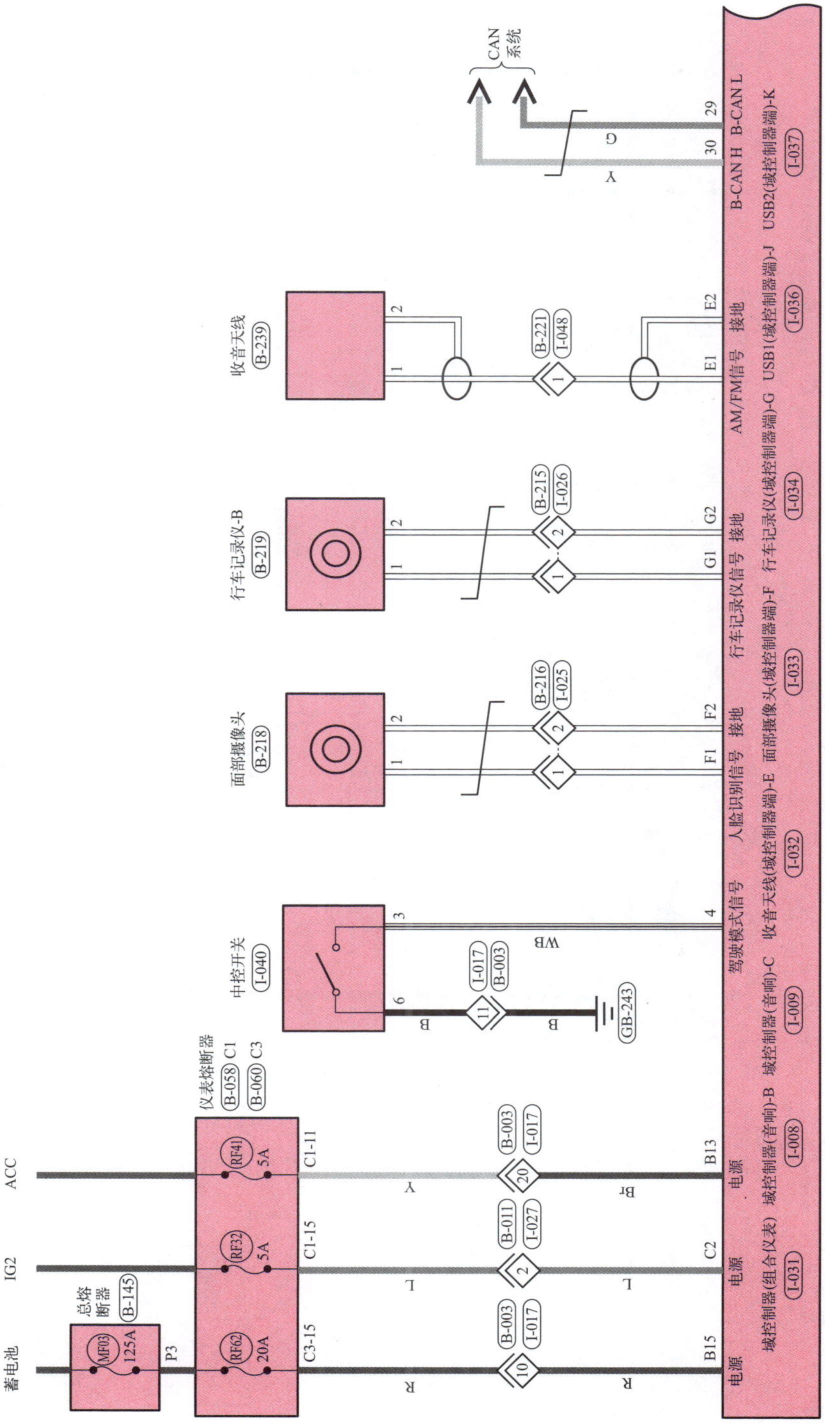

图 4.3-58 组合仪表电路（一）

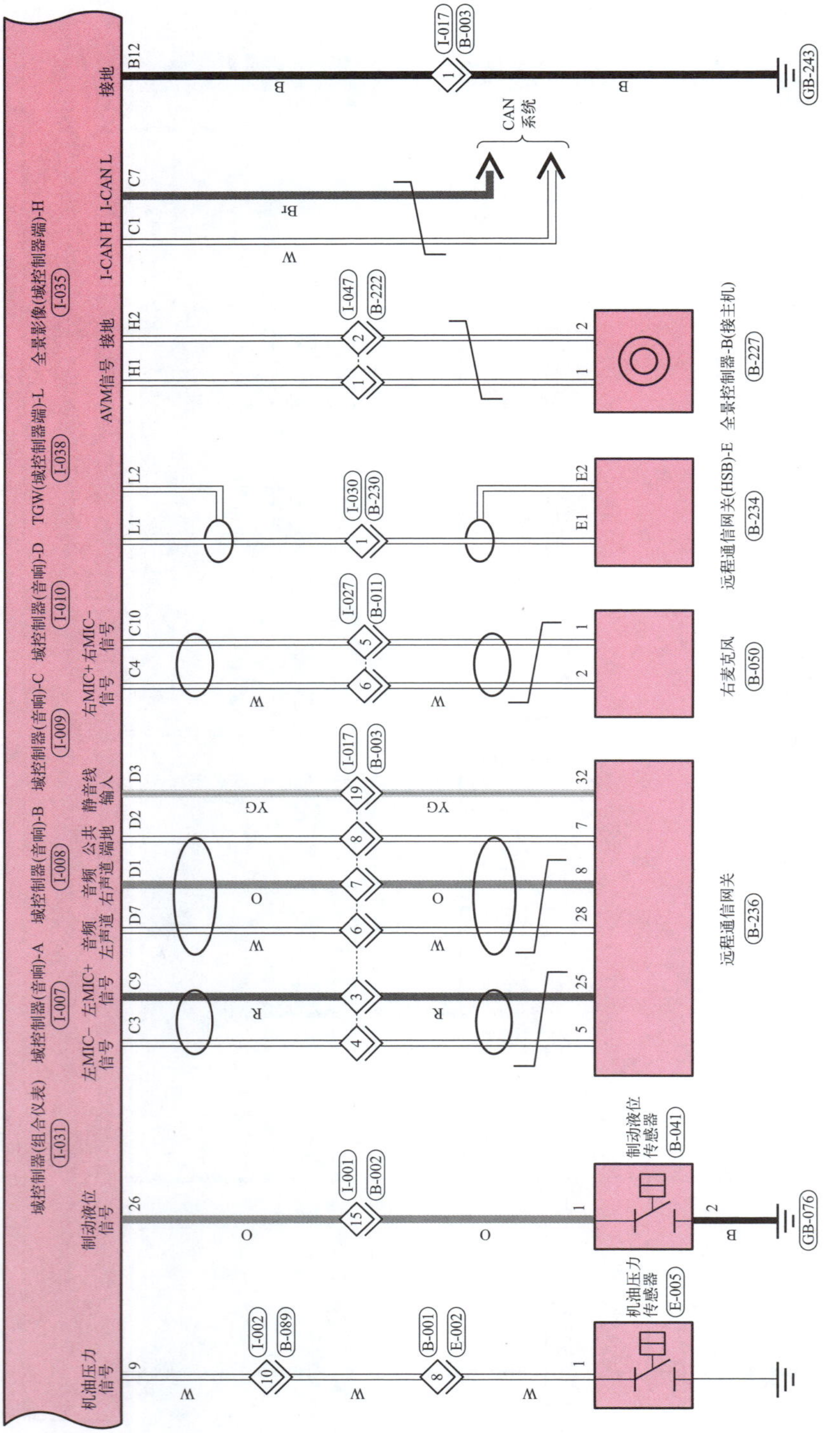

图4.3-59 组合仪表电路（二）

六、电动座椅维修

1. 电动座椅结构

电动座椅及其调节开关见图 4.3-60 和图 4.3-61，座椅电机骨架见图 4.3-62。

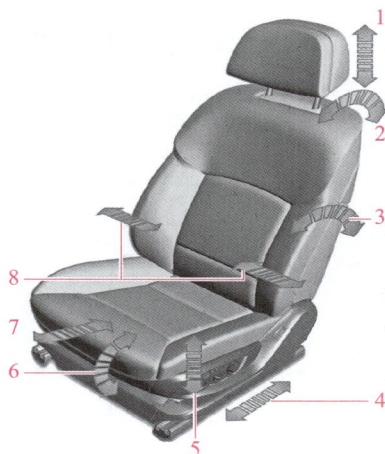

图 4.3-60 以多功能座椅为例的最大座椅调节

1—头枕高度调节；2—靠背上部调节；3—靠背倾斜度调节；4—座椅纵向调节；5—座椅高度调节；6—座椅倾斜度调节；7—坐垫前后调节；8—靠背宽度调节

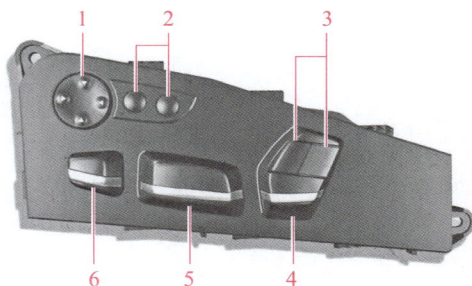

图 4.3-61 带记忆功能的多功能座椅的座椅调节器开关

1—腰部支撑调节；2—靠背宽度调节；3—靠背上部调节；4—靠背倾斜度和头枕高度调节；5—座椅纵向、座椅高度和座椅倾斜度调节；6—坐垫前后调节

2. 控制原理及诊断

以别克君威 8 个方向的多功能电动座椅系统为例：驾驶员和乘客 8 向电动座椅系统各自包括座椅调节器开关、座椅水平调节电机、座椅前部垂直调节电机、座椅后部垂直调节电机、座椅倾角调节电机，其电路见图 4.3-63。

（1）座椅供电

蓄电池电压通过位于熔断器中的熔丝向座椅控制模块供电，模块将该电压用于逻辑电源，通过继电器向座椅控制模块供电。该电压连接到座椅控制模块内置的电源轨并用于驱动电动座椅电机和配有加热型座椅车辆的座椅加热元件。

图 4.3-62 座椅电机骨架

座椅控制模块

座椅后仰电机(驾驶员侧)

座椅水平电机(驾驶员侧)

座椅后部垂直电机(驾驶员侧)

座椅前部垂直电机(驾驶员侧)

座椅调节开关(驾驶员侧)

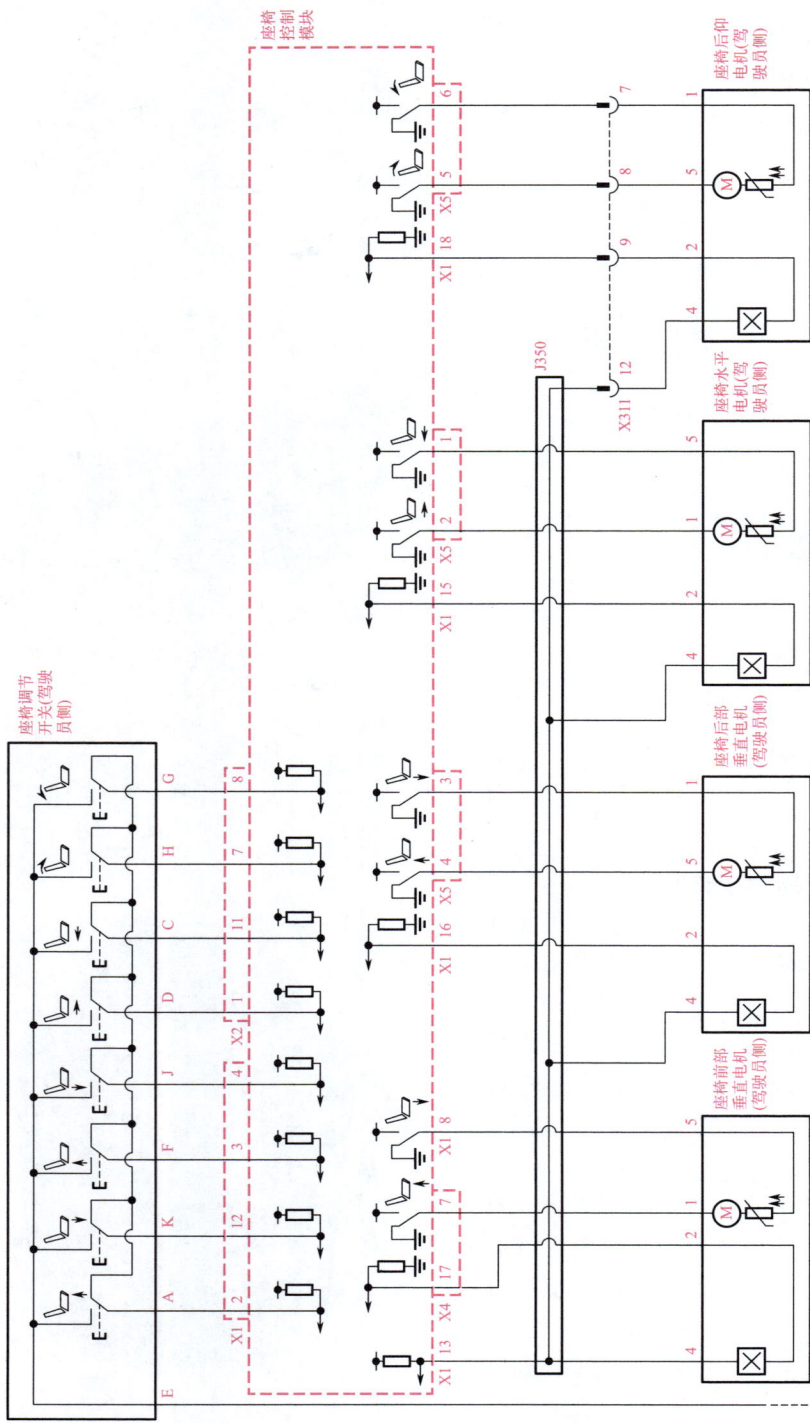

图4.3-63 座椅控制电路

J350

G305

每个座椅电机都由座椅控制模块通过两个电机控制电路进行控制。电机不工作时，座椅位置控制模块将电源轨上的所有电机控制电路连接至公用的参考点。在启用任意座椅电机前，座椅控制模块查看该参考电压是否对搭铁或蓄电池短路。

（2）座椅调节器开关

座椅控制模块向座椅调节器开关的各信号电路提供低电压电流。按下座椅开关时，来自座椅位置记忆控制模块的相应信号电路电压通过开关触点降低，指示电动座椅指令。随后，座椅位置记忆控制模块指令驾驶员座椅移动，以响应开关信号。

座椅的位置通过记忆开关要求驾驶员按住记忆按钮直至座椅到达其记忆位置。通过低电平参考电压电路向驾驶员座椅开关提供来自座椅控制模块的搭铁。模块也将记忆设置和记忆位置回忆信号电路提供给座椅开关。当按下开关时，来自座椅控制模块的信号电路通过开关触点和一系列电阻器被拉低，显示记忆位置回忆请求。为响应此信号，座椅控制模块指令相应座椅电机移动至保存在存储器中的预存座椅位置。

（3）座椅控制模块

座椅控制模块控制电动座椅的电源通断，并存储座椅记忆及复位。收到座椅调节开关的输入信号后，座椅控制模块控制座椅运动。

（4）座椅电机

座椅系统共有4个可移动座椅位置的电机。座椅水平调节电机使整个座椅向前和向后移动。当操作座椅开关使整个座椅向上、向下移动时，两个垂直电机同时运行。或者可以分别选择电机来（垂直/倾斜/上下）使座椅的前部或后部运动。倾角调节电机使座椅靠背前倾或者后倾。座椅电机见图4.3-64。

座椅控制模块通过连接至模块内置单电源轨的半桥控制所有座椅电机。电机不工作时，模块将电源轨上的所有电机输出连接至公用的参考点。在启用任意座椅电机前，座椅控制模块查看该参考电压是否对搭铁或蓄电池短路。所有的座椅电机彼此独立工作。各电机包括一个仅在电机失去电压时才会复位的电子断路器（PTC）。

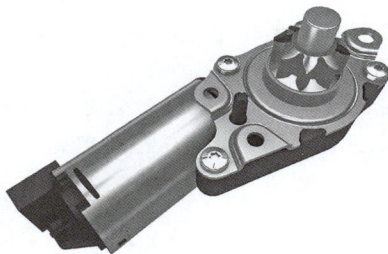

图 4.3-64　座椅电机

所有座椅电机都可双向运行。例如，当按下座椅开关使整个座椅向前移动时，搭铁通过开关触点和座椅水平向前开关信号电路施加到座椅控制模块上。为响应该信号，座椅控制模块通过驾驶员座椅水平调节电机向前控制电路，将蓄电池电压施加到电机上，并通过驾驶员座椅水平调节电机向后控制电路，将搭铁提供给电机。电机运行以驱动整个座椅向前移动。向后移动腰部支撑和向前移动腰部支撑的操作过程类似，不同的是，蓄电池电压和搭铁通过相反的电路施加在电机上，从而使电机反向运转。所有座椅电机都是这样通电运行的。

（5）座椅位置传感器

座椅电机内部装备有2线式霍尔效应型位置传感器。当存储或回忆存储器设置时，传感器由座椅控制模块监测并用来确定座椅位置。座椅控制模块为传感器提供一个共用的 12V 参考电路和独立的信号电路。在座椅电机操作期间，电机轴每转一圈，霍尔效应位置传感器就提供一个确定数目的脉冲信号。

（6）座椅故障诊断

❶ 座椅调节器开关：关闭点火开关，断开驾驶员座椅调节器开关的线束连接器。开关处于断开位置时，测试搭铁端子和各信号端子之间的电阻应为∞；相应开关处于闭合位置时，测试搭铁端子和各信号端子之间的通常电阻应该小于 2Ω，否则表明座椅调节器开关有故障。

❷ 座椅电机：关闭点火开关，断开座椅水平调节电机、座椅前部垂直调节电机、座椅后部垂直调节电机、座椅倾角调节电机的连接器，在控制端子 1 和 12V 电源之间安装一条 30A 的跨接线。在控制端子 5 和搭铁之间也连接一条跨接线，这时候，座椅电机会运行，如果不运行，表明电机有故障。

第四节　底盘电子控制系统维修

一、制动控制系统维修

1. ABS 系统的作用

ABS 系统是最基本的行车制动安全配置，目前的汽车都配置以 ABS 为基础的 ESC（电子稳定控制系统），其中包含了 ABS 系统功能。ABS 系统的主要作用就是防止车轮在紧急制动时前轮抱死，使驾驶员更好地控制车辆，减少事故发生。ABS 系统组成见图 4.4-1。ABS 系统中的主要部件有 ABS 泵总成（图 4.4-2）、车轮速度传感器（图 4.4-3）、带 ABS 传感器齿圈或感应圈的车轮轴承轮毂。

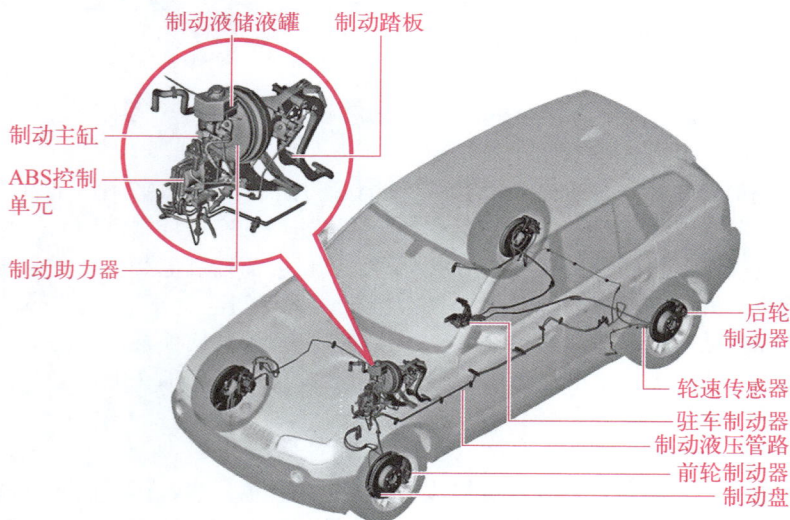

制动液储液罐　制动踏板
制动主缸
ABS控制单元
制动助力器
后轮制动器
轮速传感器
驻车制动器
制动液压管路
前轮制动器
制动盘

图 4.4-1　ABS 系统组成（4 轮各有一个轮速传感器）

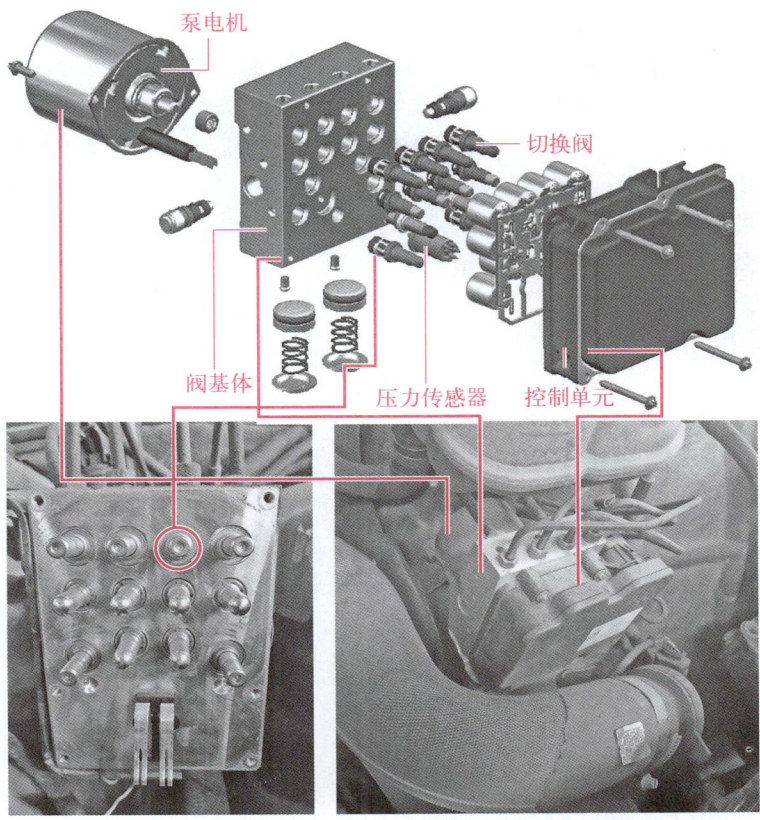

泵电机

切换阀

阀基体

压力传感器

控制单元

图 4.4-2 ABS 泵总成

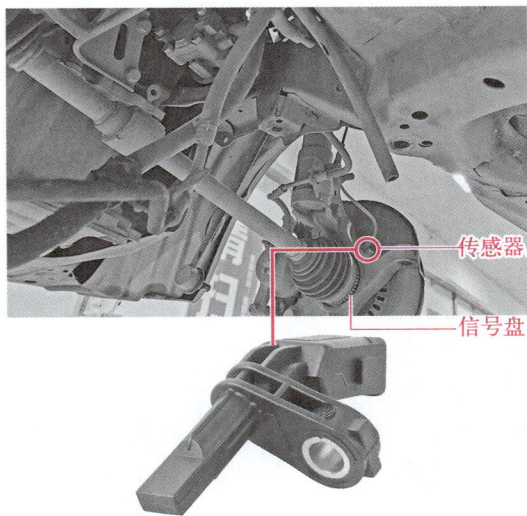

传感器

信号盘

图 4.4-3 车轮速度传感器

2. ABS 系统的工作原理

ABS 在防抱死制动期间,控制各车轮油路中的油液压力,防止车轮打滑。每个车轮配有独立的液压油路和特定的电磁阀。防抱死制动系统可降低、保持或提高各车轮制动器的油液压力。但是,防抱死制动系统不能使油液压力超过总泵在制动期间所提供的压力。当 ABS 控制模块感知车速传感器输入并试图防止车轮打滑时,各电磁阀的位置迅速不断循环变化,ABS 泵工作。ABS 系统可有效地缩短制动距离,并保持车辆的稳定性。在防抱死制动期间,制动系统的压力调整可分为以下 3 个阶段。

❶ 压力保持:当车轮打滑时,ABS 控制模块关闭进油阀并使排油阀保持闭合,从而隔离系统。这样,即可保持制动器中油液压力,从而使油液压力既不升高,也不降低。

❷ 压力减小:当车轮打滑时,ABS 控制模块在减速操作期间降低供至各个车轮的压力。进油阀关闭,而排油阀打开。多余的油液被存储在储能器中,直到 ABS 回油泵将油液返回至总泵。

❸ 压力增加:在车轮不打滑时,ABS 控制模块逐步增加每个车轮的制动压力,以降低车轮转速。进油阀打开,而排油阀关闭,增加的压力由制动总泵提供。

ABS 控制模块接收 4 个车轮速度传感器的轮速信号,接收车轮速度传感器的电流信号并转换为电压信号。此外,ABS 控制模块检测电路和传感器是否出现故障。当某个车轮速度传感器发生故障时,停止 ABS 的工作,变为普通制动。

ABS 泵内有电磁阀,当电磁阀线圈的一端连接阀继电器提供的(+)电压,另一端连接半导体电路搭铁时,电磁阀工作。在正常工作状态下,始终通过占空比控制,对电磁阀进行诊断,检查电磁阀的功能。

打开点火开关,警告灯亮,应在系统正常工作时约 3s 后熄灭。如果行驶时,ABS 警告灯持续点亮,或点火开关转至 ON 位置时不亮,表明 ABS 有故障。当 ABS 系统发生故障时,ABS 不起作用,变为普通制动系统。

制动灯开关向 ABS 控制单元传送信号。开关为双式开关[制动灯开关和制动检测开关(A、B)],这两个信号根据制动踏板的操作,发送相反信号数值。如果踩下制动踏板,制动灯开关 A 发送电源电压数值,则制动灯开关 B 发送 0V 数值;如果不踩下制动踏板,输出信号相反。

3. 磁电式车轮速度传感器

车轮速度传感器测量车轮的转速变化,并作为转速信息传递给控制单元。车轮速度传感器安装在车轴法兰附近,在车轴法兰上固定一个脉冲轮,在车轮进行旋转运动时它会经过车轮速度传感器的头部。脉冲轮的齿和齿隙之间的磁力线扭曲,因此在轮速传感器的线圈中感应生成一个正弦交流电压,其频率取决于车轮转速。控制单元根据频率识别出各个车轮的当前转速。磁电式车轮速度传感器工作原理见图 4.4-4。

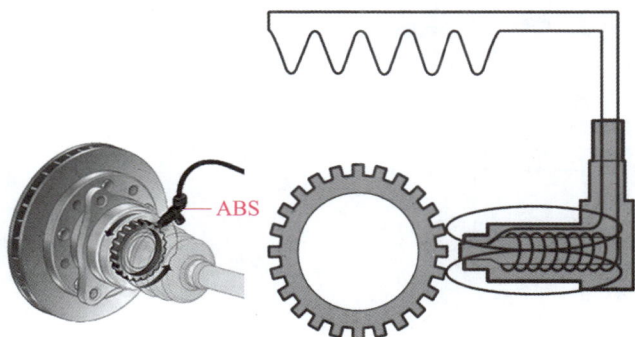

扫一扫

ABS

视频讲解

图 4.4-4 磁电式车轮速度传感器工作原理

4. 霍尔式车轮转速传感器

霍尔式车轮转速传感器感知磁通量的变化，测量元件是霍尔传感器，车轮轴承上有电磁密封圈（图 4.4-5），这个密封圈上布置 48 对南/北磁极（多极），霍尔式车轮转速传感器感知磁通量的变化见图 4.4-6。

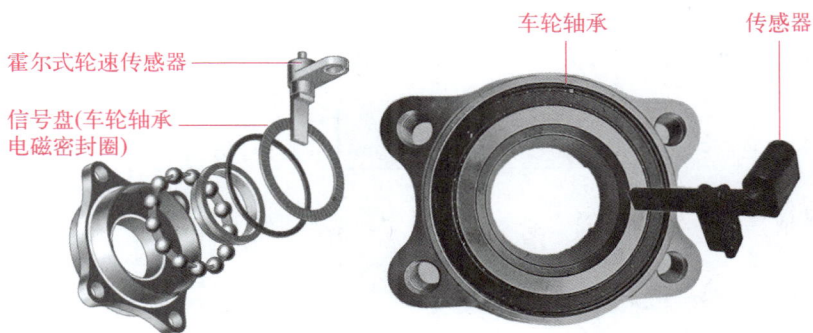

霍尔式轮速传感器

信号盘(车轮轴承电磁密封圈)

车轮轴承

传感器

图 4.4-5 霍尔式车轮转速传感器及其信号盘

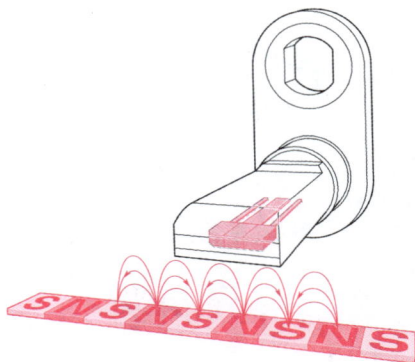

扫一扫

视频讲解

图 4.4-6 霍尔式车轮转速传感器原理

如图 4.4-7 所示，车轮转速传感器通过一个电流接口与 ABS 控制单元相连，ABS 控制单元内装有一个低阻值的测量电阻 R。转速传感器有两个电插头，它与测量电阻一起构成一个分压器。

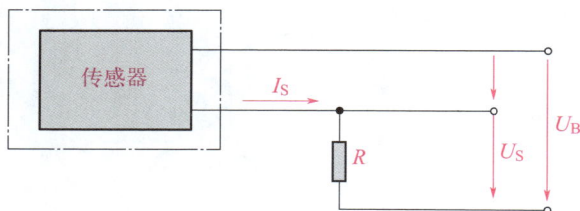

图 4.4-7　传感器电气线路

插头 1 和 2 之间的电压就是蓄电池电压 U_B，传感器信号在测量电阻上会产生一个电压降 U_S，这个信号电压由控制单元进行分析。

速度传感器输出的是一个脉冲宽度调制 PWM 信号（图 4.4-8），在规定时间内的脉冲数提供了速度信息。由脉冲宽度信号提供旋转方向、空气间隙的大小、安装位置、车辆静止状态识别，正确的间隙尺寸对系统功能是非常重要的，间隙的大小由系统自诊断来测量并分析。

图 4.4-8　脉冲信号示意

5. ABS 系统故障诊断

ABS 系统常见的故障部位是车轮速度传感器，维修时，借助故障诊断仪参考数据流和故障码，做出实际初步判断，然后进一步进行检测。检测电路见图 4.4-9 和电路图 4.4-10。

图 4.4-9　车轮轴承上的信号盘

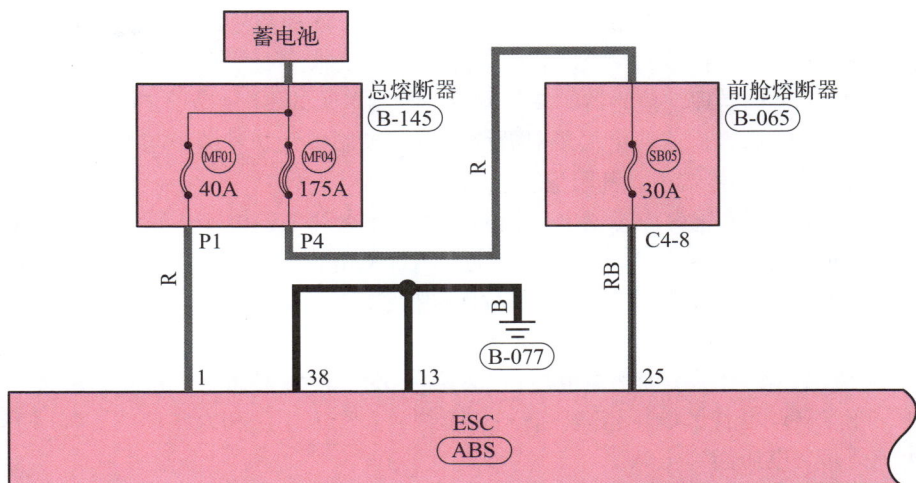

图 4.4-10 ABS 系统电路(一)

（1）信号盘故障

信号盘（图 4.4-9）故障包括车轮速度传感器气隙故障、车轮速度传感器信号跳跃、磁性环错误或缺齿等。对信号盘可以进行直观的检查，如是否变形、是否有脏污或铁屑覆盖、信号盘和传感器间隙是否合适。

（2）ABS 泵单元故障

❶ 故障诊断仪显示 ASB 泵控制方面的故障，如泵电机接地不良、泵电机供电异常、ABS 系统过热保护。首先要检查的是熔丝，看熔丝是不是烧了。然后测量相关供电：用数字式万用表检测图 4.4-10 中 ABS 控制单元的 1 号端子与车身搭铁，电压不应低于蓄电池电压；如果是用试灯（21W），试灯应点亮。

❷ ABS 控制单元接地线路检测。用万用表分别检测图 4.4-10 中 ABS 控制单元的 13 号端子、38 号端子与车身搭铁，其电阻值应该非常小，正常回路通常在 1Ω 上下。

（3）车轮速度传感器故障

维修提示

怎么区分霍尔式磁电式车轮速度传感器？用下述的磁电测量电阻和电压方法可识别。就电压而言，磁电式车轮速度传感器是无源的，车轮转动时自给自足，不需要供电电压，只是 ABS 控制单元会在传感器的两根线上都加载一个 2.5V 左右的基准电压。而霍尔式车轮速度传感器是需要 ABS 提供 12V 供电电压的。

❶ 车轮速度传感器线路检测：关闭点火开关，使用数字式万用表测量，以左前轮为例，ABS 控制单元的 7 号端子与左前轮车轮速度传感器的 1 号端子，其电阻应该在 1Ω 上下；同理，传感器的 2 号端子与控制单元的 24 号端子之间的电阻也应该在 1Ω 上下。那么，这两组端子对调测量，即控制单元 7 号端子与传感器 2 号端子、24 号端子与 1 号端子，其阻值应该是 ∞。

❷ 磁电式车轮速度传感器电阻检测：关闭点火开关，拔下传感器插头，保证独立测量传感器的 1 号和 2 号端子之间的电阻，磁电式车轮速度传感器这个电阻比较大，范围根据车型不同，阻值在大几百欧姆到 2000Ω 之间，实际测量过几个都在 1100Ω 上下。

❸ 磁电式车轮速度传感器电压检测：可以断开传感器插头，独立测量传感器电压，车轮转动越快，电压越高，转得快不快，看个人手法和力气，就笔者用手转动车轮而言，电压能到 1.6V。

维修提示

特别注意，测量磁电式车轮速度传感器电压时，一定要把万用表拨到交流电压挡。因为这种传感器其电压是交流电压（转动车轮是可以发电的，产生交流电压信号发送给 ABS 控制单元）。

❹ 霍尔式车轮速度传感器电阻检测：独立测量霍尔式车轮速度传感器电阻，其阻值在兆欧姆级。

❺ 霍尔式车轮速度传感器电压检测：传感器的 2 号端子是通过 ABS 控制单元的 24 号电源供电的，电压为蓄电池电压。打开点火开关，在 2 号端子处测量电压，其正常时也是蓄电池电压。

❻ 霍尔式车轮速度传感器采样电阻：ABS 控制单元电路板内部有一个通常为 75Ω 的采样电阻，其目的是通过这个电阻为控制单元输出将电流转化为电压的信号。测量这个采样电阻时，需要关闭点火开关，拔下传感器插头，1 号端子与车身搭铁，其阻值通常在 75Ω。

（4）车轮速度传感器更换

如图 4.4-11 所示，车轮速度传感器更换非常简单，通常用一个螺栓固定这个传感器。拆卸螺栓，拔出传感器即可。

如果确定是信号盘故障，那么现在配件都是总成式，信号盘是与轴承一体的，或者是与轴承法兰是一体的，通常都是更换整个轴承总成（图 4.4-12 中的车轮轴承单元）。

如图 4.4-13 所示，需要脱开半轴螺栓；拧下车轮轴承罩中的盖板；拆下转向横拉杆头；拆下下臂球头；拆下减振器与羊角（图 4.4-13 中的中车轮轴承罩）连接螺栓，取下羊角；然后用压力机从羊角上把轴承压出。

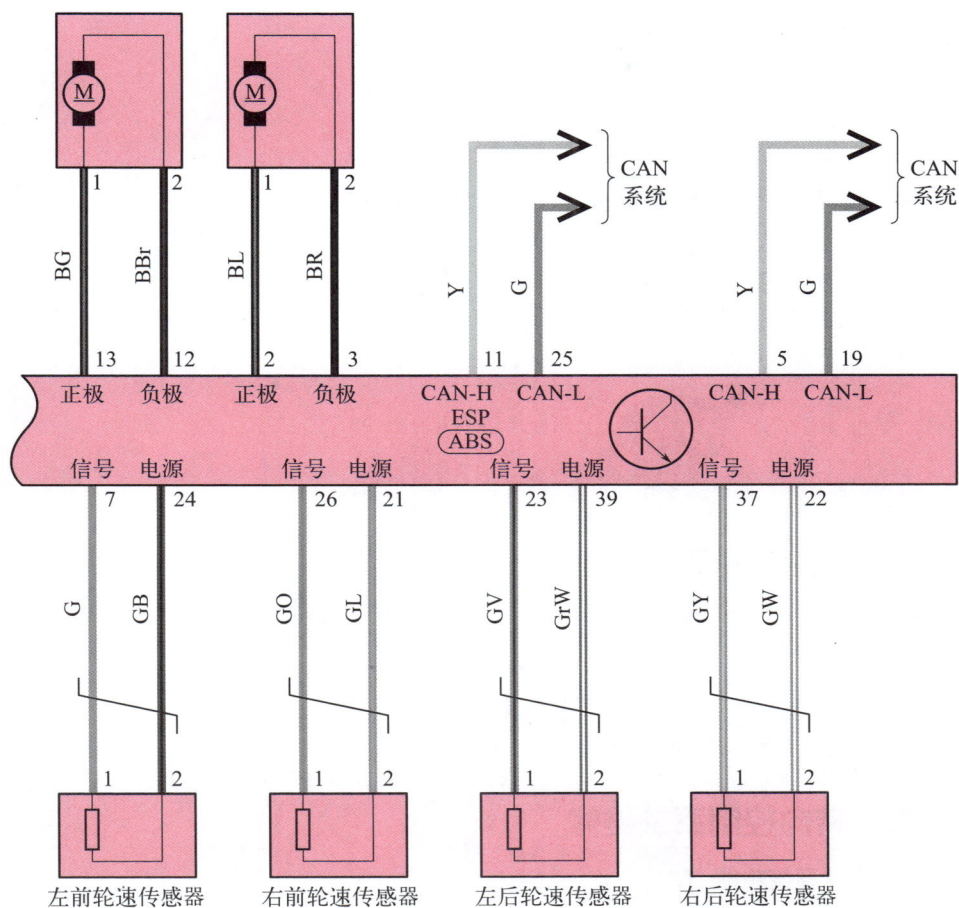

图 4.4-11 ABS 系统电路（二）

图 4.4-12 前轮轮速传感器安装位置

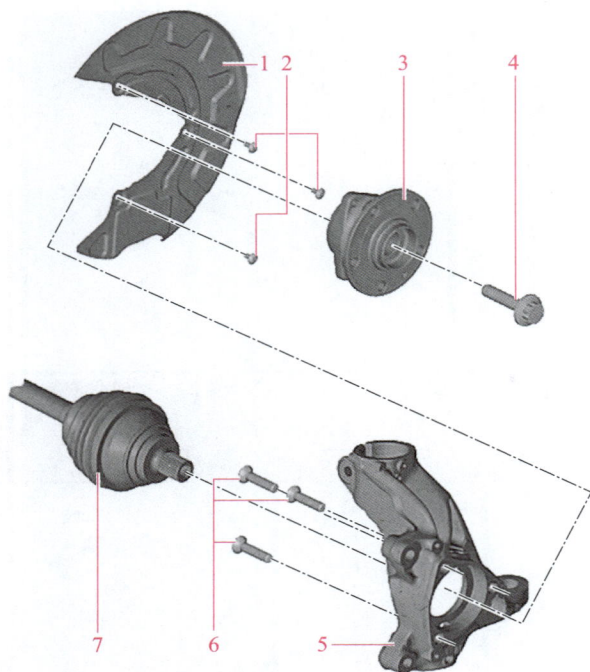

图 4.4-13　前车轮轴承分解

1—盖板；2—螺栓；3—车轮轴承单元；4—螺栓；5—车轮轴罩；6—螺栓；7—传动轴

二、转向控制系统维修

1. EPS 系统功能

EPS即英文 electrical power steering 的缩写，意为汽车的电子助力转向系统（图 4.4-14），其控制策略或者说是重要的功能如下。

（1）基本助力功能

当汽车低速转向时，EPS 系统提供充足的助力力矩辅助驾驶员完成转向操作，使转向轻便，减轻驾驶员负担；在汽车高速转向时，EPS 系统提供较小的助力力矩，保证驾驶员拥有良好的路感，保障汽车行驶的稳定性。

（2）主动回正控制

EPS 系统通过主动回正控制，使方向盘自动回正。ECU 通过方向盘转矩、转角及车速等输入信号，判断驾驶员的驾驶意图，如果判断出方向盘处于自动回正过程，则控制助力电机提供相应助力，使方向盘平稳、快速地回到中间位置。

（3）阻尼控制

汽车在以较高车速行驶时，如果方向盘转速过快将会很容易引起车辆侧翻，因此需要阻尼控制对方向盘转速进行抑制，保证高速行驶的平稳性。且在高速行驶经过不平路面时，阻尼控制可以利用助力电机的反电动势减轻方向盘上的抖动，提高驾驶员的舒适度。

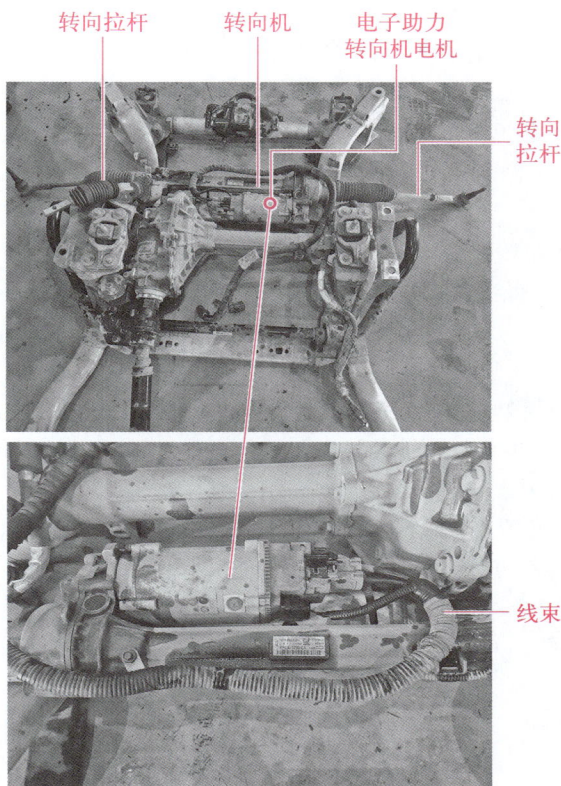

图 4.4-14　电子助力转向系统

2. EPS 系统组成

（1）机械转向机构

机械转向机构就是普通的方向机中的方向盘、转向柱、中间轴、转向机和连杆。

（2）电动辅助机构

电动辅助机构由 EPS 电机和减速齿轮组成。

（3）电子控制机构

电子控制机构由 EPS 控制模块和扭矩传感器组成。EPS 控制模块通过 CAN 与 ECU 或网关、电控制动装置、方向盘转角传感器（SAS）、仪表盘进行通信。

3. 转向控制系统部件

（1）EPS 控制单元

❶ 根据扭矩传感器、EPS 电机、驱动电机控制器、电控制动装置和方向盘转角

传感器（SAS）的信号计算适合的助力，并输出 EPS 电机驱动电流。

❷ 在车辆开始移动后，系统根据电控制动装置以及 SAS 的信号进行转向角中间位置的自学习，并将其作为转向角（预估绝对转向角）信号输出到 CAN。

❸ 在 EPS 系统出现故障时，向 CAN 输出助力转向故障指示亮起请求信号。

（2）ESC 控制单元

电子稳定控制系统 ESC 控制单元通过 CAN 通信将车辆轮速信号、车速信号、车辆横向惯性力（车辆横向加速度）和横摆率（车辆转向角速度）传送到 EPS 控制单元。

（3）方向盘转角传感器（SAS）

通过 CAN 通信将转向角传感器的信号作为转向角（绝对转向角）信号传输至 EPS 控制单元。

（4）ECU

通过发动机控制单元（电动汽车中就是整车控制单元）CAN 通信将发动机（在电动汽车中就是驱动电机）转速信号和扭矩信号传送到 EPS 控制单元。

4. EPS 工作原理

EPS 工作原理见图 4.4-15。

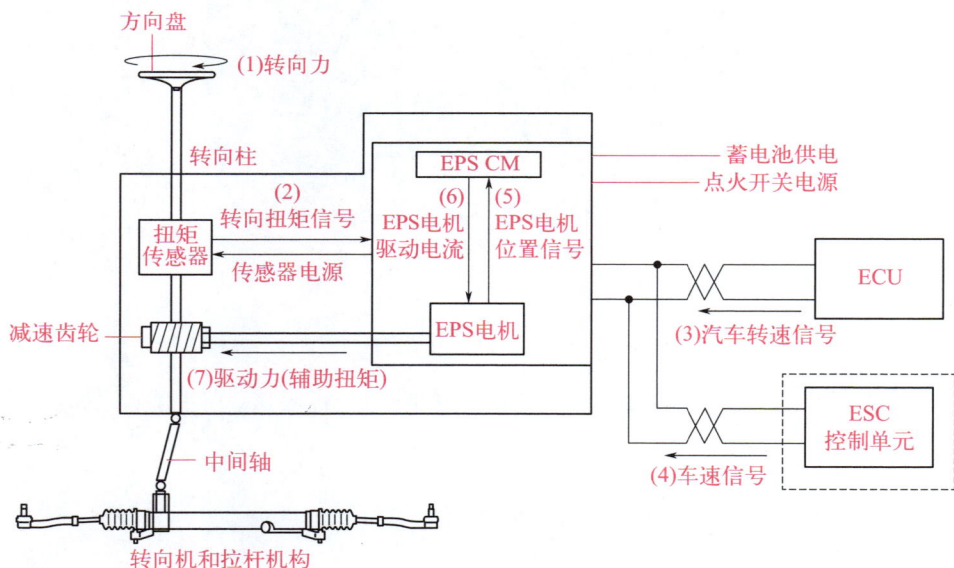

图 4.4-15　EPS 工作原理

［注：序号（1）～（7）表示各部件的工作顺序］

❶ 内置于转向柱和轴的扭矩传感器检测驾驶员操作方向盘后产生的转向力，并向 EPS 控制单元发送转向扭矩信号。

❷ EPS 控制单元根据扭矩传感器的转向扭矩信号或电控制动装置的车速信号、转速信号以及 EPS 电机的 EPS 电机位置信息计算适合的助力，并输出电流以驱动 EPS 电机。

❸ EPS 控制单元的 EPS 电机驱动电流产生的 EPS 电机驱动力（辅助扭矩）通过减速齿轮传递到中间轴，以辅助驾驶员的转向操作。

5. EPS 故障诊断

（1）排查思路

EPS 报警灯常亮。首先检查直观的问题；然后执行故障诊断仪的诊断，借助故障诊断仪的故障提示进行具体问题分析，如果是故障码和故障表述很明确的永久性故障，可根据故障码提示初步确定故障部件，并重点检查。如果没有故障码，则重点检查相关 CAN 总线。

（2）故障点

EPS 报警灯常亮的具体故障点有：熔丝故障、线束和连接器故障；EPS 控制模块故障；电机故障；扭矩传感器故障；CAN 通信线路和 / 或 CAN 信号故障，重点检查组合仪表与 EPS 控制模块之间的 CAN 总线线路；车速信号问题，EPS 会采集车速信号，如果 ABS 传感器损坏导致的车速信号故障；转速信号故障；如果更换 EPS 转向机，则还需要进行初始化学习。

（3）检测方法

EPS 报警灯常亮，会导致转向助力失效。以 EPS 控制模块电源故障为例，在排除直观的熔丝熔断和插接器氧化等直观检测外，还需要检查 EPS 控制模块电源线路问题。电源的故障有：① EPS 控制模块电源电路开路；② EPS 控制模块搭铁电路开路；③ 2 号 IG1 继电器故障。如图 4.4-16 所示，EPS 控制模块 2F 从 IG1（继电器闭合）获得 5V 电压，EPS 控制模块开始工作。那么，用万用表测量端子 2F 处电压，即刻获知电源是否有故障。

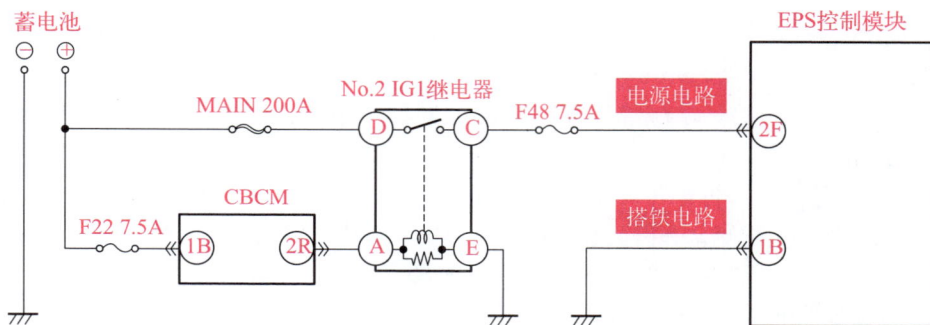

图 4.4-16　EPS 控制模块电源电路

第五章

持续提升
——巩固电工技能

第一节　域控制特点

所谓"域"就是控制汽车的某一大功能模块的电子电气架构的集合，每一个域由一个域控制器（domain control unit，DCU）进行统一的控制。现在的典型域分布是动力总成、底盘控制、车身控制、先进辅助驾驶系统（ADAS）、娱乐系统这五个主要的域。使用域的架构一是能够将传感器与处理器分开，传感器与控制单元不一定是一对一的关系，整个汽车管理更优化，减少控制单元的数量。更先进的例如特斯拉 Model 3，采用的就是域控制结构，特斯拉的域控制器整合成了左域控制器、前域控制器、右域控制器和中央计算单元。比如左域控制器能控制车辆左边的一些电气系统，如左边车窗、车门、部分底盘、部分动力系统等。

汽车越来越智能化和网联化，配置更集中、更优化的域控制器后，可以大量减少 ECU 的数量，域控制器之间通过 CAN 或者车载以太网等高速率总线进行通信，如此可以降低整车网络拓扑的复杂性，同时也能减少整车线束数量。

224

第二节　CAN 总线故障诊断和波形分析

一、CAN 总线故障分析思路

1. 故障码分析

当某个模块或几个模块需要接收另外一个模块发送的某个数据来完成相应的功能时，一旦收不到这个数据，那么接收数据的模块中就会产生故障码，用诊断仪可能会看到这样的故障码："与××模块失去通信""与××模块通信不正常"，如"与 EMS 模块失去通信、与 BCM 模块失去通信"。当总线不能使用时报 CAN 总线关闭的故障码。

CAN 网络故障主要有以下几种。

❶ 接收连续的无效信号：此类故障用于控制模块收到信号后，经处理确定为无效信号的故障。

❷ 信号丢失：此类故障用于未收到指定的信息。

❸ 总线关闭：此类故障用于总线不可使用的故障。

❹ 信号不稳定：此类故障用于总线信号短暂的失真或中断。

2. 波形分析

这是判断 CAN 总线系统硬件故障的主要手段，通过示波器，以波形图的形式检查 CAN 总线的工作情况，通过观察示波器可以判断大部分 CAN 网络硬件故障。

例如，总线波形异常，可以用"拔插各个节点，同时观察示波器波形"的方法来判断，如拔下某个节点后，总线波形正常，故障点就是该模块或者是连接这个模块的总线，这种方法尤其适合针对没有故障码自诊断的模块。

3. 电路图分析

使用万用表、示波器、诊断仪、试灯，结合电路图来判断故障发生在哪一部分。

二、CAN 总线常见故障排除

1. 故障诊断仪读到 CAN 配置错误的故障码

（1）故障表现

未进行配置或配置代码错误，用故障诊断仪显示"软件配置错误""配置代码错误"。

（2）排除方法

这类情况通常属于 CAN 系统软件故障。应当先对这些模块或传感器进行写入正确的配置代码或对这些传感器进行标定，再清除故障码，重新验证故障现象。

2. 故障诊断仪无法与所有模块进行通信

（1）故障表现

如果故障诊断仪在其他车辆上使用正常，在故障车辆上与各个模块都无法通信，仪表上若干故障灯或报警灯点亮。

（2）故障原因

诊断接口供电和搭铁故障、诊断接口 CAN 线与正常 CAN 线断路、总线 CAN-H 与 CAN-L 短路、CAN-H 与地短路、CAN-L 与地短路、CAN-H 与电源短路、CAN-L 与电源短路、CAN 线混装、节点（模块）故障。

（3）排除方法

❶ 诊断口电源电压和接地电阻值是否正确。

❷ 如果不正确，则检修诊断口电源或接地，重新验证故障现象；如正确，则进入下一步。

❸ 用万用表检测终端电阻是否正确。

❹ 如果不正确，检修有终端电阻的模块之间的连线或更换电阻值不正确的模块，重新验证故障现象；如果没问题，则进入下一步检测。

❺ 连接示波器观察波形是否正常。如果不正常，则检修这些模块的供电和搭铁，重新验证故障现象。如果正常，则确定故障波形类型，并进行检修，重新验证故障现象。

3. 故障诊断仪无法与几个模块进行通信

（1）故障表现

故障诊断仪无法与几个模块进行通信，但至少可以与一个模块进行通信。

（2）故障原因

模块的电源故障、主干 CAN 线断路、CAN 线混装、节点（模块）故障、网关模块故障。

4. 电源故障

电源故障通常无非就是供电和搭铁。汽车多路传输系统的核心部分是含有通信 IC 芯片的电控单元，如果汽车电源系统提供的工作电压低于电控单元的电压范围值，就会使一些对工作电压要求较高的电控单元出现短暂的停止工作，进而使整个汽车多路信息传输系统出现无法通信故障。ECM 内部 CAN 硬件控制器电压在 6V 以下可以不工作。用蓄电池检测仪检测，如不符合要求，则对蓄电池进行充电或更换蓄电池，同时需要检测发电机的发电量。

5. 链路故障

链路是指各节点间的通信连接线路。链路故障即数据通信线路出现故障，如短路、断路以及线路因物理性质改变而引起的通信信号衰减或失真，这些因素常常会引起多个电控单元无法正常工作或控制系统出现错误动作。判断是否为链路故障一般采用示波器，观察当前数据通信信号是否与标准数据通信信号相符。

维修方法一般是修复短路、断路的双绞线线路，或消除改变双绞线物理性质的根源等。

（1）CAN 线的维修说明

有时为了确定故障，需要从线连接点上分开一个控制单元，这就需要断开通向该控制单元的 CAN 总线，或在查询到故障后对该线束需要进行维修。CAN 总线传递的数据，有的甚至关系到车辆和人员的生命安全，对 CAN 总线不正确的维修，会产生干扰或信号的丢失，导致这些数据不能传输，所以在维修时一定要遵守以下规定。

❶ 在 CAN 总线维修时，要求断开线点距离导线节点至少 100 mm，导线节点绝对不能打开和维修更新（图 5.2-1）。

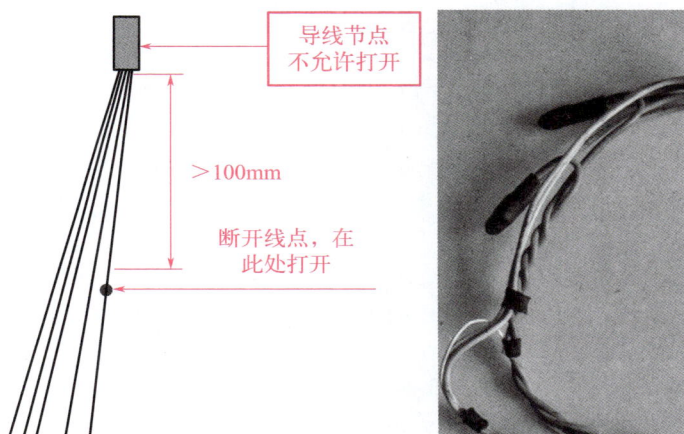

图 5.2-1　CAN 总线绞节点

❷ 如果要脱开 CAN 总线导线，则只允许在与下个压接节点相距 ≥ 100mm 处进行（图 5.2-2）；CAN 导线的绞合对于 CAN 的干扰影响具有决定意义。只有绞合不受损坏，才能保证 CAN 抗干扰，所以在维修时尽量少干涉该绞合，不易维修的就直接更换成套线束。

图 5.2-2　CAN 总线导线维修节点距离

（2）电源线电阻

用万用表测量 CAN-H 和 CAN-L 对地电阻，对电源线电阻，见图 5.2-3。

❶ 汽车蓄电池断电数分钟后，分别测量诊断口 6 号（CAN-H）和 14 号（CAN-L）端子的对地电阻值，都是兆欧级。

❷ 汽车蓄电池断电数分钟后，分别测量诊断口 6 号（CAN-H）和 14 号（CAN-L）的端子对 16 号端子阻值，都是兆欧级。

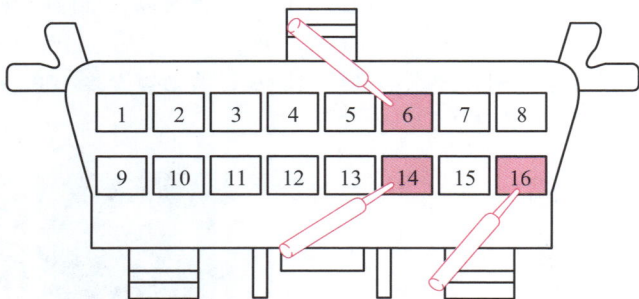

图 5.2-3　测量 CAN 对地对电源电阻

（3）终端电阻

前边已经讲过，这里就不再赘述终端电阻的作用和特点。当用示波器进行 CAN 总线信号的测量时，如果该信号与标准信号不相符，也需要对终端电阻是否损坏进行测量，方法如下。

❶ 将启动按钮置于 OFF 挡，断开蓄电池电缆；

❷ 等待大约 5min，直到所有的电容器都充分放电；

❸ 连接测量仪器并测量总阻值；

❹ 用欧姆表测量诊断接头 6 号和 14 号端子之间的电阻（标准电阻为 60Ω），实测阻值会在 60Ω 上下。这个终端电阻为什么是 60Ω，在第四章已经讲过。

三、CAN 总线波形

1. CAN-H 与 CAN-L 短路故障波形

（1）CAN-H 与 CAN-L 短路波形故障特征

CAN-H 与 CAN-L 线路短路见图 5.2-4。

用示波器检测，电压电位置于隐性电压值（大约 2.5V）。通过移动示波器两个通道零电位的位置，让两个通道的零位置重合，可以看到，CAN-H 与 CAN-L 波形变化一致，电位一致（图 5.2-5）。

（2）故障波形

如图 5.2-6 所示，CAN-H 和 CAN-L 短路的波形都是一条直线，电压约为 2.5V，用万用表测试终端电阻接近或等于 0。对于动力 CAN 和车身 CAN，CAN-H 与

CAN-L 短路时车辆不能启动。

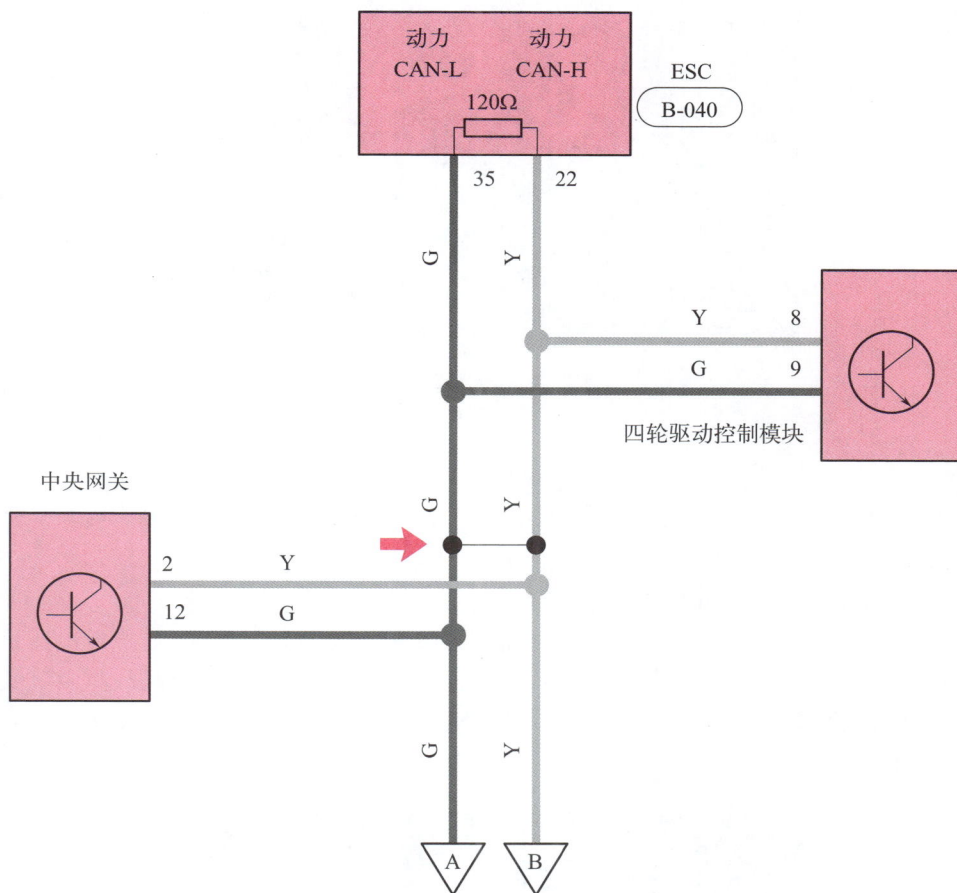

图 5.2-4　CAN-H 与 CAN-L 短路点（箭头位置）

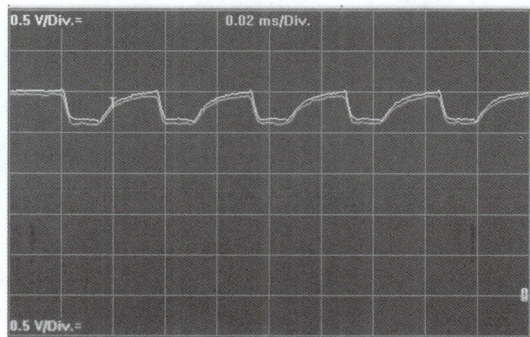

图 5.2-5　CAN-H 与 CAN-L 短路波形特征

229

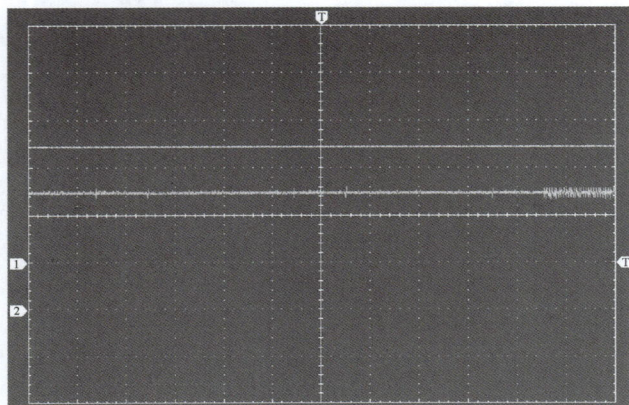

图 5.2-6　短路波形

（3）故障排查

通过逐个插拔 CAN 总线上的控制单元，同时观察示波器波形，可以判断是由于控制单元引起的短路还是由于 CAN-H 和 CAN-L 线路连接引起的短路；当拔下某个模块的插件时，波形恢复正常，则故障点为该模块故障。

2. CAN-H 与电源短路故障波形

CAN-H 对正极短路的波形，CAN-H 线的电压电位被置于 12V（蓄电池电压），CAN-L 线的隐性电压被置于大约 12V（蓄电池电压），振幅变大。利用故障诊断仪无法进入各个模块。动力 CAN 和车身 CAN，CAN-H 对电源短路时车辆不能启动（图 5.2-7）。

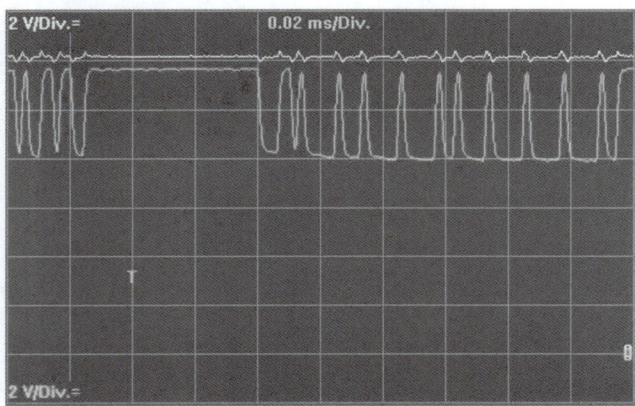

图 5.2-7　CAN-H 与电源短路波形特征

（1）故障波形

用示波器检测 CAN-H 线的电压电位被置于 12V，CAN-L 线的隐性电压被置于大约 12V，振幅变大，这是由于在控制单元的收发器内的 CAN-H 和 CAN-L 的内部连接引起的。

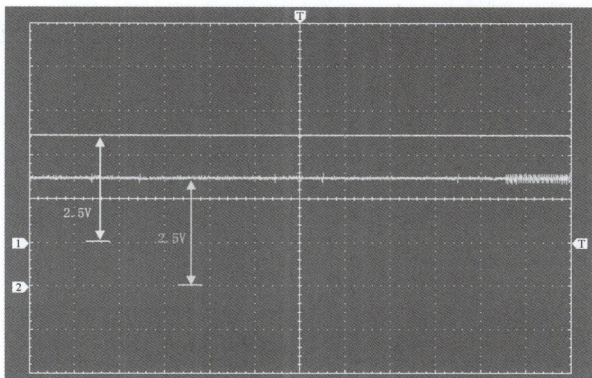

图 5.2-8　CAN-H 对正极短路故障波形分析

（2）故障排查

❶ 通过逐个插拔 CAN 总线上的控制单元，同时观察示波器波形，可以判断是由于控制单元引起的短路还是由于 CAN-H 线路连接引起的短路。

❷ 当拔下某个模块的插件时，波形恢复正常，则故障点为该模块故障。

如图 5.2-8 所示为 CAN-H 对正极短路故障波形分析，CAN-H 线的电压电位被置于 12V（蓄电池电压），CAN-L 线的隐性电压被置于大约 12V，振幅变大。利用故障诊断仪无法进入各个模块。动力 CAN 和车身 CAN，CAN-H 对电源短路时车辆不能启动。

3. CAN-H 与地短路故障波形

（1）CAN-H 与地短路故障波形故障特征（图 5.2-9）

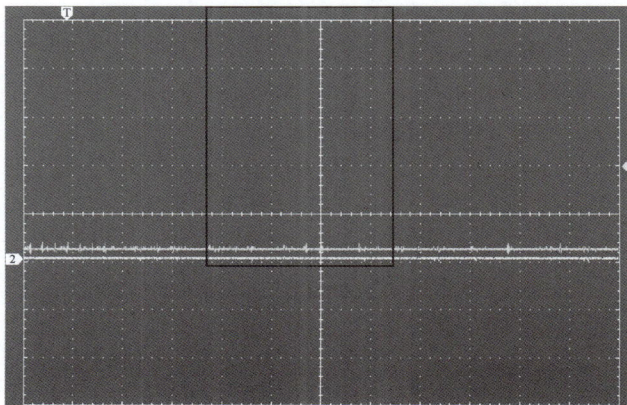

图 5.2-9　CAN-H 对地短路故障波形分析

用示波器检测 CAN-H 线的电压电位被置于 0，CAN-L 线的电压被置于大约 0.2V（0V附近）。

（2）故障原因

总线 CAN-H 与地短路、节点（控制模块）故障。

（3）故障排查

通过逐个插拔 CAN 总线上的控制单元，同时观察示波器波形是否变为正常，如果当拔下某个模块的插件时，波形恢复正常，则故障点为该模块故障。

CAN-H 对地短路的波形，CAN-H 线的电压电位被置于 0，CAN-L 线的隐性电压被置于大约 0.2V。例如动力 CAN 和车身 CAN，CAN-H 对地短路时车辆不能启动。

4. CAN-L 与地短路故障波形

（1）CAN-L 与地短路故障波形特征（图 5.2-10）

用示波器检测 CAN-L 的电压大约为 0，CAN-H 线的隐性电压也被降至 0.2V（0附近）。

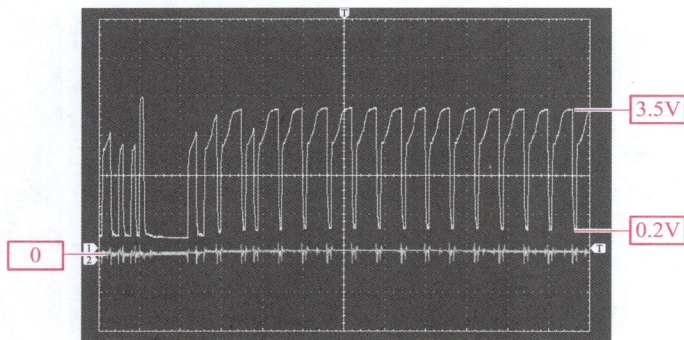

图 5.2-10　CAN-L 与地短路波形特征

（2）故障原因

总线 CAN-L 与地短路、节点（控制模块）故障。

（3）故障排查

通过逐个插拔 CAN 总线上的控制单元，同时观察示波器波形，可以判断是由于控制单元引起的短路还是由于 CAN-L 线路接地引起的短路；当拔下某个模块的插件时，波形恢复正常，则故障点为该模块故障。例如，图 5.2-11 所示，动力 CAN 和车身 CAN，CAN-L 对地短路时车辆不能启动。

5. CAN-L 与电源短路故障波形

（1）CAN-L 与电源短路波形特征（图 5.2-12）

用示波器检测两条总线电压都大约为 12V，波形均为一条直线。

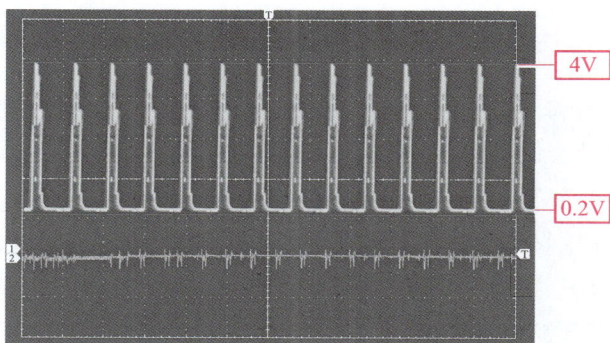

图 5.2-11　CAN-L 与地短路故障波形

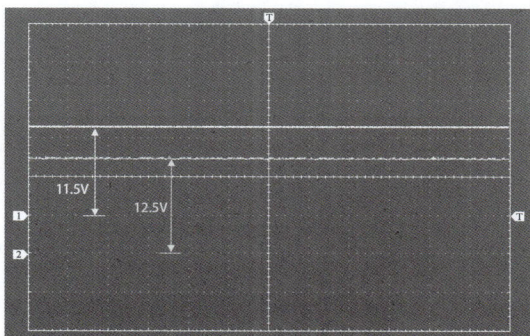

图 5.2-12　CAN-L 与电源短路波形故障特征

（2）故障原因

总线 CAN-L 与电源短路、节点（控制模块）故障。

（3）故障排查

通过逐个插拔 CAN 总线上的控制单元，同时观察示波器波形，可以判断是由于控制单元引起的短路还是由于 CAN-L 线路与电源短路；当拔下某个模块的插件时，波形恢复正常，则故障点为该模块故障。例如动力 CAN 和车身 CAN，CAN-L 对电源短路时车辆不能启动。

参 考 文 献

[1] 周晓飞.汽车维修工入门全程图解（配视频版）[M].北京：化学工业出版社，2025.

[2] 人力资源和社会保障部，交通运输部.国家职业技能标准：汽车维修工（2018年版）[S].北京：中国劳动和社会保障出版社，2019.

[3] 顾惠烽.汽车维修识图一本通[M].北京：化学工业出版社，2022.

[4] 郭建英等.汽车零部件识别与故障处理大全[M].北京：化学工业出版社，2021.

[5] 罗健章.汽车诊断仪检测故障从入门到精通[M].北京：化学工业出版社，2024.

[6] 李彦.汽车电脑板维修从入门到精通[M]北京：化学工业出版社，2022.

[7] 曹晶.汽车电工电路　识图·分析·检测·诊断·维修[M].北京：化学工业出版社，2020.

《汽车电工快速入门一本通》配套视频

序号	二维码视频内容	所在页码
1	万用表检测蓄电池电压	6
2	钳形电流表	9
3	端子拆卸退针	11
4	检测线路漏电	33
5	电磁开关检测	98
6	发电机组成部件	102
7	发电机（单向皮带轮）	102
8	发电机整流器	102
9	发电机转子	103
10	发电机定子	103
11	空调压缩机零部件	107
12	点火线圈	112
13	火花塞	118
14	发动机电控系统组成（凸轮轴位置传感器）	146
15	发动机电控系统组成（进气压力传感器）	146
16	节气门位置传感器	148
17	节气门组成	148
18	节气门工作原理	149
19	节气门线路	150
20	节气门位置传感器信号电压	151
21	空气流量计维修	153
22	喷油器	157
23	拆装气囊和组合开关	167
24	磁电式轮速传感器	215
25	霍尔式车轮转速传感器	215